國朝先正事畧

四部備要

史部

中華書局據原刻本校刊

桐鄉 陸費逵 總勘

杭縣 高時顯 吳汝霖 輯校

杭縣 丁輔之 監造

國朝先正事略卷三十四

平江李元度次青纂

經學

顧震滄先生事略 吳鼎 梁錫璵

先生顧姓名棟高字震滄又字復初江蘇無錫人康熙六十年進士授內閣中書雍正中引見以奏對越次罷職乾隆十五年　特詔內外大臣薦舉經明行修之士明年於所舉中核其名實允孚者得四人則先生及陳公祖范吳公鼎梁公錫璵也得　旨皆授國子監司業先生以年老不任職辭遂　賜司業銜許其歸會　皇太后萬壽入京祝嘏　特賜召見　御製七律二章賜之二十二年　高宗南巡召見　行在　賜祭酒銜并　御書傳經耆碩四字二十四年卒年八十有一先生所學合宋元明諸儒門逕而一之援新安以入金谿爲調停之說著大儒粹語二十八卷又著春秋大事表百三十一篇條理詳明議論精核多發前人所未發毛詩類釋二十一卷采錄舊說發明經義至爲

謹嚴又尚書質疑二卷四庫書題要謂其多憑肊斷蓋先生窮經之功春秋爲最書則用力少也乾隆四十八年　詔修國史儒林傳首舉先生名謂如顧棟高輩豈可不爲表章館臣遂創儒林傳以先生爲始其見重如此吳先生鼎字尊彝金匱人乾隆九年舉人以薦舉經學授司業擢侍講學士降調侍講所著有易例舉要二卷十家易象集說九十卷裒宋俞琬元龍仁夫明來知德等十家易說以繼李鼎祚董楷之後其東莞學案則專攻陳建學蔀通辨作也其兄鼒亦通經術深於易三禮梁先生錫璵字確軒山西介休人雍正二年舉人以經學薦　特旨授司業與吳先生同食俸視事不爲定員歷官祭酒少詹事膺薦時以所撰易經揆一呈　御覽與吳先生並蒙召對　高宗面諭曰汝等以經學保舉皆積學所致不似他途倖進朕是以用汝等教士又曰窮經爲讀書根本但窮經不徒在口耳在躬行實踐汝等能躬行實踐方可以教人皆頓首稱謝出尋有　旨吳鼎梁錫璵所著經學著派翰林中書官各二十人在武英殿各繕一部進呈官給筆札原書仍發還其令梁詩正劉統勳董其事稽古

之榮海內所希有也

徐位山先生事略

徐先生文靖字位山安徽當塗人雍正元年舉江南鄉試典試者爲黃侍郎叔琳試歸語人曰他人但以榜中有狀頭爲榮耳吾得三人曰任啓運陳祖范徐文靖其學皆博而醇今世大手筆也乾隆丙辰先生舉博學鴻詞科試未入格十七年復薦經學特授檢討生平考據經史講求實學著周易拾遺十四卷禹貢會箋十二卷山河兩戒考竹書統箋十二卷管城碩記三十卷其言易主程氏而於漢魏之說亦有發明其說禹貢因胡朏明所已言而更推所未至故較錐指益精密惟信山海經竹書紀年太過則好古之僻也管城碩記推原詩禮諸經旁及子史說部語必求當全謝山嘗服其考據精博乾隆初張詹事鵬翀嘗以管城碩記山河兩戒考進呈　御覽先生耄年猶健低頭據案著書不輟年九十餘乃卒

江慎修先生事略　汪紱　金榜

江先生永字慎修安徽婺源人少就外傅見邱濬大學衍義補中多徵引周禮即求得周禮熟讀之爲諸生數十年楗戶授徒束脩所入盡以購書遂博通古今尤專心於十三經注疏自壯至老丹黃不去手嘗一遊京師　朝廷方開三禮館方侍郎苞素精三禮聞先生名願一見見則以所疑士冠禮士昏禮中數事爲問先生從容置答乃大歎服吳編修紱於儀禮功頗深及交先生質以三禮中疑義往復辯難歎曰先生非常人也會　詔舉經明行修之儒有薦先生者力辭免休甯戴震少不譽於鄉曲先生獨重之引爲忘年交震之學得諸先生爲多乾隆二十七年三月卒年八十有二所著有周禮疑義舉要六卷禮記訓義擇言六卷深衣考誤一卷律呂闡微十一卷春秋地理考實四卷鄉黨圖考十一卷讀書隨筆十二卷古韻標準六卷四聲切韻表四卷音學辯微一卷推步法解五卷七政衍金水二星發微冬至權度恆氣注歷辨歲實消長辨歷學補論中西合法擬草各一卷其禮書綱目八十八卷裒集經傳釐析篇章足終朱子未竟之緒其近思錄集注十四卷病近本破碎仍還原書次第皆有關

學術之大者先生讀書好深思長於比勘於步算鐘律聲韻尤精其論歲實消長曰日平行於黃道是爲恆氣恆歲實因有本輪均輪高衝之差而生盈縮謂之視行視行者日之實體所至而平行者本輪之心也以視行加減平行故定氣時刻多寡不同高衝爲縮末盈初之端歲有推移故定氣時刻之多寡且歲歲不同而恆氣恆歲實終古無增損也當以恆者爲率隨其時之高衝以算定氣而歲實消長可勿論猶之步月行者先有平朔平望之策以求定朔定策而此月與彼月多於朔策幾何少於朔策幾何不必計也其論黃鐘之宮曰呂氏春秋稱伶倫作律先爲黃鐘之宮次制十二筒以別十二律黃鐘之宮者黃鐘半律後世所謂黃鐘清聲也唐時風雅十二詩譜以清黃起調畢曲琴家正宮調黃鐘不在大絃而在第三絃合於古者黃鐘宮爲律本之意聲律自然古今不異也伶州鳩論七律而及武王之四樂夷則無射曰上宮黃鐘大簇曰下宮蓋律長者用其清聲律短者用其濁聲古樂用均之法雖亡而因端可推韓子外儲篇曰琴以小絃爲大聲大絃爲小聲雖詭辭以諷然因是知古者調瑟之

法黃鐘大呂太簇夾鐘姑洗仲呂蕤賓用半而居小絃林鐘夷則南呂無射應鐘用全而居大絃也管子書五聲徵羽宮商角之序亦如此其說易卦變曰卦變之義言人人殊當於反卦取之否反爲泰泰反爲否故曰小往大來曰大往小來是其例也彖傳言來言下言反者自反卦之外卦來居內卦也言往言上言進言升者自反卦之內卦往居外卦也其論春秋軍制云儒者多稱井田廢而兵農始分考春秋之世兵農固已分矣管仲參國伍鄙之法齊三軍出之十鄉十有五公與國子高子分率之而鄙處之農不與也爲農者治田供稅不以隸於師旅也鄉田但有兵賦無田稅似後世之軍田屯田此外更無養兵之費晉之始惟一軍既而作二軍作三軍作五軍既舍二軍旋作六軍後爲四軍以新軍無帥而復三軍其既增又損也蓋除其軍籍使之歸農若軍盡出於農則農民固在安用屢易軍制乎隨武子曰楚國荊尸而舉商農工賈不敗其業此農不從軍之證也魯之作三軍也季氏取其乘之父兄子弟盡征之孟氏取半焉以其半歸公叔孫氏臣其子弟而以其父兄歸公所謂子弟者兵之壯者也

父兄者兵之老者也皆其素在軍籍隸之卒乘者非通國之父兄子弟也其後舍中軍季氏擇二二子各一皆盡征之而貢之於公若民之爲農者所出田稅自仍歸之君故哀公曰二吾猶不足三家雖專亦惟食其采邑豈嘗使通國之農盡屬己哉陽虎壬辰戒都車令癸巳至此近都之民爲兵之證其野處之農固不爲兵也其論深衣之制曰後儒爲深衣圖考者數十家大率踵裳交解十二幅之譌而續衽鉤邊致滋異說考玉藻篇言衽當旁則非前後之正幅矣鄭氏注云衽謂裳幅所交裂也則在旁名衽者交裂而餘幅不交裂也續衽者裳之左旁連合其衽鉤邊者裳之右旁別用布一幅斜裁之綴於後衽之上使鉤曲而前以揜裳際漢時謂之曲裾故鄭注云鉤邊若今曲裾也其解論語攝齊升堂曰古者諸侯三朝外朝治朝皆有位而無堂古之朝儀甚簡日出視朝君與卿大夫士相揖而朝事畢君反乎路寢卿以下各就治事之所君召與圖事乃入內朝內朝有堂有寢孔子攝齊升堂謂內朝非治朝也路門爲君乘車出入之地故考工記云路門不容乘車之五个治朝在路門外若治朝有堂礙於

車行矣禮記言雨霑服失容則廢朝此亦治朝無堂之證先生於經傳制度名物考稽精審多類此先生未之辨明則其說具載方策中而人顧莫之見及指以示人則皆恍然自失而不啻其心所欲言蓋其義自漢儒修補以來歷魏晉唐宋元明二千餘年代加修闡有直至今日始明者非好學深思不能知其意也然先生闡述宋五子之書凡數十卷世皆未之見顧僅傳其考證之書世之尊先生者又豈足以盡先生哉先生論古韻謂考古音者昉於吳才老崑山顧氏援證極精博然顧氏考古之功多審音之功淺必按其呼等察其偏旁參以古音乃無遺恨歿後一年　詔修音韻述徵秦尚書蕙田請於　朝令江南督臣檄取先生所著韻書三種進呈貯館以備采擇家故貧其居鄉嘗稱春秋傳豐年補助之義以語鄉人乃相與輸田輸穀爲義倉行之三十年鄉人不知有饑歲同縣有汪雙池先生者與齊名

汪先生名紱字燦人雙池其別字也初能言母江氏口授四子書五經八歲悉成誦自是讀書稟母教未嘗從師母歿父淹滯金陵泣往迎父父曰吾無家安

歸叱之返先生無以自活爲景德鎭書盌傭且傭且讀旋館楓嶺浦城閒補邑諸生父卒慟幾絶扶櫬而歸先生二十以後著書十餘萬言旁及百氏九流及壯盡焚之自後凡有述作皆從反身切己而出博極兩漢六代諸儒疏義而一以宋五子之學爲歸其論格物也謂格訓至自程子始然格字本有至到之訓如書言格於上下格於皇天格於上帝皆至到之義又如有苗格祖考來格則又來字之義也詩云有物有則上文致知致字爲推致之義甚明則格物爲窮致物理亦甚明矣凡物雖在外而物之理本皆備於吾心但吾心之知虛而在物之理實故欲推及吾心之知必須實從事物上逐一體驗蓋凡可學而知者卽皆吾心所固有之知也而陸王家反疑其求之於外過矣先生所著有易經詮義十五卷尚書詮義十二卷詩經詮義十五卷春秋集傳十六卷禮記章句十卷或問四卷參讀禮志疑二卷孝經章句一卷樂經律呂通解五卷樂經或問三卷讀陰符經一卷讀參同契一卷讀近思錄一卷讀讀書錄一卷讀困知記一卷讀問學錄一卷先儒晤語一卷理學逢原十二卷山海經存九卷詩韻

析六卷物銓八卷苿略四卷琴譜一卷醫林輯略探源九卷戌笈談兵及六壬
數論若干卷大風集四卷詩文集十二卷先生著書博而用力專不求人知𠢐
後門人余元遴傳其遺書董編修桂專表章之得稍稍行於世婺源居萬山中
爲朱子故里流風餘澤所被士多治樸學不求仕進而江愼修及先生最著並
祀鄉賢有專祠

金先生榜字蕊中一字蘂齋歙人愼修先生弟子也乾隆三十七年一甲一名
進士授修撰性恬淡養疴讀書不復出治禮宗鄭康成博采舊聞摭秘擷要著
禮箋十卷復剌取其大者數十事爲二卷寄朱文正公珪文正序之稱爲辭精
義覈蕊中雖最尊康成之學然於鄭義所未衷者必糾舉之於鄭氏家法不敢
誣也

任釣臺先生事略

先生任姓諱啓運字翼聖江南宜興人居荆溪近古釣臺世稱釣臺先生生而
穎異歲未周母許指壁閒字爲訓翼日復之對亦以指母喜日爲常六歲從大

父贊讀書大父志氣慷慨常舉古聖賢豪傑事相勖道及忠孝事則掀髯奮發或涕泗交頤九歲讀孟子終飲泣不食祖問故曰焉有讀無有乎爾二語不泣者乎祖指註云程朱去孟子千五百年得絶學於遺經今去朱子止五百年小子宜自勵漸次讀九經悉通貫大義嘗夢二龍蜿蜒飲硯池水覺而竊喜自負時從父大任經學爲吳中大師從請業授以中庸性天之學憬然悟其宗旨益篤志力學以聖賢爲必可爲年三十一始籍於校食廩餼吳中號多名士大都逐聲利志取科名先生獨抱遺經講習意夷然不屑也雍正元年舉鄉試尋應聘修江南通志十一年春 詔舉經學醇儒華亭張文敏公照尹順天以先生名聞於 朝會中禮部試即應 詔試性理論稱 旨翼日 召對便殿問太極圖大旨先生言如泉湧若不知身在殿廷者 憲皇帝稱善授檢討入直
上書房侍 純皇帝及和親王學一日 憲皇帝詢及內典對曰臣未之學也 帝曰朕知卿非堯舜之道不陳耳自是 恩禮加隆駸駸將大用矣
純皇帝御極仍命傳 皇子乾隆元年晉中允分校順天鄉試充日講起

居注官授侍講遷侍講學士擢左僉都御史宗人府丞充三禮館副總裁先生
自通籍後閱歲必遷其官或一歲數遷然每優以輔導之重未嘗跬步離講席
也既受命總裁三禮以爲生平志業所在幸得畢力於斯發凡起例編排無閒
寒暑方侍郎苞李閣學紱負宿望館中莫敢與抗時方分得周官李分得儀禮
每有議論至齟齬不相下必折衷於先生得一言而兩家之論定嘗早朝
上顧其年老有寒色解貂裘　賜之令內持扶之出俄嬰末疾　賜醫藥存問
無何竟不起　上聞之嗟悼彌日　賜內帑金以斂時乾隆九年七月日也
年七十有五先生忠孝性生事親克盡菽水歡有學使者以重幣來聘卻之曰
吾館里閈時得定省豈忍以多金故遠離吾母耶告養時年已六十矣居父憂
喪葬盡禮撫幼弟有恩官副憲時適河決淮南饑黎四出　詔出常平倉米賑
之先生疏言直隸北境及山西等處土廣人稀宜乘時遷南民以墾北土募南
土之明農者仿古力田科使爲田師相地勢高下畫疆畝時蓄泄道種蓺則瘠
土可轉爲沃土且溝渠浚則水有瀦蓄不至悉注於河而河亦易治矣在經筵

時成講義六十篇以進　上嘉納焉少博覽強記諸子百家靡不探討已以爲汎濫無益乃一意治經成禮記章句十卷以小戴禮四十九篇非聖人所手定漢儒前後損益篇次頗多混淆大學中庸朱子既成章句則曲禮以下四十七篇皆可釐爲章句但所傳篇次悉遵唐孔穎達本非劉向馬融大小戴刪幷之本其序列分錯初無義類可從爰仿鄭康成序儀禮例更其前後幷爲四十二篇或刪其目而以文類幷入則如郊特牲問喪等篇或補其文而以義類聯綴則如士相見義朝義等篇事以類次分晝較然凡有關倫紀之大而爲秦漢元明輕變易者必衆著其說以俟後之論禮者酌取焉又以儀禮特牲少牢饋食禮三篇皆士禮因據三禮及他傳記之有關王禮者推之成肆獻祼饋食禮五篇曰祭統曰吉蠲曰朝踐曰正祭曰繹祭每篇各爲節次不得於經則求之注疏以補之較勉齋黃氏祭禮尤精密儀禮一經久成絕學先生研究鉤貫條理秩然可與鄭注相參不愧窮經之目又以考古者必知宮室之制而後行禮之方位節次可明因考古宮室制度成宮室考十三卷繼乃潛心學易發憤探

索悟徹夜不寐雍正庚戌九月六日忽神遊乾坤圖內身如委蛻逮見八卦畫然開朗乃甦蓋越旬有七日矣至是成易學洗心傳九卷謂論語五十學易卽河圖洛書中數讀易須先從圖書推究故首列圖象圖書以後太極兩儀四象八卦先天後天與夫錯綜變雜共立十六圖而各系以說原本先儒閒以己意推廣之以李鼎祚所集三十餘家爲宗每解一卦則合上下內外錯綜互變伏見諸體以盡其變推之天時人事以廣其義繫辭文言則以本義爲宗而旁參衆論說卦序卦則推本於先天後天圖陰陽形象動靜剛柔見聖人所以闡明卦德卦位卦象之說雜卦傳孔子之序卦也此爲孔子之易逐節反對中具有覺世牖民之義終之以夬者與文王終未濟同意初先生計偕入都時季冬初先生居前室忽若電光閃爍同舍詫異迹之先生方偃臥帷中蓋頂光迸露也其所得可知矣乾隆壬辰　詔開四庫館有　旨取所著入中祕其他四書約旨孝經章句白虎通正譌女教經傳通纂家禮酌竹書證傳任氏世錄清芬堂文集藏於家子翔登進士官吏部員外郎以經學世其家

全謝山先生事略　盛世佐

先生姓全氏名祖望字紹衣一字謝山浙江鄞縣人生有異稟書過目不忘年十四補弟子員應行省試以古文謁查初白編修編修許爲劉原父之儔充選貢入都上書方侍郎苞論喪禮或問侍郎大異之聲譽頓起尋舉順天鄉試出曹公一士門臨川李侍郎紱見其行卷歎曰此深甯東發後一人也乾隆元年舉博學鴻辭卽以是科成進士選庶吉士不與鴻博試時詞科尙未集臨川以問先生先生爲疏記四十餘人各列所長以告會首輔張文和與臨川相惡又屢招先生不赴以此深嫉之二年散館先生列最下等以知縣候選方侍郎欲薦入三禮館辭之歸不復出初見江陰楊文定公公稱其博而勉以有用之學先生曰以東萊止齋之學朱子尙譏之何敢言博公曰但見及此則進矣先生既歸貧且病饔飧不給而好學益厲人有所餽皆峻辭屢主蕺山端溪諸書院成就人材甚衆有閎益廣修枌社掌故桑海遺聞表章節義如不及重登范氏天一閣搜金石舊搨編爲碑目且鈔其秘書經揚州居馬氏畬經堂成困學紀

聞三箋論者謂在百詩義門二家之上至湖上適杭堇浦以閏重三日修禊事至者四十二人先生與焉遂訪方侍郎於湄園時方年八十矣猶七治儀禮戒先生不當爲汗漫游陳勾山太僕再以書來速出山梁薌林少師擬特疏薦皆力辭之貽詩以見志二十年七月卒於家年五十有一先生負氣忤俗有節概相傳爲錢忠介公肅樂後身其學淵博無涯涘於書靡不貫穿在翰林與臨川共借永樂大典讀之每日各盡二十冊時開明史館復爲書六通遺之南歸後修南雷黃氏宋元儒學案七校水經注續選甬上耆舊詩撰丙辰公車徵士小錄及詞科摭言先之以康熙己未百八十六徵士而接以乾隆丙辰書未卒業在端州釋奠禮成祀白沙以下二十有一人從前未有之典也先後荅弟子董秉純張炳蔣學鏞盧鎬等所問經史錄爲經史問答凡十卷足啓後學卒後秉純等裒其文爲鮚埼亭集又所著有漢書地里志稽疑古今通史年表同時浙東學者有盛世佐字庸三秀水人舉人官龍里知縣撰儀禮集編四十卷彙衆解而研辨之持論謹嚴無淺學空談輕排賈鄭之習又楊復儀禮圖久行世然

其說皆本注疏而時有弃注疏之意失之者庸三一一是正其於諸家謬誤辨證尤詳

焦里堂先生事略

焦先生名循字里堂江蘇甘泉人世傳周易之學少穎異八歲客阮氏辨壁上馮夷字曰此當如楚辭讀皮冰切不當讀如縫阮氏奇之遂字以女年十七丁父及嫡母憂八閱月未嘗櫛沐食臥不離喪次哀毀甚阮文達元督學山東浙江旋奉撫浙之　命先後招先生往遊乾隆辛酉舉於鄉壬戌復從阮公遊浙有勸應禮部試且資之者先生以生母病辭之母竟以是冬卒先生哀毀如初服除遂閉戶著書葺其老屋曰半九書塾復構樓曰雕菰有湖光山色之勝足不入城市者十餘年庚辰七月卒年五十有八先生博聞強記識力精卓於學無所不通於經無所不治而於周易孟子專勒成書其於易本有家學嘗疑一號咷也何以既見於旅又見於同人一拯馬壯也何以既見於復又見於明夷密雲不雨之象何以小畜與小過同辭甲庚三日之占何以蠱象與巽象同例

乃徧求說易之書讀之撰述成帙甲子後復精研舊稿悟得洞淵九容之術實通於易乃以數之比例求易之比例於是撰擬通釋一書丁卯病危以易未成爲恨病瘳屏他務專治此經遂成易通釋二十卷自謂所悟得者一曰旁通二曰相錯三曰時行旁通者在本卦初與四易二與五易三與上易本卦無可易則旁通於他卦亦初通於四二通於五三通於上先二五後初四三上爲當位不俟二五而初四三上先行爲失道易之道惟在變通二五先行而上下應之此變通不窮者也或初四先行三上先行則上下不能應然能變而通之仍大中而上下應如乾四之坤而成小畜復失道矣變通之小畜二之豫五姤二之復五復初不能應姤初則能應小畜四不能應豫四則能應坎四之離上成井豐失道矣變通之井二之噬嗑五豐五之渙二豐上不能應渙上則能應井三不能應噬嗑三則能應此所謂時行也比例之義出於相錯如睽二之五爲无妄井二之噬嗑五亦爲无妄故睽之噬膚卽噬嗑之噬膚坎三之離上成豐噬嗑上之三亦成豐故豐之日昃卽離之日昃豐之日中卽噬嗑之日中漸上之

歸妹三歸妹成大壯漸成蹇蹇大壯相錯成需故歸妹以須之卽需也歸妹四之漸初漸成家人歸妹成臨臨通遯相錯爲謙履故眇能視跛能履臨二之五卽履二之謙五之比例也易通釋既成復提其要爲圖略八卷凡圖五篇原八篇發明旁通相錯時行之義論十篇破舊說之非復成章句十二卷總稱雕菰樓易學三書共四十卷先生易學既成隨筆記錄二十卷曰易餘籥錄凡友朋門弟子所問答及於易者復錄存二卷曰易話自癸酉立日錄自稽所業得三卷曰注易日記又有易廣記三卷先生易學不拘守漢魏各師法惟以卦爻經文比例爲主號咷密雲蹤跡甚顯蒺藜樽酒假借可據如郭守敬之以實測得天行也既又著孟子正義三十卷疏趙岐之注兼採近儒數十家之說而以己意折衷合孔孟相傳之正指又著六經補疏說曰說漢易者每屏王弼之說然弼之解箕子凡用趙賓說孔穎達不能申明之他如讀彭爲旁借雍爲甕通孚爲浮而訓爲務躁解斯爲廝而釋爲賤役蓋以六書通借之法解經尙未遠於馬鄭諸儒惟貌爲高簡故疏者視爲空論耳因作周易王氏注補疏二卷說尙

書者多以孔傳爲僞然堯典以下至秦誓其篇固不僞也卽魏晉人作傳亦何不可存因舉其說之善者如金縢我之不辟訓辟爲法居東卽東征罪人卽管蔡大誥周公不自稱王而自稱成王之命皆非馬鄭所能及作尚書孔氏傳補疏二卷毛鄭義有異同然正義往往雜鄭於毛比毛於鄭而聲音訓詁疏略亦多因撰毛詩鄭氏箋補疏五卷春秋成而亂臣賊子懼左氏傳云稱君君無道稱臣臣之罪杜預且揚其詞而暢衍之與孟子之說大悖預爲司馬懿女壻目見成濟之事將有以爲昭飾且有以爲懿師飾卽用以爲己飾此左氏春秋集解所以作也萬氏充宗斥左氏之頗惠氏半農顧氏棟高糾杜氏之失然未有摘其奸而發其覆者撰春秋左傳杜氏集解補疏五卷謂禮以時爲大蔽千萬世制禮之法而訓詁名物亦所宜究撰禮記鄭氏補疏三卷論語一書所以發明伏羲文王周公之指其文簡奧惟孟子闡發最詳最鬯論語一書之中參伍錯綜引申觸類其互相發明者亦與易例同撰論語何氏集解補疏二卷合之爲六經補疏二十卷先生游浙因阮文達考浙江原委以證禹貢三江乃撰禹

貢鄭注釋一卷專明班氏鄭氏之學謂王伯厚詩地理考繁雜無所融貫作毛詩地理釋四卷又仿戴東原孟子字義疏證撰論語通釋一卷凡十二篇曰聖曰大曰仁曰一貫忠恕曰學曰知曰能曰權曰義曰禮曰仕曰君子小人又撰羣經宮室圖二卷爲圖五十篇毛詩鳥獸草木蟲魚釋十一卷陸璣疏考證一卷又錄當世通儒說尚書者四十一家書五十七部仿衞湜禮記之例以時之先後爲序得四十卷曰書義叢鈔先生思深悟銳尤精於天學算術謂梅徵君弧三角舉要環中黍尺撰非一時緐複無次戴庶常句股割圜記務爲簡奧變易舊名撰釋弧三卷錢詹事稱是書於正弧斜弧次形矢較之用理無不包法無不備嘗與詹事論七政諸輪詹事復書云推闡入微以實測之數假立法象以求其合尤爲洞徹根原先生以弧線之生緣於諸輪輪徑相交乃成三角輪之弗明法無從附也撰釋輪二卷又謂康熙甲子歷書用諸輪法雍正癸卯歷書用撱圓法實測隨時而差則立法亦時而改撰釋撱一卷又謂劉徽之注九章算術猶許氏慎之撰說文解字講六書者不能舍許氏之書講九章者亦不

能舍劉氏之書九章不能盡加減乘除之用而加減乘除可以通九章之窮作
加減乘除釋八卷先生與吳縣李尙之銳歙縣汪孝嬰萊商論算學是時李仁
卿秦道古之書兩君未之見也乙卯先生得益古演段測圓海鏡二書急寄尙
之尙之爲之疏通證明先生又得秦氏所爲數學大略因撰天元一釋二卷開
方通釋一卷以述兩家之學於帶分寄母同數相削之故條分縷晰發揮無餘
蘊自李欒城郭邢臺之後爲此說者未知此妙也李欒城之學先生旣撰天元
一釋以闡明之而測圓海鏡益古演段兩書不詳開方之法以常法推之不合
讀者仍不能豁然嗣得秦道古數學九章有正負開方法因作開方通釋詳述
其義後命其子琥列益古演段六十四問用正負開方法推算之因以同名相
加異名相消用超用變之法詳示琥琥乃得以秦氏之法讀李氏之書布算推
策一一符合六十四問每問皆詳畫其式先生喜曰得此而演段可讀矣卽命
名曰益古演段開方補以附里堂學算記之末先生善屬文最愛柳柳州謂唐
宋以來一人而已後人多斥柳州爲王叔文黨先生爲雪之且曰田山薑馮山

公王西莊三先生於叔文事皆立論平允足洗不讀書者隨聲附和之陋習生平於治經外如詩詞醫學形家九流之書無不通貫表章先正作北湖小志六卷又掇拾揚州雜文舊事爲目錄一卷名曰足徵錄又成邗記六卷每得一書必識其顛末有所契則手錄之如是者三十年成禮堂道聽錄五十卷又舉國朝人著述三十二家作讀書三十二贊文集手訂者曰雕菰樓集二十四卷詞三卷詩話一卷性誠樸敦孝友恬淡寡欲惟以著書爲事湖山自娛壯年即名重海內錢辛楣王西莊程易田諸先生皆推敬之英煦齋冢宰序其易學以爲發千古未發之蘊子琥能讀書傳其學

惠松厓先生事略

惠先生棟字定宇號松厓侍讀學士士奇次子初爲吳江縣學生改歸元和籍幼承家學自經史諸子百家雜說釋道二藏靡不津逮臨川李公紱一見奇之曰仲孺有子矣學士視學粵東先生從之任所粵中高才生蘇珥羅天尺何夢瑤陳海六時稱惠門四子嘗入署講論文藝與先生爲莫逆交至於學問該洽

則四子皆自以遠不逮也及學士被讒毀家修城先生往來京口困甚遭兩喪不以貧廢禮中年課徒自給行義至高雖極困得財輒分與同氣未嘗輕事干謁陋巷屢空坦如也每得善本書傾囊弗惜或借讀手鈔校勘精審於古書之真僞瞭然若辨黑白乾隆十五年　詔舉經明行修之士總督尹文端繼善黃文襄廷桂交章論薦有博通經史學有淵源之稱然先生於兩公非有半面識也五十後尤邃於易謂宣尼作十翼其微言大義七十子之徒相傳至漢猶有存者自王弼興而漢學亡幸存其略於李氏集解中精擘三十年引伸觸類始得貫通其旨乃撰次周易述一編專宗虞仲翔參以荀鄭諸家之義約其旨爲注演其說爲疏漢學之絕者千有五百餘年至是而燦然復章矣書垂成而疾革遂闕革至未濟十五卦及序卦雜卦二篇孔氏正義據馬融陸績說以爻辭爲周公所作與鄭學異其所執者明夷六五云箕子升六四云王用享岐山皆文王後事也先生獨辨之於明夷之五曰箕子當從古文作其字其古音亥亦作萁劉向云今易萁子作荄茲荀爽據以爲說讀萁子爲荄茲其與亥子與茲

文異而音義同三統術云該閡於亥孳萌於子該荄亦同物也五本坤也坤終於亥乾出於子用晦而明明不可息故云其子之明夷馬融俗儒不識七十子傳易之大義讀其爲箕蓋涉彖傳而譌五爲天位箕子臣也而當君位乖於易例甚矣謬種流傳兆於西漢博士施讎讀其爲箕蜀人趙賓述孟氏之學以爲萁子明夷陰陽氣無箕子萁子者萬物方荄茲也賓據古義以難諸儒諸儒皆屈於是施讎梁邱賀皆嫉之孟喜與讎賀同事田王孫喜未貴而學獨高喜所傳易家候陰陽災變書得自王孫而賀惡之謂無此事語聞於上宣帝遂以喜爲改師法中梁邱之僭也讎賀嫉喜而并及賓班固作喜傳亦用讎賀之單詞皆非實錄劉向別錄猶循孟學故馬融俗說荀爽獨知其非復用賓古義而晉人鄒湛以漫衍無經譏之蓋魏晉以後經師道喪王肅詆鄭氏而禘郊之義乖袁準毀蔡服而明堂之制亡鄒湛譏荀諝而周易之學晦郢書燕說一倡百和何尤乎後世之紛紜也於升之四曰文王爻辭皆據夏商之制春秋傳引夏書惟彼陶唐帥彼天常有此冀方服虔云堯居冀州虞夏因之禹貢冀州治梁及

岐爾雅云梁山晉望也諸侯三望天子四望梁山爲晉望梁岐皆冀州之望此所謂王謂夏后氏受命告祭非文王也其說乾之四德曰元者天之始說文元從一兀道立於一造分天地化生萬物乾之初九積善在下陽氣始生東方爲仁故云善之長陰陽交而後亨乾之九二當上升坤五爲天子故文言再言君德經凡言亨者皆謂乾坤交也乾六爻二四上匪正坤六爻初三五匪正乾變坤化六爻皆正成兩既濟故云各正性命保合太和和卽利正卽貞也經凡言利貞者皆爻當位或變之正或剛柔相易惟既濟一卦六爻皆正故云剛柔正而位當雜卦篇所謂既濟定也卦具四德者七乾坤變化而成兩既濟屯三爻變革四爻變皆成既濟隨三四易位成既濟无妄三四易位上爻又變而成既濟臨二升居五位三爻又變而成既濟故皆言元亨利貞也其論占筮之法曰易稱天下之動貞夫一故卦爻之動一則正兩則惑京氏筮法一爻變者爲九六二爻以上變爲八晉公子得貞屯悔豫皆八乃三爻變不稱屯之豫而稱八穆姜遇艮之八乃五爻變不稱艮之隨而稱八所謂貞夫一也七者蓍之數八

者卦之數蓍圓而神卦方以知神以知來知以藏往知來爲卦之未成者藏往爲卦之已成者故不曰七而曰八春秋內外傳無筮得某卦之七者以七爲蓍之數未成卦也又因學易而悟明堂之法撰明堂大道錄八卷禘說二卷大略謂說卦帝出乎震帝者五帝也在太微之中五德相次以成四時聖人法之立明堂爲治天下之大法明堂有五室四堂室以祭天堂以布政王者承天統物各於其方以聽事謂之明堂月令今所傳月令是也古之聖人生有配天之德沒有配天之祭故太皞以下歷代稱禘太皞以木德炎帝以火德黃帝以土德少皞以金德顓頊以水德王者行大享之禮於明堂謂之禘祖宗其郊則行之南郊禘郊祖宗四大祭而總謂之禘者禘其祖之所自出故也鄭注大傳不王不禘及詩長發大禘箋皆云郊祀天是郊稱禘也周頌雝序云禘太祖也鄭箋云太祖謂文王是祖稱禘也劉歆云大禘則終王是宗稱禘也董子曰天地者先祖之所出也禘者禘其祖之所自出故四大祭皆蒙禘名禘禮上遡遠祖旁及毀廟下逮功臣聖人居天子之位行配天之祭推人道以接天而天神降地

而出人鬼格夫然而陰陽和風雨時五穀熟草木茂羣生咸遂物無疵癘所謂旣濟定也先儒皆以明堂上有靈臺下有辟雍四門有太學穎容春秋釋例云太廟有八名肅然清靜謂之清廟行禘祫序昭穆謂之太廟告朔行政謂之明堂行饗射養國老謂之辟雍占雲物望氛祥謂之靈臺其四門之學謂之太學其中室謂之太室總謂之宮盧植注禮記亦云明堂卽太廟與靈臺辟雍古法皆同一處近世殊異分爲三耳而晉時袁準著論非之昧於古制矣王者覲諸侯或巡狩四岳則有方明方明者放乎明堂之制也亦謂之明堂荀子所謂築明堂於塞外以朝諸侯戰國時齊有泰山明堂卽方明也周書朝諸侯則於明堂儀禮覲諸侯則設方明故虞禋六宗而覲四岳羣牧周禮方明而覲公侯伯子男六宗方明卽明堂六天之神鄭氏謂天之司盟非也自明堂之制不詳而禘禮亦廢鄭氏知圜丘方澤之爲禘而不知爲明堂六帝王肅又誤據魯禘故禘爲宗廟之祭無配天之事故魏明帝謂漢氏四百餘年廢無禘祀也禘行於明堂明堂之法本於易中庸言至誠可以贊化育與天地參此明堂配天之義

也又有易漢學七卷易例二卷謂孔壁中古文得多十六篇內有九共九篇析之爲二十四鄭康成所傳之二十四篇卽孔壁真古文東晉晚出之二十五篇與漢書不合可決其僞唐人詆鄭所傳爲張霸僞造者妄也今文太誓三篇其略見於太史公書史公從安國問故其載當可信唐人尊信晚出之太誓而以今文太誓爲僞亦非也於春秋有左傳補注六卷自序云嘗見鄭康成之周禮韋宏嗣之國語純采先儒之說末乃下以己意令學者審其異同杜元凱春秋集解雖根本前修而不著其說又其持論閎與諸儒相違於是樂遜序義劉炫規過之書出焉今剌取經傳附以先世遺聞宗韋鄭之遺前修不揜效樂劉之意有失必規而於古今文之同異辨之尤悉云其注秦穆姬屬賈君用唐尚書說以賈君爲申生妃令尹蔿艾獵用世本說爲叔敖之兄同盟於亳城北用服虔本證亳爲京之譌塹防門而守之廣里用續漢書及京相璠說以防門廣里爲地名吳句餘用服虔說以爲吳子餘祭萬者二人用吳仁傑說二人當爲二八臧文仲廢六關訓廢爲置讀如公羊廢其有聲者之廢皆前人所未及道也

又言公羊有嚴顏二家蔡邕石經所定者嚴氏春秋也何邵公所注者顏氏春秋也石經公羊末云桓公二年顏氏有所見異辭云云僖公三十年顏氏言君出則已入今何本皆有之又云顏氏無伐而不言圍者非取邑之辭也今何本亦無之以此知何所注者顏氏本也鄭康成注三禮引隱二年放於此乎隱三年登戻之桓十一年還鄭焉而鄙留皆與何氏異與石經同蓋鄭所據者嚴氏本也又云應邵風俗通稱穀梁爲子夏門人楊士勳謂受經於子夏案桓譚新論云左氏傳世遭戰國寢藏後百餘年魯穀梁赤爲春秋殘略多所違失然則穀梁子非親受經於子夏矣古人親受業者稱弟子轉相授者稱門人則穀梁於子夏猶孟子之於子思故魏麋信注穀梁以爲與秦孝公同時也楊士勳言穀梁作傳傳孫卿卿傳魯人申公申公傳博士江翁案孫卿齊湣襄時人當秦之惠王則在其後卿所著書言天子廟數及賻賵襚含之義述春秋魯胥命而言盟詛不及三王諸侯相見仁者居守皆本穀梁說其言傳孫卿信矣隱元年傳成人之美不成人之惡僖二十二年傳過而不改是謂之過二十三年傳以

不教民戰是則棄其師今皆在論語中傳所載與儀禮二記合者尤多故鄭康成云穀梁善於經也其論論語曰宣尼言述而不作於魯論見之鄉黨一書半是禮經堯曰數章全書訓典論君臣則人言不廢譏無恆則南國有言於善人爲邦則曰誠哉是言於隱居行義則曰吾聞其語素絢唐棣逸詩可頌百官冢宰古典可稽出門如見大賓使民如承大祭此胥臣多聞之所述也視其所以觀其所由察其所安此文王官人之所記也克己復禮左氏以爲古志己所不欲勿施於人管子以爲古語參分天下而有其二周志之遺文也陳力就列不能者止周任之遺言也推此言之聖人豈空作哉其論爾雅曰釋詁釋訓乃周公所作以教成王故詩稱古訓是式漢時謂之故訓又謂之詁訓詁訓者雅言也周之古訓仲山式之子之雅言門人記之俗儒不信爾雅而仲山之古訓夫子之雅言皆不存矣又撰九經古義二十二卷討論古字古音以博異聞正俗學益都李進士文藻見其書而善之爲鋟板粵中李與先生亦素不相識也論者謂宋元以來說經之書充棟高者蔑棄古訓自誇心得下者勦襲人言以爲

己有儒林之名徒爲空疏藏拙之地獨惠氏世守古學而先生所得尤深擬諸漢儒當在何邵公服子慎之閒馬融趙岐輩不能及也先生少時已好撰述有王文簡精華錄訓纂二十四卷論者以爲過於任淵之注山谷李壁之注荆公焉又有後漢書補注十五卷九曜齋筆記二卷松厓筆記二卷周易本義辨證五卷松厓文鈔二卷及諸史會最竹南漫錄諸書先生卒於乾隆戊寅五月年六十有二其弟子知名知名者江聲余蕭客自有傳

王西莊先生事略 弟鳴韶 金日追 費士璣

西莊先生諱鳴盛字鳳階晚號西沚江蘇嘉定人少警穎爲諸生時巡撫陳文肅大受招入紫陽書院院長王侍御峻奇賞其才爲文鎔經鑄史泉湧風發乾隆十二年鄉試以五經中式會試不第歸時沈文慤德潛以侍郎致仕海內英駿皆師之先生稱高第弟子又其時長洲吳泰來企晉上海趙文哲損之青浦王昶述庵及先生妹壻錢大昕曉徵皆以博學工詩文稱而羣推先生爲渠帥十九年以一甲二名進士 賜及第授編修公卿禮致之秦文恭蕙田方修五

禮通考屬以分修而尤見重於掌院學士蔣文恪溥二十一年大考翰詹名第一擢侍讀學士三十四年典福建鄉試尋擢內閣學士兼禮部侍郎還朝坐濫用驛馬左遷光祿卿尋丁內艱歸遂不復出久之遷居蘇州學者望風麕至有江左十二子苕岑諸集之刻聲氣益廣望益高而楗戶讀書絕不與當事酬接家本寒素嘗藉賣文自給餘一介不取也偃仰自得者垂三十年嘉慶二年十二月卒於蘇州年七十有八先生爲詩少宗漢魏盛唐在都下見錢蘀石蔣心餘輩喜宋詩往往效之後悔復操前說於明李崆峒何大復李于鱗王元美陳臥子及 國朝王貽上朱錫鬯之詩服膺無閒大抵以才輔學粹然正始之音也古文不專一家於明初嗜王遵巖繼效歸熙甫擷經義之精奧而以委折疏達出之有耕養齋詩文集四十卷早歲與元和惠定宇吳江沈冠雲研精經學一以漢人爲師許鄭尤所墨守所著尚書後案三十卷專宗鄭康成注鄭注亡逸者采馬融王肅注補之孔傳雖僞其訓注非盡虛造者閒亦取焉又著軍賦考精深博洽比古今疑義而折衷之又著十七史商摧一百卷校勘本文補正

譌脫最詳於輿地職官典章制度能剖其異同證其舛誤其書博辨詳明與容齋伯厚相上下前人糾謬拾遺之作不屑沿襲攟摭也晚作蛾術編一百卷其目有十說錄說字說地說制說人說物說集說刻說通說系皆刻行於世弟鳴韶字鶴溪工詩畫爲古文以清篇爲工先生奇其才責以制舉業曰兄愛我良厚不知我名心素淡也補新陽縣學生時先生已入翰林鶴溪獨侍二親閉關絕塵事典衣購書額其堂曰逸野旁闢一室懸簑笠以見志嘗自作簑笠軒圖授徒講業以終著文十卷春秋三傳考十三經異義考祖德述聞竹窗瑣碎共若干卷先生次江左十二子詩以鶴溪居其一論者不以爲私先生嘗曰吾門下以金子璞園爲第一費子士璣次之璞園名曰追嘉定諸生讀書不求聞達十三經皆有校本而儀禮尤精著儀禮正譌十七卷士璣吳江人嘉慶戊午舉人治漢易

錢竹汀先生事略 弟大昭 猶子塘 坫 侗

先生名大昕字曉徵號辛楣又號竹汀江蘇嘉定人年十五爲諸生有神童之

目乾隆十六年　高宗南巡獻賦　召試舉人以內閣中書用十九年成進士選庶吉士授編修大考擢贊善尋遷侍讀二十八年大考擢侍講學士充日講起居注官轉侍讀學士遷少詹事時　朝廷修熱河志續文獻通考續通志一統志天球圖先生咸充纂修官己卯壬午乙酉甲午充山東湖南浙江河南主考官庚辰丙戌充會試同考官京察三列一等典試河南之歲卽　命督學廣東踰年丁父憂歸初先生以侍讀學士　特命入直上書房授　皇十二子書每預　內廷錫宴賦詩稱　旨前後　賜賚有加　上深知其學行將大用而先生淡於榮利以識分知足爲懷慕邴曼容之爲人謂官至四品可休奉諱歸里後卽引疾不出嘉慶四年　仁宗親政　垂詢先生里居狀廷臣寓書勸還朝皆婉言報謝歸田三十年歷主鍾山婁東紫陽書院而在紫陽至十有六年門下士積二千人其爲臺閣侍從發名成業者不可勝計九年十月卒於紫陽年七十有七卒之日尚與諸生講論少疲倚枕臥不逾時家人趨視則已瞑矣先生博極羣書不專治一經而無經不通不專攻一藝而無藝不精凡

經史文義音韻訓詁歷代典章制度官制氏族年齒古今地理沿革金石畫像篆隸以及古九章算術迄今中西歷法無不洞晰其是非疑似少與王蘭泉及妻兄王鳳喈同肄業紫陽書院負文名時吳江沈冠雲元和惠定宇方以經術稱吳中先生益推而廣之錯綜貫串開拓心胷謂古人屬辭不外雙聲疊韻而其秘實具於三百篇中雙聲卽字母所由始初不傳自西域又謂康成讀易簡之易與變易不易初無兩音又謂鄭注三禮並無麒麟皮冒鼓之說皆信而有徵不獨可以伸鄭也官內閣時與同年生褚搢升吳荀叔講算學適西洋人蔣友仁以地球圖說進奉 旨繙繹 詔先生與禮部尚書何公國宗同潤色何公久領欽天監事精推步先生與論宣城梅氏及明季利瑪竇湯若望諸家之學何公輒遜謝以為不及又以 御製數理精蘊兼綜中西法悉心探賾曲暢旁通緐是觀史則自太初三統四分中至大衍下迄授時盡能得其測算之法故於各史朔閏薄蝕淩犯進退強弱之殊指掌立辨悉能抉摘而考定之時休甯戴東原亦在朝列戴故婺源江氏弟子江精西法恆曲護西人之短戴頗墨

守師說先生遺書辨之謂江氏論歲實論定氣大率祖歐羅巴之說而引伸之其意頗不滿於宣城而吾益以見宣城學之高蓋宣城能用西學江氏則爲西人所用而已乃取算術二十四條演爲答問皆考核精詳各具神解更撰二十二史考異詳論四分三統以來諸家術數精確不刊尤嗜金石文字舉經史子集以證其異同同好如畢秋帆阮雲臺武虛谷黃小松孫淵如咸有記撰而先生熟於歷代官制損益地理沿革以暨遼金國語蒙古世系故其考據精審多出數公之外其論易先天後天之說曰說卦傳言震東方巽東南離南方乾西北坎正北艮東北惟不見坤兌二方兌爲正秋則必正西方矣坤介離兌之閒亦必位西南矣伏羲以來蓋已有之伏羲以木德王而傳稱帝出乎震是震東巽東南之位必出於伏羲不當別有方位也宋初方士始言先天圖而儒家尊信其說欲取以駕乎文王周公之上毋乃好奇而誣聖人乎天地水火雷風山澤各自相對本無方位之可言後儒援天地定位四語傅會先天之說尤爲非是夫天高而尊地下而卑古今不易之位也地勢北高而南下君位北而南面

臣位南而北面信如乾南坤北之說上下顛倒甚矣安得云定位乎論孔壁書增多二十四篇康成既親見之何以不爲之注曰漢儒無無師之學古文尚書初得之屋壁莫有能通之者孔安國始以今文讀之而成孔氏之學然安國非能自造也亦由先通伏生書古文今本不相遠以此證彼易於闓闡惟文義不能相通者乃別爲之說以名其學若增多之書既無今文可參考雖亦寫定而不爲訓詁故馬融之逸書十六篇絕無師說也自安國以及衞賈馬諸君皆未有說此逸篇者康成又何能以無徵不信之說著於竹帛乎即如禮古經五十六篇鄭亦親見之其注儀禮多以古文參定而不注增多之三十九篇亦以無師說故也左氏得劉子駿刱通大義故流傳至今而逸書逸禮無師說故皆亡於永嘉自東晉古文出乃有安國承詔爲五十八篇作傳之語夫使安國果爲逸篇作傳則都尉朝庸生輩必兼受之何以馬鄭以前傳古文者皆止二十九篇已哉朱文公疑康成不解逸禮三十九篇予向亦未喻其故今因論古文逸篇而幷悟及之論詩毛傳多轉音曰古人音隨義轉故字或數音如謀夫孔多

是用不集與猶咎爲韻韓詩集作就於音爲協毛公雖不破字而訓集爲就即是讀如就音書顧命克達殷集大命漢石經集作就吳越春秋子不聞河上之歌乎同病相憐同憂相救驚翔之鳥相隨而集瀨下之水回復俱留是集有就音也如藐藐昊天無不克鞏傳訓鞏爲固即轉從固音與下句後爲韻也又如匪且有且傳訓且爲此即轉從此音與下句茲爲韻也顧亭林泥於一字祇有一音遂謂詩有無韻之句是不然矣溱洧之溱當作爲潧說文潧水出鄭國引詩潧與洧方渙渙兮是也今毛詩作溱者讀潧如溱以諧韻耳潧即溱之轉音不可謂詩失韻亦不可據詩以疑說文也魯頌烝徒增增傳云增增衆也本爾雅釋訓文而小雅室家溱溱傳亦云溱溱衆也增溱聲相近轉增爲溱亦以諧韻與潧洧作溱洧同也論春秋曰孟子謂孔子成春秋而亂臣賊子懼愚嘗疑之將謂當時之亂賊懼乎則趙盾崔杼之倫史臣固已直筆書之不待春秋也將謂後代之亂賊懼乎則春秋以後亂賊仍不絕書於史策未見其能懼也孟子之言毋乃大而夸乎然孟子固言春秋者天子之事也述王道以爲後王法

防其未然非刺其已然也太史公曰撥亂世反之正莫近乎春秋又曰有國家者不可以不知春秋前有讒而不見後有賊而不知爲人臣子者不可以不知春秋守經事而不知其宜遭變事而不知其權春秋之法行而亂臣賊子無所容其身故曰懼也凡篡弒之事必有其漸聖人隨事爲之杜其漸隱之弒也於翬帥師戒之子般之弒也於公子慶父帥師伐餘邱戒之此大夫不得專兵柄之義也尹氏立王朝在昭公之世而書尹氏卒於隱之策崔杼弒君在襄公之世而書崔氏奔衞於宣之策此卿不得世之義也齊侯使其弟年來聘再見於春秋爲無知之弒君張本也母弟雖親不可使踰其分也趙穿弒君而以趙盾主惡名穿之弒由於盾也胥甲父與穿同罪盾於甲父則放之於穿不惟不放且使之帥師侵崇盾尚得辭其罪乎侵崇小事不必書而書之所以正盾之罪且不使穿得漏網也鄭公子宋弒君而以歸生主惡名歸生正卿且嘗帥師敗華元矣力足以制宋而從宋之逆較之趙盾又甚焉不得託於本無逆謀也楚公子比之弒君棄疾成之而比獨主惡名者奸君位也而棄疾之惡終不可掩

故以相殺爲文著其罪同然比與棄疾皆楚靈之弟靈逐比而任棄疾卒死二人之手先書比奔晉又書棄疾帥師圍蔡明君之晜弟不可以愛憎爲予奪也衞孫甯出其君而以出奔爲文衎有失國之道也貶衎則嫌於獎剽故先書公孫剽來聘以見義公孫而干正統其罪不可掩也楚商臣蔡般之弒子不子父亦不父也許止不嘗藥非大惡而特書弒以明孝子之義非由君有失德故楚蔡之君不書葬而許獨書葬所以責楚蔡二君之不能正家也楚成之事與晉獻略同子孝則爲申生子不孝則爲商臣而晉亦尋有奚齊卓子之弒未有家不齊而國治者也書閽弒吳子餘祭戒人君之近刑人也書盜弒蔡侯申戒人君之疏大臣而近小人也欒盈之入曲沃趙鞅之入晉陽書之以戒大都耦國之漸人臣不可專其私邑也楚子虔弒於乾谿書其地著役之久也君親出師久而不歸禍之不旋踵宜矣楚之強莫強於虔伐吳執慶封滅頓滅陳滅蔡史不絕書而無救於弒者無德而有功天所惡也宋襄公用鄫楚襄公用蔡世子皆特書之惡其不仁也且以徵二君之強死非不幸也宋公與夷齊侯光楚子

虔以好戰而弒晉侯州蒲以誅戮大臣而弒經皆先文以見義所以爲有國家者戒至深切矣左氏傳曰凡弒君稱君君無道也稱臣臣之罪也後儒多以斯語爲詬病愚謂君誠有道何至於弒遇弒者皆無道之君也其賊之有主名者書名以著臣之罪其微者不書不足書也無主名者亦闕而不書史之慎也非恕臣之罪也聖人修春秋述王道以戒後世俾其君爲有道之君正心修身齊家治國各得其所又何亂臣賊子之有若夫簒弒已成據事而書之良史之職耳非所謂其義則某竊取之者也秦漢以後亂賊不絕於史由上之人無以春秋見諸行事故爾故曰惟孟子能知春秋論孟子決汝漢排淮泗而注之江先儒以爲記者之誤曰趙邠卿注孟子於此文未嘗疑宋以後儒乃疑之予謂孟子長於詩書豈不能讀禹貢且生於鄒嶧淮泗之下流近在數百里閒何至有誤蓋天下之水莫大於海而江卽次之故老子以江海爲百谷王南條之水皆先入江後入海人第知毗陵爲江入海之口不知鉤山以南餘姚以北之海皆江之委也漢水入江二千餘里而尙有北江之名淮口距江口五百里其爲江

之下流何疑禹貢云沿於江海達於淮泗此卽淮泗注江之證注江者會江以注海與導水之文初不相悖也說文云江水至會稽山陰爲浙江浙江者漸江也漸江與江水不同源而得名江者源異而委同也國語吳之與越三江環之韋昭以爲吳松江錢塘江浦陽江也錢塘江卽浙江吳松浦陽亦注江而後注海故皆有江之名漢儒去古未遠其言江之下流不專指毗陵一處如知會稽山陰亦爲江水所至則無疑乎淮泗注江之文矣此先生說經之大略也所著廿二史考異百卷通鑑注辨正二卷三統術衍三卷補元史氏族表三卷補元史藝文志四卷元詩紀事五十卷金石文跋尾二十五卷金石文字目錄八卷十駕齋養新錄二十卷養新餘錄三卷三史拾遺諸史拾遺各五卷洪文惠洪文敏陸放翁王伯厚王弇州年譜各一卷疑年錄恆言錄聲類地球圖說若干卷潛研堂文集五十卷詩集二十卷皆行世先生學究天人秦文恭公輯五禮通考及奉敕修音韻述微皆延請相助與弟大昭以古學相切劘猶子曰塘曰坫曰侗等皆有著述能具其一體文學萃於一門其流澤可謂遠矣大昭字

晦之一字竹廬淹貫經史著書滿家刊行者惟後漢書補表八卷而已嘉慶初舉孝廉方正　賜六品服塘字學淵號溉亭少與諸殿淪汪紉青王鶴谿王耿仲相唱和為西莊蘭泉所激賞顧不欲以詩名益肆力經史乾隆四十五年進士官江甯府教授專務撰述於聲音文字律呂推步之學皆有神解著律呂古義六卷辨秦勛以漢尺為周尺之非又有明算篇較度篇皆極精核又著史記三書釋疑於律歷天官家言皆究其原本而以他書疏通證明之律書十九商八羽七角六宮五徵九數語注家皆不能究小司馬疑其數錯塘據淮南子太元經證之始信其確不可易又以淮南天文訓一篇多周官馮相保章遺法作補注三卷以闡其旨又作春秋古義以糾杜氏之謬其所作文曰述古編凡四卷坫字獻之溉亭弟也少穎敏精小學游京師朱筠河學士延為上客乾隆甲午副貢客關中畢中丞所與方子雲洪稚存孫淵如討論訓故輿地之學後官乾州州判著詩音表車制考各一卷論語後錄五卷十經文字通正書十四卷新斠注地理志十六卷工小篆不在李陽冰徐鉉下晚年右體偏枯左手作篆

尤精絕嘗注史記詳於郡縣沿革山川疆域陝督松筠公重其品學親至榻前
問疾索未刊著述獻之以史記注付之且曰三十年精力盡於此書侗字同人
弱冠舉於鄉能傳先生歷算之學先生撰四史朔閏考將成遽捐館舍侗覆加
編次證以羣書數百種金石文字二千通繙閱釐補其非月朔而有干支可逆
推者如各帝之生日聖節金之射柳及擊毬弃御常武殿臨幸東宮元之廷試
皆有一定日期又如僞齊劉豫用金正朔其朔可考計與金必同共增輯一千
三百餘條至廢寢食乃獲成書云

國朝先正事略卷三十四

國朝先正事略卷三十五

平江李元度次青纂

經學

朱竹君先生事略 李威

先生諱筠字東美一字竹君號笥河大興人文正公珪兄也年十三通七經十五與文正同補諸生負文名順天尹蔣公炳招劉文定綸程文恭景伊錢文敏維城莊侍郎存與莊學士培因及先生兄弟飲試以崑田雙玉歌諸公激賞乾隆十九年成進士選庶吉士授編修二十六年分校會試丁父憂哀毀骨立先生素無宦情服闋欲徧遊天下名山已乞假矣 上召見文正詢家事曰翰林無定額汝兄當補官不比汝需缺也文正以告掌院索假呈歸曰兄實無疾恐 上再詰問不敢欺其強爲弟起先生不答既而輾然曰弟敗我清興矣是年授贊善明年大考擢侍讀學士充日講官知起居注戊子分校順天鄉試己丑分校會試庚寅典福建鄉試辛卯分校會試是年秋提督安徽學政安徽

故多樸學先生重刻許氏說文以詔學者謂爲學必先識字躬拜奠婺源江永汪紱之主祀之鄉賢以勸士先生初爲劉文正統勳所知以爲疏儁奇士及在安徽會　高宗下詔求遺書先生奏言翰林院貯有永樂大典內多古書世未見者請開局使校閱且言搜輯之道甚備時劉文正在軍機處顧不喜謂非爲政之要欲議寢之而金壇于文襄敏中獨善先生奏與文正固爭執卒用先生說上之四庫全書館自是開矣館開凡十有三年而書成共存書三千四百六十種計七萬五千八百五十有四卷其得自永樂大典者凡五百餘部皆世所不傳本也先生又請倣照漢熹平唐開成故事擇儒臣校正十三經文字勒石太學　高宗手勅曰候朕緩緩酌辦未幾坐事左遷編修入四庫館纂修日下舊聞時文正薨金壇總裁館事尤重先生會以館書稿本往復辨析欲先生往就見而先生執翰林故事總裁纂修相見於館所無往見禮又時以持館中事與意忤金壇大憾一日見　上語及先生　上遽稱許朱筠學問文章殊過人金壇默不得發第言朱筠辦書頗遲　上曰可令蔣賜棨趣之時

蔣方以舊侍郎直武英殿也尋督學福建至閩以經學六書訓士口講指畫無倦容某生爲攝令某坐以殺人鍛鍊成獄先生雪其冤士林頌之逾年　上使文正代之歸數月遂卒年五十有三天性孝友博聞宏覽書無所不通說經宗漢儒諸史百家皆考證其是非同異古文法班馬而參以韓蘇詩出入唐宋不名一家先生既久次望益重則大言翰林官以讀書立品爲職不宜修小禮曲意委順於達官貴勢顧篤好交遊一言之善稱道不容口卽有過輒覆掩之後進多因以得名陸君錫熊程君晉芳任君大椿皆其所取士而黃君景仁洪君亮吉輩則北面稱弟子戴君震汪君中兀傲不羣好雌黃人物在先生幕中獨無閒言孫君星衍以未見先生爲恨屬洪君爲紹願遙執弟子禮先生許之其督皖學也延名宿十二人司校閱聯鑣出國門賓從稱盛室中自晨至夕未嘗無客與客飲酒連舉數十觥不亂談笑窮日夜酒酣論天下事自比李元禮范孟博激揚清濁別邪正聞者悚然生平提唱風雅振拔單寒後進天下士歸之如市所居室曰椒花吟舫亂草不除雜花滿徑聚書至數萬卷金石文字千

種嘗對客屬文其文才氣奇縱所欲言無不盡尤愛山水使車所至嘗再登黃山武夷峭壁不通樵徑必攀蘿造其巔題名鍥石而後返所著有笥河文集子錫庚字少白乾隆戊申舉人候選直隸州知州讀書好古精左氏春秋能世其學先生高第自陸程任黃孫洪外有李威字畏吾龍溪人戊戌進士官廉州知府深於六書之學著說文解字定本十五卷

盧抱經先生事略 孫志祖 丁杰

先生諱文弨字弨弓號抱經其先自餘姚遷杭州父存心恩貢生　召試博學鴻詞有白雲詩文集母馮氏山公先生景女也公生而穎異濡染庭訓又漸涵於外王父之緒論長則桑先生調元壻而師之馮桑二公皆浙中樸學之士故其學具有本原乾隆戊午舉順天鄉試壬午考內閣中書壬申以一甲第三人成進士授編修丁丑入直上書房由中允薦陞侍讀學士乙酉典廣東鄉試旋提督湖南學政戊子以學政言州縣吏不應杖辱生員左遷明年以繼母年高乞養歸先生好校書終身未嘗廢在館閣十餘年歸田後主講書院凡二十餘

年雖耄孳孳無怠昧爽起繙閱點勘朱墨並作几閣闤闠無置茗盌處日且暝始出戶散步庭中俄而篝燈如故至夜半而後即安祁寒酷暑不稍閒宦俸脯修所入不治生產僅以購書聞有舊本必借鈔之有善說必謹錄之一策之閒分別遂寫諸本之乖異字細而必工今抱經堂藏書數萬卷皆是也校讐之事自漢劉向揚雄後至 聖朝極盛公自以家居無補於國而以刊定之書惠學者亦足以裨益右文之治出所定經典釋文孟子音義逸周書賈誼新書春秋繁露方言白虎通荀卿子呂氏春秋韓詩外傳獨斷諸善本鏤板行世又苦鏤板難多則合經史子集三十八種如經典釋文例摘字而注之名曰羣書拾補以行世所自為書有文集三十四卷儀禮注疏詳校十六卷鍾山札記四卷龍城札記三卷廣雅注二卷皆能使學者諟正積非蓄疑渙釋先生治經有不可磨之論其言曰唐人之為義疏也本單行不與經注合單行經注唐以後尚有善本自宋後附疏於經注而所附之經注非必孔賈諸人所據之本也則兩相鉏鋙矣南宋後又附經典釋文於注疏閒而陸氏所據之經注又非孔賈諸人

所據也則鉏鋙更多矣淺人必比而同之則彼此互改多失其真幸有改之不盡以滋其鉏鋙啓人考覈者故注疏釋文合刻似便而非古法也其讀書特識類此乾隆乙卯卒年七十有九平生事親孝謹喪繼母時年七十三矣居喪猶盡禮待弟韶音極友愛篤師友之誼而性尤伉直方壬申殿試時對策中力言直隸差傜之重　純皇帝爲動容飭總督方觀承申奏自劾士論偉之同縣孫志祖亦以著書爲事志祖字詒穀乾隆三十一年進士官御史所著讀書脞錄七卷考論經子雜家折衷精審不爲武斷之論家語疏證六卷證王肅之僞又著文選考異四卷文選注補正四卷補正姚之駰輯謝承後漢書五卷又歸安丁杰字升衢一字小疋乾隆四十六年進士官教授肆力經史旁及六書音韻算數長於校讐於胡氏禹貢錐指摘誤甚多四庫館開朱竹君戴東原皆延之助校勘所著書曰周易鄭注後定大戴禮記繹小西山房文集

邵二雲先生事略

邵先生晉涵字與桐一字二雲浙江餘姚人先生以禹貢三江其南江從餘姚

入海遂自號南江浙東自陽明以道學顯而功業風義兼之念臺忠讜著大節其弟子棃洲覃研經史博洽於文辭先生生其鄉私淑三先生故性質貞亮而經經緯史涉獵百家不懈而進於古乾隆三十年舉於鄉典試者爲錢少詹大昕得先生文謂非老宿不辦及來謁年裁踰冠叩其學淵博無涯涘少詹拊掌曰不負此行矣三十六年會試第一成進士　廷試二甲歸部銓選三十八年

詔開四庫館時　高宗崇奬實學思得如劉向揚雄者任之大學士劉公統勳首薦先生　特旨改庶吉士充纂修官踰年授編修五十六年遷中允擢侍講轉侍讀歷左庶子侍讀學士充日講起居注官直文淵閣歷充咸安宮總裁　萬壽盛典八旗通志國史館三通館纂修官又爲國史館提調兼掌進擬文字典試廣西者一教習庶吉士者二生平至性過人執親喪哀毀骨立與人交始終如一未嘗以博雅自矜惟以非義干者不待語竟卽拂衣起人以是嚴憚之少多病左目微眚清羸如不勝衣而獨善讀書數行俱下寒暑舟車未嘗頃刻輟業於四庫七略無不研究而尤能推極本原實事求是在館時總裁問

以某事答曰在某冊第幾葉中百不失一咸訝以爲神蓋自元明以來儒者務爲空疏無益之學六書訓故屏斥不談於是儒術日晦雖閒有能讀書如楊慎朱謀瑋者非果於自用即安於作僞立論往往不足依據迨　本朝興而樸學始輩出顧處士炎武閻徵君若璩首爲之創然奥窔未盡闢也乾隆之初海宇乂平已百餘年魁儒鉅公接踵惠徵君棟戴庶常震其學識始足方駕古人及四庫館開先生與戴君首膺其選由徒步入翰林於是士大夫始重經史之學言經學推戴君言史學推先生海內駸駸然趨實學矣然先生尤以浙東三先生爲宗每上下古今凡政治得失人才消長君子小人之元黄水火皆能抉其弊之所由始與害之所由終尤熟於前明掌故於朋黨奄禍及唐魯二王起兵始末口講手畫往往出正史之外每語一事輒亟稱三先生不置蓋其學之所本又心儀其人而欲取以爲法者也豈徒以旁通訓詁方名象數及草木蟲魚之多識謂足盡先生也哉先生於經深三傳及爾雅以宋邢昺爾雅義疏蕪淺遂別爲正義一書以郭景純爲宗而兼采舍人樊劉李孫諸家凡三四易稿始

定如以九府之梁山卽今衡山釋草蘩菟蒵蔿卽今款東同人皆歎爲絕識又有孟子述義穀梁古注韓詩內傳考並足正趙岐范寧及王應麟之失而補其所遺嘗病宋史是非失實又久居山陰四明閒習聞三先生緒言欲爲南都事略一編詞簡事增過正史遠甚嘗語人曰南宋諸傳最無理法其稿創於袁桷桷與史氏中外故於甬東諸人多鄉曲之私今讀南宋諸雜史及桷清容集始知其論之確也畢制軍沅撰續宋元通鑑先生爲刪補考定之制軍歎曰今之道原貢父也有方輿金石編目　皇朝大臣謚迹錄輶軒日記南江詩文稿等書所校官書如薛居正五代史則採自永樂大典中參以冊府元龜太平御覽幷通鑑長編諸書辨證條繫悉符原書一百五十卷之數書成奏　御館臣請仿劉昫舊唐書之例列於廿三史刊布學宮至分校石經先生職春秋三傳所正字體亦較他經獨多爲文操筆立就奧衍淵懿學者宗之卒於嘉慶元年六月年五十有四

戴東原先生事略　段玉裁　龔麗正

戴先生震字東原休寧人生十歲始能言書過目不忘甫授大學章句問塾師此何以知爲孔子之言而曾子述之又何以知爲曾子之意而門人記之師曰朱文公說也問文公何時人曰宋人孔子曾子何時人曰周人周宋相去幾何時曰幾二千年矣曰然則文公何以知其然塾師不能對自後讀書每字必求其義得許氏說文解字大好之遂盡通十三經注疏能全舉其辭嘗曰經以載道所以明道者辭也所以成辭者字也學者當由字以通其辭由辭以通其道某自十七歲時有志聞道謂非求之六經孔孟不得非從事於字義制度名物無由以通其語言爲之數十年灼然知古今治亂之源在是宋儒譏訓詁之學而輕語言文字是猶度江河而棄舟楫也時婺源江先生永治經稱大師先生年二十以所學就正江先生驚異之齊侍郎召南見所作考工記圖曰奇書也年二十九補縣學生有族豪侵佔祖塋地訟之豪倚財結縣令欲文致先生罪乃脫身挾策入都時紀編修昀王編修鳴盛錢編修大昕王中書昶朱編修筠皆甲戌進士以學問名一時見先生皆擊節歎服遂館於紀氏作勾股割圜記

秦文恭蕙田延致之與講觀象授時之學五禮通考中全載其勾股割圜記以集古今算法之大全尋館王文肅安國家公子念孫從受學能得其傳南歸識惠先生棟於揚州時盧編修紹弓爲盧運使見曾校刊大戴禮先生數指其譌遺書與任進士大椿論禮經舉康熙壬午鄉試是時秦文恭用江愼修及先生之說疏請刊正韻書薦先生與錢君大昕任其事　高宗以相沿已久未允也先生以宋儒言性言理言道言才言誠言明言權言仁義禮智言智仁勇皆非六經孔孟之言而以異學之言糅之故就孟子字義開示使人知人欲淨盡天理流行之語病於是作孟子疏證及原善論性諸篇嘗言朱子注大學開卷言虛靈不昧便涉異學其言以具衆理應萬事尤非理字之恉古人曰理解者尋其腠理而析之也曰天理者如莊周言依夫天理卽所謂彼節者有閒也古聖賢以體民之情遂民之欲爲得理今人以己之意見不出於私爲理是以意見殺人咸自信爲理矣中庸注言性卽理也其可乎論語開卷言學以明善而復其初復其初出莊子絕非孟子以擴充言學之意也其持獨見多類此朱文

正珪雅善先生爲山西布政使時聘修汾州府及汾陽縣志先生正舊志之譌謂汾陽於漢爲茲氏縣戰國時屬趙不屬魏漢時屬太原郡不屬西河郡後魏太和八年改六壁鎮置西河郡治茲氏城而西河之名移於此酈道元注水經以武侯浮西河事繫之夏陽子夏陵及廟室繫之郃陽而於謁泉山及文水絕不涉及子夏設教事張守節李吉甫輩始指爲魏之西河子夏退老居此皆非其實吉甫又謂黃初二年於漢茲氏縣置西河郡卽今州治不知魏晉之西河皆治離石非茲氏吉甫又謂周宣帝於此置汾州大業三年廢汾州不知周隋之汾州皆非西河郡境吉甫元和郡縣志敘述最有法而猶有舛謬甚哉地理之難言也乾隆三十八年　詔開四庫全書館于文襄敏中以紀文達昀裘文達曰修之言薦先生於朝　上素聞其名遂以舉人特召充纂修官首校水經注別經於注正唐以來經注混淆之失　高廟褒嘉御製詩冠首蓋先生之受　主知深矣乙未會試不第　上命一體與殿試　賜同進士出身授庶吉士先生起自孤寒獨以文學爲　天子所知出入著作之庭館中有奇

文疑義輒就咨訪先生爲考究顛末各得其意以去晨夕討論靡間寒暑竟以積勞致疾卒於官年五十有五時四十二年夏五月也先生所校定官書自水經注外曰周髀算經謂此古蓋天之法自漢迄元明皆主渾天明時歐羅巴入中國始稱別立新法其實皆出於周髀所謂天子失官學在四夷者也曰孫子算經張邱建算經夏侯陽算經五曹算經海島算經五經算術九章算術皆王寅旭謝野臣梅定九諸公所未見者先生悉心讎正　高宗皆製詩題卷首刊行而古九數之學大顯矣曰儀禮釋宮儀禮識誤儀禮集釋項氏家說蒙齋中庸講義大戴禮揚子方言皆能正其闕誤所自著書曰原善三卷孟子字義疏證三卷勾股割圜記三卷策算一卷原象一卷考工記圖二卷聲韻考四卷聲類表十卷文集十卷續天文略二卷水地記一卷方言疏證十三卷毛鄭詩考正四卷考正鄭氏詩譜一卷果溪詩經補注二卷大學補注一卷儀禮考正一卷歷問一卷古歷考二卷六書論三卷爾雅文字考十卷屈原賦注九卷孔戶部繼涵爲刊戴氏遺書弟子段君玉裁復刊之先生無他嗜好惟專力於讀

書雖詞義鉤棘難曉者一再讀之輒渙然冰釋旁觀驚爲宿悟要由精誠所致其學長於考辨每得一義初若創獲及參互考之確不可易後儒多言易亂於費直先生以漢書證之曰藝文志易經十二篇施孟梁邱三家十二篇者經上下二篇十翼十篇此三家所同也儒林傳云費直易無章句徒以彖象繫辭十篇之言解說上下經蓋費氏不自立章句其解經卽用十篇之言而十二篇之目未嘗改後人誤讀儒林傳輒咎費氏之改經不察之甚也周禮大馭右祭兩軹祭軌注云故書軹爲軒杜子春云軒當爲軹軹謂兩轊或讀軒爲簪笄之笄先生辨之曰軒當讀如笄杜君改爲軹與輢內之軹二名混淆非也以轊釋轂端之軒亦非也軹者車軨軒者轂末轊者軸末後代字書幷軒字無之矣祭軓字刊本多譌爲軌毛公釋詩云自轊以上爲軓說文軌從九車轍也軓從凡車式前也依詩意宜音范以韻考之又不合疑漢時軌軓二字相溷毛公殆誤併爲一歟其述明堂之制曰明堂五室十二堂故曰明堂月令中央曰太室正室也一室而四堂東堂曰青陽太廟南堂曰明堂太廟西堂曰總章太廟北堂曰

元堂太廟四隅之室夾室也四室而八堂東北隅之室元堂之右夾青陽之左夾也其北堂曰元堂右个東堂曰青陽左个東南隅之室青陽之右夾明堂之左夾也其東堂曰青陽右个南堂曰明堂左个西南隅之室明堂之右夾總章之左夾也其南堂曰明堂右个西堂曰總章左个西北隅之室總章之右夾元堂之左夾也其西堂曰總章右个北堂曰元堂左个凡夾室前堂或謂之箱或謂之个左氏傳寘饋於个杜云个東西箱是也个者兩旁之名也古者宮室之制前堂後室有夾有个有房惟南嚮一面明堂四面闓達亦前堂後室有夾有个而無房禮婦人在房明堂非婦人所得至也四正之堂皆曰太廟四正之室共一太室故曰太廟太室世之言明堂者有室無堂不分个夾失其傳矣春秋昭二十二年十月王子猛卒而其夏秋已兩書王猛說者莫得其解先生曰王猛與鄭忽皆以國氏者也王者諸侯目王畿之辭非天子之號春秋凡書王猶列國之書其國書天王猶列國之書爵故王人與列國書人同爲微者王猛與鄭忽同爲以國氏忽未卽位而出奔歸不得書爵書世子正其復國也王子猛

未即位稱王故卒稱王子若先正其號曰王不得復稱王子矣今人所用三角八線之法本出於勾股而尊信西術者輒云勾股不能御三角先生折之曰周髀云圜出於方方出於矩矩出於九九八十一三角中無直角則不應乎矩無例可比矣必以法御之使成勾股而止八線比例之術皆勾股法也又言治經宜自爾雅始如釋言桄充也六經無桄字鄭注樂記孔子閒居皆訓橫爲充橫桄古通用書光被四表漢書引作橫被今孔傳猶訓光爲充文譌而義不殊也釋言庥廕也即詩不可休思之休釋木桑柳醜條即詩蠶月條桑之條莊子云已而爲之者已而不知其然當從釋詁解已爲此其考證通悟類此者不可枚舉璿璣玉衡爲古觀天之器久失其傳先生神悟於二千年後令巧匠爲之且詳其制於原象篇所繪地圖尤精核　國朝言地理者有顧景范顧亭林閻百詩胡朏明黃子鴻趙東潛錢竹汀諸家然皆以郡國爲主而求山川先生則以山川爲主而求郡縣故精審能出其上歿後十餘年一日　高宗校刊石經命小璫問南書房諸臣戴震尚在否對曰已死　上歎息久之先是總督

方恪敏觀承聘先生修直隸河渠書百十一卷未成而恪敏薨稾藏周制軍元禮家嘉慶己巳吳江王履泰以貲爲通判得書攘爲己有删其半益以乾隆己丑以後事實易名畿輔安瀾志進於　朝　仁宗謂此有用之書命武英殿刊行賞履泰同知發永定河試用先生嗣子仲孚攜原稾入都欲爲辨正不果亦可見先生經世述作身後猶見賞於　朝廷云

段先生玉裁字若膺一字懋堂金壇人東原高第弟子也年十三受知學使尹元孚先生爲諸生授以梁谿高愈所著小學遂究心焉乾隆庚辰舉人貴州玉屏知縣越三年改四川巫山知縣辛丑引疾歸遂不復出生平講求古義精小學著書滿家行世者有說文解字注尚書撰異毛詩傳小注詩經小學錄經韻樓文集其女夫曰龔麗正字闇齋仁和人嘉慶丙辰進士官郎中以懋堂爲師能傳其學著有國語韋昭注疏

孫淵如先生事略

先生諱星衍字淵如江蘇陽湖人父勳舉人官河曲知縣大母許夢星墜於懷

舉以授其母金比旦遂生先生幼有異稟書過目成誦河曲授以文選全誦之
未冠補諸生與同里楊君芳燦洪君亮吉黃君景仁齊名袁君枚曰天下清才
多奇才少淵如天下奇才也遂相與爲忘年交先生雅不欲以詩名深究經史
文字音訓之學旁及諸子百家皆通其義錢少詹大昕主鍾山書院深器之會
陝西巡撫畢公沅招入幕府一時名宿踵至先生譽最高畢公撰關中勝蹟志
山海經注校正晏子春秋及校刻惠徵君諸書皆先生手定乾隆五十一年朱
文正珪典試江南在都與彭文勤元瑞約曰吾此行必得汪中孫星衍及搜遺
卷得其經文策曰此必汪中也拆卷得先生而汪實未就試明年　賜進士第
二人授編修充三通館校理五十四年散館試厲志賦用史記匑匑如畏語大
學士和珅疑爲別字置二等以部曹用故事一甲進士改部或奏請留館時和
珅知先生名欲令屈節一見先生不往曰吾寧得　上所改官不受人惠也
遂就職又編修改官可得員外郎前此吳文煥有成案或謂君一見當道卽得
之先生曰主事終擢員外何汲汲爲自是編修改主事遂爲成例補刑部主事

總辦秋審先生掃室焚香爲諸名士燕集之所高麗使臣樸齊家入貢見先生所校古書特謁先生書問字堂額賦詩以贈五十八年遷員外郎次年扈蹕五臺逾年扈蹕天津會大風　御舟阻　上改御步輦至　行宮先生約同僚步行卅里赴宮門治事　特賜緞匹五十九年遷郎中阿文成胡莊敏二公皆器先生每有疑獄輒令依古義平議行所平反全活甚多甲有竊主財逾貫詰其友乙匿其數以告分金而逸事發乙得知情藏匿罪人罪應流先生謂律稱知情則坐乙不知滿貫也應以所知數坐減問徒大司寇詰以乙所言無質證如獲甲言實告以逾貫奈何先生曰此名例所謂通計前罪以充後數也乙卒減徒先生又言律文稱因者在繫之名稱罪人者犯事在官之名今或未到官輒名爲罪人或藏匿罪人問擬縱囚非正名之義湖廣有子護嫁母傷人至死獄　勅下法司議或以嫁母期服減於母則護嫁母不得與母同科先生謂古者父在爲母亦期屈於所尊嫁母服期因宗子主祭非謂情當殺也引宋王博文請封嫁母又爲行服謂子無絕母理又引唐八座議凡父卒母嫁有心喪三

年之制子無絕道故也護嫁母出母均當與母同議減鬭殺罪甲有馳車犯乙者已當過失殺罪甲恐以無故馳驟車馬獲重罪介所知以兼金求免先生曰吾不受暮夜金也君罪止過失殺無爲人所誣甲慚謝去有孝子爲父報仇殺縣役坐死其父姊控部弟實爲縣役逼斃請檢尸傷當道爲緩頰先生曰吾豈能枉法殺孝子哉其持正類此六十年授兖沂曹濟道先生以濟陰湯陵在曹南其山西滎河縣湯陵雖列祀典實宋以來相沿之誤因徧考諸書據漢崔駰魏皇覽晉伏滔湯陵在濟陰之說移山西布政司並考滎河之陵出後魏小說家言張恩破陵得銘附會殷湯未爲典要宜申大府改正後再官山左卒令曹縣令修葺湯陵廟屋以祭田奉祀立碑紀事嘉慶元年曹南水漫灘潰決單縣地先生偕按察使康君基田築塞之鳩工集夫五日夜從上游築隄遏禦之溜歸中泓不果橫決康語先生曰吾治河數十年未見決口能卽堵閉者曹南之役吾與君成之省　國家帑金數百萬矣尋署按察使事以整肅吏治爲己任親問囚定爰書矜慎庶獄甲與乙有姻共飲乙醉墜火炕吐燒酒引火燄灼爛

至死甲醉臥不知讞者以甲奪壺斟酒有爭鬭形擬鬭殺罪先生曰甲主乙賓奪乙壺勸之飲名奪實讓也改甲坐過失殺出其罪有婦因姦謀命獄其婦某家妾也夫遠出主母惡之會僕婦死誣以謀毒讞者又實以姦夫言妾淫主婦令僕婦守之惡而行毒已具獄先生鞫婦以某日歸寧僕婦後二日以子殤與夫爭忿自盡出冤婦於獄因有共毆人至死過堂呼冤者自言本縴夫途遇有衆毆人勸止之不從而去越數月邑令忽拘訊之酷刑誣服下手毆人先生詰以衆中有相識者否答曰有舅氏某爲縣役在旁知狀密拘縣役詰之乃因姦殺人縣令回護聽其屬甥認罪始以鬭殺傷輕緩其死上官駁詰改擬傷重入情實因知死乃不承先生誡縣官乃以失察處分枉人命吾爲若救止陰禍也有詬詈婦女致死獄先生以事在一月前不得謂之忿激鞫得婦自與夫毆詈自經狀出其罪凡權臬七閱月平反數十百獄活死罪誣服者十餘人亦不以之罪縣官云縣官實不盡明刑律皆幕客誤之也山左風氣爲一變先生又以先儒伏生及鄭康成功在傳經可比七十子身通六藝皆宜立五經博士後大

吏奏請鄭議格而伏允行其議自先生發也濰縣有武人犯法挾厚力求脫令
不可干因賄通和珅門下屬託大府先生訪捕鞫之械和門來者於衢巡撫不
便其所為因奏言河防任重宜令回本任　上俞之時各屬感先生廉正卻
陋規相率集貲餽贐皆不納是年江南豐工及山東曹工同時漫溢先生以無
工處所得疏防咎大府請嚴議　上以兼管官特予留任故事道員嚴議無
特旨予留者異數也曹工分治引河三道先生與濟東登萊二道各治二十
里先生治中段廣深中程嚴於察弊不煩苛不染指畢工較上下段引河共省
帑三十餘萬凡河工堵築決口須於將合龍時放引河則水疾下而無停淤時
隄未大塞而巡撫欲放引河康河督力止之不得既放水河盡填淤於是復抽
溝而曹工遂不能合矣四年巡撫奏先生熟習刑名操守廉潔惟河務非所長
請以守巡道留補得　俞旨先是河工分賠之員或得羨餘謂之扣費先生不
取悉以給引河工費仍取領結存庫是時曹工尚未合河督及巡撫亟奏合龍
移先生任尋又奏稱合而復開開則分賠兩次壩工銀九萬兩當半屬後任司

事者弁責諸先生先生亦任之曰吾無寸椽尺土然旣兼河務不能不爲人受過也未幾母憂歸僑居金陵六年浙撫阮公元闢詁經精舍於西湖聘先生及王侍郎昶迭主講席以經史疑義課士旁及小學天部地理算法詞章各聽搜討書傳條對以觀其器識請業者盈門未十年舍中士掇巍科入館閣及撰述成一家言者不可勝數先生淡於宦情服闋後游吳越數年終以河工償項故不得已再出有　旨仍發山東以道員用十年署登萊青道補山東督糧道山東衞河經臨清閘口夏秋水漲高於閘內之汶水卽閉閘謂之悶口糧艘阻滯先生知德州哨馬營及恩縣四女寺舊有兩支河合流入老黃河卽鉤盤鬲津故道經樂陵至海豐入海請開濬以洩衞水異漲德州舊設滿營駐防官兵五百口一口爲一戶增至二千七百餘口而額餉無可加每年例支道倉米七千八百石內有折色米三千餘石石支銀一兩糧價昔賤今貴折色不敷其半官兵日苦累而道倉支賸餘米歷年運交通倉需運費銀二千餘兩先生請以存給官兵本色除折色不獨恤滿兵且省運費皆從之十二年署布政使事時侍

郎廣與奉使山東供張煩擾先生愼守庫帑獨無所餽後廣以賄敗豫東二行省以支帑獲罪者衆先生不與焉十三年督運北上請　訓　仁宗溫諭移時面奏乞假三月省迎老父於江南允之抵江寧糾族衆建孫子祠回任自刻城取道費縣訪季桓子得羵羊井銘於縣署又訪曾晳南城葬處及澹臺子羽墓立碑季桓子井上始先生之官山東考太平寰宇記先賢閔子墓在范縣東今所傳在歷城者誤也曾檄縣令訪求遺墓迨嘉慶八年再涖東省以察賑按行范縣會河溢不能詣墓所及官糧道忽夢浚井出古丈夫自稱閔子覺而異之因出貲屬縣令唐晟訪廢墓申禁樵採修祠堂並訪義士左伯桃羊角哀墓於縣之義城寺東皆爲文紀其事十六年引疾歸尋客揚州運署校刊全唐文累主鍾山書院生平立身行事皆蹈儒術廉而不刻和而介屢以剛正不獲於上官早歲文詞華麗繼乃沈潛經術博極羣書喜獎借後進所至士爭附之尤好聚書聞有善本借鈔無虛日金石文字及古彝鼎書畫皆能窮竟源委文在六朝漢魏閒不欲似唐宋八家嘗病古文尚書爲東晉梅賾所亂撰集古文尚

書馬鄭王注十卷及逸文三篇又爲尙書今古文注疏三十卷蓋積二十餘年而後成其專精如此又有周易集解十卷夏小正傳校正三卷魏三體石經殘字考一卷倉頡篇三卷孔子集語四卷史記天官書考證十卷寰宇訪碑錄十二卷平津館金石萃編二十卷孫氏家藏書目內編四卷外編三卷續古文苑二十卷問字堂文稿五卷岱南閣文稿五卷五松園文稿一卷平津館文稿二卷詩集若干卷所校刊者有周易口訣義六卷尙書考異五卷春秋釋例十五卷孫子十家注十三卷元和郡縣志四十卷景定建康志五十卷唐律疏議三十卷卒於嘉慶二十三年正月年六十有六配王恭人名采薇工詩善書有長離閣集

洪稚存先生事略 趙懷玉 莊炘 劉逢祿

洪先生亮吉字稚存陽湖人生六歲而孤家貧以副貢客公卿間朱學士筠督學安徽先生從遊最久旋客浙江學使王文端杰幕中資館穀養母母卒時方按試處州弟藹吉不敢赴訃言母疾甚趣之歸先生亟行距家二十里舍舟而

徒方渡橋遇賃僕之父仇三得家狀號踊失足落水中流數里汲者見髮颺水
上攬之得人有識先生者舁至家久之乃甦以不及視含殮故遇忌日輒不食
年四十五成乾隆庚戌進士　賜第二人及第授編修明年充石經館收掌官
以舊書十三經多譌俗白總裁欲更正之未能從也壬子分校順天鄉試闈中
拜視學貴州之　命故事詞臣未散館無授學政者異數也在貴州疏言禮記
宜以鄭康成注易陳澔爲部議所格教士以通經學古爲先黔士向學先生有
力焉嘉慶元年入直上書房先生初第時大臣掌翰林院者網羅人才以傾動
聲譽先生知其無成欲早自異遂於　御試征邪教疏內力陳中外弊政發其
所忌隨引諭吉之喪以古人有期功去官之義乞病歸其後座主朱文正珪有
書起之復入都供職嘉慶己未教習庶吉士先生長身火色性超邁歌呼飲酒
怡怡然每與至凡朋儕所爲皆掣亂之爲笑樂至論當世大事則目直視頸皆
發赤以氣加人人不能堪會有與先生先後起官者文正公並譽之先生大怒
以爲輕己遂邑邑不樂復乞病行有日矣時川陝賊未靖先生欲有所獻替顧

編檢例不奏事乃上書成親王暨當事大僚言時事冀其轉奏謂故貝子福康安所過繁費州縣吏以供億致虛帑藏故相和珅擅枋時達官清選多屈膝門下列官中外者四十餘人末復指斥　乘輿有羣小熒惑視朝稍晏語成親王以聞有　旨軍機大臣召問即日覆奏落職交刑部治罪先生就逮西華門外都虞司羣議洶洶謂且以大不敬伏法其友趙中書懷玉見先生縲絏藉藁坐大哭投於地不能言先生笑字謂趙君曰味辛今見稚存死耶何悲也頃之承審大臣至有　旨毋用刑先生聞宣感動大哭自引罪坐身列侍從用疑似語謗君父大不敬議斬立決奏上免死戍伊犂將軍某妄測　聖意奏請俟君至斃以法先發後聞得　旨嚴飭不行明年京師旱　詔減釋軍流不雨朱文正奏安南黎氏二臣忠於其主久繫獄請釋之又不雨　上乃手詔赦先生是日沛然雨遂頒　諭言天人感應之理至捷誡臣工弗以言為諱　御製得雨紀事詩有亮吉原書無違礙之句有愛君之誠實足啓沃朕心已將其書裝潢成卷常置座右以作良規之注　仁宗之容直臣超越前古而先生諒節

實能上格　天心云先生在戍所不及百日自獲罪至戍還文正公常調護之旣歸自號更生居士丁卯歲大祲有司勘不成災饑民剝樹皮以食先生力請當道設賑局捐金爲之倡所全活數十萬計性嗜山水遊嵩華黃山皆躋絕壁題名家居十餘年卒年六十有四其學無所不窺詩文有奇氣少與武進黃景仁仲則齊名江左號洪黃仲則客死汾州千里奔其喪世有巨卿之目其後沈研經術與同邑孫星衍季逑論學相長人又稱孫洪云所著左傳詁十卷公羊穀梁古義二卷比雅十二卷弟子職箋釋一卷六書轉注錄八卷漢魏音四卷乾隆府廳州縣圖五十卷三國疆域志二卷東晉疆域志四卷十六國疆域志十六卷詩文集共六十四卷行於世趙君懷玉字億孫一字味辛武進人乾隆庚子　召試舉人授內閣中書出爲登州府同知好學深思書無所不讀工詩古文著亦有生齋詩文集同時爲漢學者有莊君炘字虛庵乾隆戊子副榜官知州深於聲音訓詁之學校刻淮南子爲之注又有劉君逢祿字申甫嘉慶丁卯舉人淹通經傳皆先生同郡人

洪初堂先生事略 洪梧 程瑤田 汪龍 汪萊 羅永符 洪瑩

洪先生榜字汝登一字初堂歙人年十五爲諸生乾隆乙酉拔貢與兄樸同應召試兄授中書而先生未遇梁文定公國治時督學安徽皆賞異之先生從文定游至山西舉乾隆戊子鄉試丙申應天津召試冠其伍授內閣中書少與同郡戴東原金輔之交粹於經學因鄭康成易贊作述贊二卷又著明象未成書其解周易詁訓本兩漢行文類先秦又撰四聲韻和表五卷示兒切語一卷先是江先生愼修切字六百十有六是書增補百三十九字又以字母見溪等字注於廣韻之目每字之上以定喉吻舌齒脣五音蓋其書宗江戴二家之說而加詳焉又著周易古義錄書經釋典詩經古義錄詩經釋典儀禮十七篇書後春秋公羊傳例論語古義錄初堂讀書記初堂隨筆許氏經義諸書留心奇遁之術以其術犯造物忌病中舉所著火之惟新安大好紀麗久刊行先生律身以正孝友著於鄉生平所學服膺戴氏戴氏作孟子字義疏證讀者不能通其義先生稱其有功於六經孔孟之言甚大使後之學者無馳心於高妙而

明察於人倫庶物閑必自戴氏始也撰東原行狀載其與彭尺木書朱竹君謂可不必載戴氏可傳者不在此先生上書論之詞甚辨弟梧字桐生乾隆庚子召試舉人授中書庚戌成進士選庶吉士由編修官沂州知府博通古今工詞翰亦邃於經學同邑學者有程易疇汪蟄泉汪孝嬰羅子信洪賓華皆以經術名

易疇程姓名瑤田乾隆庚寅舉人太倉州學正著有通藝錄行世　蟄泉名龍乾隆丙午舉人著毛詩申成毛詩異義孝嬰名萊優貢生大學士祿康薦修國史天文志官石埭訓導十三經注疏能背誦如流水而又能心通其義有問者觸類旁通無窒礙尤善歷算通中西術著衡齋算學行於世子信名永符乾隆辛未進士選庶吉士善讀書通經史工詩古文時推疏儁奇士賓華名瑩爲初堂族子嘉慶己巳一甲一名進士　賜及第授修撰恬於仕進五經各有撰述皆歙人

任子田先生事略

任兆麟　李惇　宋綿初　秦恩復　黃承吉　許珩　汪光爔　李鍾泗

任先生大椿字幼植又字子田江蘇興化人祖陳晉乾隆四年進士以通經聞著易象大意先生少工文詞既乃專究經史傳注乾隆三十四年二甲一名進士授禮部主事三十八年修四庫全書充纂修官禮經裒輯爲多提要多出其手尋以郎中授御史五十四年卒年五十有二先生家貧盡色養讀書守道義素不欲以空言講學服官行己無媿古人所學淹通於禮尤長名物著弁服釋例八卷深衣釋例三卷釋繒一卷吳越備史注三十卷小學鉤沈二十卷字林考逸八卷詩集六卷先生初欲薈萃全經久之知其浩博難罄因思即類以求一類既貫乃更求他類所著深衣釋繒諸篇皆博綜羣籍衷以己意或視爲爾雅廣疏實禮經別記之意學者能推其意廣所未盡以類窮之可以會經之全矣族弟兆麟嘗采獲百五十條爲字林考逸補正云兆麟字文田一字心齋震澤諸生舉孝廉方正嘗注夏小正本鄭仲師周官注移主夫出火一條在三月又移時有見稊始收一條在五月又補入采芑雞始乳二條王西莊序以爲確當所著曰有竹居集時江北學者有李先生惇號孝臣高郵人治經通敏尤深

於詩及春秋三傳晚好歷算通宣城梅氏書與同郡劉端臨王懷祖汪容甫善力倡古學篤內行恂恂退讓遇友朋患難則執義不回久困諸生以高第將舉拔萃科試之前夕執友賈田祖死往經其喪遂罷試舉乾隆庚子進士注選知縣尋卒著歷代官制考考工車制考說文引書字異考左傳通釋杜氏長歷補渾天圖說羣經識小錄諸書又宋君綿初字守端亦高郵人乾隆丁酉拔貢官訓導邃經術尤長於說詩著韓詩內傳徵四卷子保字定之廪生精聲音訓詁之學又秦君恩復字敦夫一字澹生江都人乾隆丁未進士官編修讀書好古所居五笥仙館蓄書萬卷丹鉛不去手校刊陶宏景鬼谷子注盧重元列子注及隸韻諸書與人謙抑口不談學問是以世無知者又黃君承吉字春谷亦江都人嘉慶乙丑進士官知縣天資過人爲漢儒之學研究精微通歷算能辨中西之異同尤工詩古文能自出機杼空無依傍又儀徵許珩者字楚生能詩治經有心得著周禮獻疑七卷又汪君光爔字晉蕃儀徵諸生父棣進士官員外郎與惠定宇戴東原王述庵王西莊錢竹汀爲莫逆交晉蕃承庭訓飫聞諸老

宿緒論遂博通經史嘗辨惠氏易爻辰圖之謬又作蕘稗釋人服其精核又李君鍾泗字濱石甘泉人書一覽不忘治經精左氏春秋撰規規過一書抑劉申杜焦里堂見而歎服嘉慶六年舉人與晉蕃皆早世

孔顨軒先生事略 孔繼涵 郝懿行 鄭鴻磐 趙曾

先生諱廣森字衆仲又字撝約號顨軒孔子六十八代孫居曲阜乾隆三十六年進士官檢討年少入官翩翩華胄一時爭與之交然性恬淡躭著述裹足不與要人通謁告養歸不復出及居大母與父喪竟以毀卒時乾隆五十一年也年三十有五先生聰穎特達經史小學沈覽妙解少受經於戴東原所學在公羊春秋唐陸德明云魏晉以來公羊久成絕學先生沈深解剝著春秋公羊通義十一卷於胡毋子都董仲舒何邵公條例師法不墜其自序曰昔我夫子有帝王之德無帝王之位又不得爲帝王之輔佐乃思以其治天下之大法損益六代禮樂文質之經制發爲文章以垂後世而見夫周綱解弛魯道陵遲攻戰相尋彝倫或熄以爲雖有繼周王者猶不能以三皇之象刑二帝之干羽議可

坐而化也必將因衰世之宜定新國之典寬於勸賢而峻於治不肖庶幾風俗可漸更仁義可漸明政教可漸與一於春秋乎託之春秋之爲書也上通天道中用王法而下理人情不奉天道王法不正不合人道王法不行天道者一曰時二曰月三曰日王法者一曰譏二曰貶三曰絕人情者一曰尊二曰親三曰賢此三科九旨既布而壹裁以內外之異例遠近之異辭錯綜酌劑相須成體而傳春秋者三家粵惟公羊氏有是說焉漢初求六經於燼火之餘時則有胡毋子都董仲舒皆治公羊春秋以其學鳴於朝庭立於校官董生授弟子嬴公嬴公授眭孟孟授東海嚴彭祖魯國顏安樂各專門教授由是公羊分爲嚴顏之學方東漢時帝者號稱以經術治天下而博士弟子因端獻諛妄言西狩獲麟是庶姓劉季之瑞聖人應符爲漢制作黜周王魯以春秋當新王其說皆絕不見本傳重自誣其師以召二家之糾摘矣然而孟子有言春秋天子之事也經有變周之文從殷之實非天子之因革耶甸服之君三等蕃衞之君七等大夫不世小國大夫不以名氏通非天子之爵祿耶上抑杞下存宋褒滕薛邾婁

儀父賤穀鄧而貴戚郜非天子之黜陟耶內其國而外諸夏內諸夏而外四裔殆所謂天下之本在國國之本在家者非耶愚以爲公羊家學獨有合於孟子乃若對齊宣王言小事大則紀季之所以爲善對滕文公言效死勿去則萊侯之所以爲正其論異姓之卿則曹羈之所以爲賢論貴戚之卿又實本於不言剽立以惡衎之義且論語責輒以讓國而公羊許石曼姑圍戚今以曼姑擬皋陶則與瞽瞍殺人之對正若符契故孟子最善言春秋豈徒見稅畝伯於陽兩傳文句之偶合哉晉唐以來公羊穀梁皆成絕緒唯左氏不絕於講誦啖趙橫興宋儒踵扇加以鑿空懸擬直出於三傳之外者淺識之士動爲所奪其訾毀三傳率摭拾本例而膚引例不可通者以致其詰董生不云乎易無達占詩無達詁春秋無達例夫唯有例而又有不囿於例者乃足起事同辭異之端以互發其蘊記曰屬辭比事春秋之教此之謂也十二公之篇二百四十二年之記文成數萬赴問數千應問數百操其要歸不越乎同辭異辭二途而已矣當其無嫌則鄭忽之正陳佗莒展之賤曹羈宋萬宋督之爲大夫未嘗不同號祭伯

奔而曰來祭公使而曰來介葛盧朝而曰來齊仲孫外之而曰來未嘗不同辭入者爲簒天王入於成周乃非簒出者爲有外天王出居於鄭乃非外此無他正名天王灼然不嫌也夫人婦姜夫人氏夫人孫於齊則辭有異楚屈完來盟於師齊侯使國佐如師則辭有異衛侯言歸以成叔武之意曹伯言歸以順喜時之志而或加復或不加復則同辭之中猶有異此言負芻出惡已見於伯討成公出惡未有所見也若是之屬有不勝僂指述者諸滅同姓莫名獨衛侯燬名諸葬稱公獨蔡桓侯不稱公諸來稱使獨武氏子毛伯不稱使一難而乃異一救而言次之先後異一人之名而曼何之有無異一年之內而糾與子糾異凡皆片言榮辱筆削所繫不可不比觀不可不深察春秋有當略而詳當詳而略詳之甚者莫如錄伯姬略之甚者莫如鄭蔡仲之事蔡仲權一時之計紓宗社之患君子取之亦與其進不與其退之意焉爾若左傳所載忽之弒亹儀之立仲循循無能匡救苟並存其迹將不可爲訓故斷至昭公復正厲公居櫟取足伸仲之權而止此春秋重義不重事之效也董生曰正朝夕者視北辰正嫌

疑者視聖人聖人以蔡仲易君季子殺母兄皆處乎嫌疑之閒特殊異二子於衆人之中而貴而字之而不名尙猶有援左氏之事以駁公羊行權之義者盍思仲之稱字正逆知天下後世必有呶呶議仲者乃大著其善也孔子之修春秋也至於上下內外之無別天道人事之反常史之所書或文同事異事同文異者則皆假日月以明其變決其疑大抵以日爲詳則以不日爲略以月爲詳則以不月爲略其以不日爲恆則以日爲變以日爲恆則以不日爲變甚則以不月爲異其以月爲恆則不月爲變以不月爲恆則以月爲變甚則以日爲異將使學者屬辭比事以求之其等衰勢分甚嚴善惡淺深奇變極亂皆以日月見之如示諸掌善哉自唐迄今知此者惟趙汸一人哉推舉其概及齊平及鄭平均平也而一信一否剡伯姬來歸杞叔姬來歸均出也而一有罪一無罪月不月之判也城楚邱之不嫌於內邑以其月也晉人執季孫行父何以別於齊人執單伯以其月也晉人入曹何以別於宋人入曹以其日也武宮亦立煬宮亦立而知季隱如之爲之者以其不日也諸侯相執例時始見於宋人執滕子

嬰齊則惡而月之公如例時襄昭如楚則危而月之會例時終桓公之篇悉危而月之可得謂無意乎常辭偏戰日詐戰不日獨至於殽詐戰而亦日讀其經曰辛巳晉人及姜戎敗秦於殽癸巳葬晉文公背殯之罪日之而益見復歸未有言日者獨衛獻公曰讀其經曰辛卯衛甯喜弒其君剽甲午衛侯衎復歸於衛諼弒之跡亦日之而益見春秋雖魯史舊名聖人因而不革必有新意焉春者陽中萬物以生秋者陰中萬物以成善以春賞惡以秋刑故以是名其經丙戌之再也疑於衍而非衍夏五或無月十有二月或無冬疑於脫而非脫春以統王王以統月月以統日春秋所甚重甚謹者莫若此世俗之說曰譏貶當各就其事而傳說有先事貶者有終身貶者得無乖論語不逆億之訓且疾惡已甚乎是未知春秋之用譏貶當事而施者小過惡耳至於未事而先貶既事而終絕則蹈名教之宏罪犯今古之極慭有雖孝子慈孫百世不可改者中人之情固有始善終咎先後易轍惟若公子翬之媚桓弒隱公子招之脅君亂國充其惡可以至於此極則平日處心積慮久已不範於禮義先師言春秋天子之

行事也向使夫子與翬招並時立朝必不待其弒君亂國早已放流之竄殛之又何不逆億之有以誅不待教之罪人而且使之出師而且使之會諸侯之大夫是則陳魯之君無知人之明以自召其禍也故貶招於溴貶翬於伐鄭伐宋以戒後世之爲人君者若曰有臣如此則不可以長三軍而使四方豈惟決二公子之辜而已翬公子也而勿謂公子招弟也而弗謂弟存公子焉若曰疏者弗良當絕其位親者不良但不當任之亦弗可失其貴此深中之深微中之微也俗儒不知春秋病在不能探深窺微翬在所傳聞之世訟言貶之遂在所聞之世唯一貶於其卒逮所見之世隱如疑不得貶矣然而辭不屬不明事不比不章昭公之篇一曰隱如至自晉一曰叔孫舍至自晉同事而氏不氏異氏者賢不氏者惡亦因得見端焉且遂卒而貶猶夫終身貶也春秋之義人道莫重乎始終用致夫人弗曰其始則終身不免爲篡成風之含賵會葬王弗稱天則終身不正其爲小君其於追命桓公亦然故翬招貶之於始仲遂貶之於終皆言乎罪大惡極足以貫其沒世者也譏貶皆不槪施每就人情所易惑者而顯

示之法人莫知大夫不敵君而後以楚人書人莫知卿不得憂諸侯而後以晉人宋人書溴梁以降大夫交政未嘗貶也郤缺之徒義公子側之偃革宜若有善焉轉發其專平專廢置之罪而以人書不寧惟是又因是以知士匄公子結專其所可專得免於貶雖於名氏之外未有加焉固已榮矣鄭襄公背華附楚賤之曰鄭伐許與吳伐郯狄伐晉文無以異至其子衰絰與戎則正言之曰鄭伯伐許以爲不待貶絕爾第未若狄之顯也故襄公書葬悼公不書葬其葬猶之突也其不葬也猶前之接後之睔而蔡之肸也傳曰春秋不待貶絕而罪惡見者不貶絕以見罪惡也貶絕然後罪惡見者貶絕以見罪惡也又曰春秋見者不復見皆讀此經之要法也楚子虔哆哆然自以爲討賊而取絕於春秋何則般之弑父易見虔之誘討難知也名虔矣般可以無誅乎則又見諸絕世子有絕有矣蔡之臣子可釋恨於楚乎則又見諸葬蔡靈公以爲廬伸其復讎之志凡義無常唯時所當方君義屬固則般也賊及君義屬般則虔也讎以其比在刺築館譏猶繹王姬可以無逆不可以逆而外之遂不宜爲大夫既爲大夫

卽不得薄其恩禮生殺不相悖天以成其施刑賞不偏廢王以成其化非春秋孰能則之撥亂之術譏於貶絕備矣而又曰爲尊者諱爲親者諱爲賢者諱惡如可諱何以癉惡聞之有虞氏貴德夏后氏貴爵殷周貴親春秋監四代之令模建百王之通軌尊尊親親而賢其賢尊者有過是不敢譏親者有過是不敢譏賢者有過是不忍譏爰變其文而爲之諱諱猶譏也傳以諱爲譬狩爲譏重是也所謂父子相隱直在其中豈曲佞飾過之云乎無駭貶去氏故入極不嫌非滅承徐人伐吳氏則滅項不嫌非齊書戍鄭虎牢於下乃可以不繫鄭書孟子卒於後昭公取夫人乃可以不書其諱文而存實有如此者於紀侯大去見諸侯以國爲體於入曹見同姓滅之當救於公孫會見司寇有八議之辟於防於暨於處父見君臣無相爲盟之法其假諱而立義有如此者世爭則示之以讓世詐則示之以信是以美召陵高洨霍而於讓國公子三致意焉衛子之諱殺也捷之諱宋也三亡國之諱亡也其緣賢者之心而隱惡有如此者將因其所諱達之於不諱則會稷成亂以嚴君臣之分乾時伐敗以隆父子之恩子般

忍曰以正世及之坊然乃知祖之逮聞所以爲始爲將推而遠之而後得盡其辭又炳炳彰彰如此嘗病左氏規隨擬議讀經三年顧云齊陳恆執其君寘於舒州夫凡伯以天子之使諱不言執況可加之其君乎斥言成叛抑非圍棘取運內邑不聽之例也故曰左氏之事詳公羊之義長春秋重義不重事斯公羊傳尤不可廢方今左氏舊學湮於征南穀梁本義汨於武子惟此傳相沿以漢司空掾任城何休解詁列於註疏漢儒授受之旨藉可考見其餘公羊墨守穀梁廢疾左氏膏肓春秋漢議文諡例等尚數十篇惜無存者解詁體大思精詞義奧衍亦時有承訛率臆未能醇會傳臆三世之限誤以所聞始文所見始昭遂強殊鼻我於抉而季姬季友公孫慈之日卒皆不得其解夫大夫奔例時諸侯出奔無罪時有罪月內大夫出無罪月有罪日功過之別內外之差宜然也何邵公自設例與經詭戾而公孫敖之日歸父之不日兩費辭焉叔術妻嫂傳所不信劭公反張大之目爲非常異議可怪之論亦猶傳本末與輒拒父雋不疑詭引以斷衛太子之獄致令不曉者爲傳詬病此其不通之一端也七十子

沒而微言絕三傳作而大義睽春秋之不幸耳幸其猶有相通者而三家之師必故各異之使其愈久而愈歧何氏屢蹈斯失若盟於包來下不肯援穀梁以釋傳叛者五人不取證左傳而鑿造諫不以禮之說又其不通之一端也今將祛此二惑歸於大通輒因原注存其精粹刪其支離破其拘窒增其隱漏蕞備一家之言依舊帙決爲十一卷竊名曰通義胡母生董生既皆此經先師雖義出傳表卓然可信董生緒言猶存繁露而解詁自序以爲略依胡母生條例故亦未敢輕易也昔韓文公遺殷侍御書云近世公羊學幾絕何氏注外不見他書聖經賢傳屏而不省要妙之義無自而尋非先生好之樂之味於衆人之所不味務張而明之其孰能勤勤拳拳若此固鄙心之所最急者如遂蒙開釋章分字斷其心曉然直使序所注挂名經端自託不腐其又奚辭蓋自有唐巨儒惜此傳之墜絕而望人之講明也如是今殷侑之註已復不存更以宂知孔見期推測於千百禩之後安得有道如昌黎者而就正其失也鑽仰旣竭不知所裁先生又著大戴禮記補注十四卷詩聲類十三卷禮記卮言六卷經學卮言

六卷少廣正負術內外篇六卷又喜屬文工篆隸著儀鄭堂駢體文三卷江都汪中讀之歎爲絕手

孔君繼涵字葒谷孽軒之叔也乾隆辛巳進士官戶部郎中深於三禮校刻微波榭叢書同時有郝君懿行者字恂九棲霞人嘉慶己未進士官主事撰山海經注爲實事求是之學又濟甯許君鴻磐字漸逵進士官江蘇同知深於輿地淩次仲亟稱之其雪帆雜著皆辨駁地理之設不在朏明景范下與萊陽趙君齊名趙君名曾字北嵐乾隆己酉舉人官知縣好金石文字及古錢治經深於三禮及古文尚書左氏春秋皆山左翹楚也

平江李元度次青纂

經學

周書昌先生事略 桂馥

周先生永年字書昌其先餘姚人也高祖始遷山東之歷城生而好學棄產營書凡積五萬卷見藏書家易散有感於釋道藏約桂君未谷築借書園祠祀漢經師伏生叔重諸先生聚書其中以招致來學與李君文藻同修歷城縣志朱學士筠稱其詳慎乾隆三十六年成進士欲入山治儀禮 特召修四庫書改庶吉士授編修典試貴州能得士與程君晉芳丁君杰邵君晉涵咸嘗借館中書屬未谷為四部考鈔胥數十人昕夕校治會禁借官書遂止先生之學淹博無涯涘於先正雅慕顧亭林李榕村閻潛邱方望溪於鄉人稱張稷若自謂文拙不存稾亦不著書 未谷名馥字冬卉曲阜人於書無不窺尤邃於金石六書之學少以優行貢成均交翁覃溪學士詰益進又與濟南周書昌友誘接後

進甚篤乾隆五十五年進士知永平縣卒官年七十永平故滇之邊邑君臥閤以治政簡甚因以其餘爲經生業嘗謂訓詁不明不足以通經日取說文與諸經之義相疏證爲說文義證五十卷又繪許祭酒以下至二徐吾邱衍之屬爲說文統系圖題書室曰十二篆師精舍著禮樸十卷繆篆分韻五卷晚學集八卷詩集四卷

程緜莊先生事略

程先生廷祚字啓生號緜莊先世本歙人遷江甯少好學十三經二十二史諸子百家書無不讀年十四作松賦七千餘言驚其長老弟嗣章字南耕深於史先生獨好治經而於天文輿地食貨河渠兵農禮樂之事皆能竟委探源性端靜迂緩其衣冠傳先生語人見之如臨高山氣爲之肅弱冠補諸生鄉試輒不利乾隆丙辰　召試鴻詞科有要人慕其名欲令出門下屬密友道意曰主我試必入選先生正色拒之竟不用自此不復應鄉舉惟閉戶窮經而已自王輔嗣注易盡掃圖緯之說宋元儒尊希夷河洛圖書及變互卦氣之說又或拘執

爻位陰陽乘承比應之體易學轉晦先生乃著易通及大易擇言三十卷晚年作象爻求是說六卷自成一家言少時見西河毛氏古文尚書寃詞乃作寃寃詞以攻之又著晚書訂疑推拓其說別成尚書通議三十卷青溪詩說二十卷魯論說四卷春秋識小錄三卷禮說二卷多能發前人未發之覆同時方君望溪鍾君厲暇皆感推之辛未詔舉經明行修之士先生被薦入都復報罷自以家近青溪其出處與劉巘兄弟相類乃自號青溪居士云卒年七十七所著經學外有詩文各三十卷嘗言墨守宋學已非墨守漢學者尤非孟子不云深造之以道欲其自得之乎又曰宋人謂孫復疏經多背先儒非也夫不救先儒之非何以爲孫復其持論若此

崔東壁先生事略　陳履和

崔先生述字武承號東壁直隸大名人乾隆二十七年舉人嘉慶元年授羅源知縣武弁多藉海寇邀功誣商船爲盜先生屢平反之於是奸徒控其擅釋巨盜臺使者故知先生得免議四年調上杭關稅向贏數千金先生悉解充緝盜

公費未幾投劾歸著書三十四種而考信錄一書尤生平心力所專注其上古考信錄二卷謂易傳僅溯至伏羲春秋傳僅溯至黃帝不應後人所知反詳於古人凡緯書所云十紀史記所云天皇地皇人皇皆妄也謂龍馬負圖出緯書乃方士之言謂庖羲非太皥神農非炎帝以五行配五帝乃陰陽家言謂楊墨欲高於儒者故稱述上古以求加於唐虞三代之上凡稱引上古多異端假託之言不可爲實事謂上古各君其國各子其民有聖人出則天下尊之爲帝既沒則已焉自唐虞而後有禪自夏商而後有繼不可以後世之事例上古其唐虞考信錄四卷謂舜事統於堯古但有堯典今本割愼徽五典以下爲舜典始於齊代姚方興其謬有三謂堯非帝嚳子堯之德能協和萬邦故天下歸之非藉父兄之業謂歷數在躬非聖人之言聖人豈有置人事不言而以歷數爲據使後世闇干者藉爲口實乎謂舜以前未有州舜始設之故曰肇十有二州其後水患既平乃併其三而爲九僞孔傳謂禹別九州之後舜改爲十二州者謬謂舜竄三苗於三危何以復命禹征之何以舜之德久不能格舞干羽而七旬

遂格此僞書采韓詩外傳而增飾之耳其夏商考信錄四卷謂彭蠡別一地非鄱陽彭蠡自在江北爲漢水所匯鄭樵以東匯澤爲彭蠡東爲北江入於海十三字爲衍文固謬朱子蔡傳不疑以鄱陽爲彭蠡之誤而反疑經爲誤亦非謂庭堅非臯陶當是兩人謂允征乃僞書羲和廢職黜之可也何必與師且羲和黨羿羿必助之仲康安能征之至六卿分掌六師甘誓所記甚明自周官始言司馬掌六師而僞書周官篇因之夏時必無是語也謂奡盪舟非陸地行舟乃力能搖撼尋之舟而覆之也謂元鳥生商當從毛傳春分元鳥至祈於郊禖而生契不當從史記吞鳥卵之說謂湯誓言率割夏邑則知夏之政不行於諸侯言夏罪其如台則知桀不能因湯湯固未嘗立桀之朝爲桀之臣也謂外丙仲壬當從孟子不當從僞孔傳削去外丙仲壬兩代程子胡氏之說皆謬謂祖甲乃武丁子非太甲當從馬鄭其豐鎬考信錄八卷謂夏商周未有號爲某公者公亶父相連成文猶所謂公劉公非公叔類也古公亶父猶言昔公亶父也謂太王流離播遷之不暇何暇謀商閟宮詩語夸誕僖公乞師於楚以伐齊而此

詩反謂荊舒是懲則翦商一語豈可信以爲實謂齊魯韓三家皆以關雎爲康王時詩關雎取與河洲而岐陽距河絕遠況序但言后妃尙未指爲何王之后安得據一言而廢三家之說乎謂周自立國於岐與商無涉文王未嘗立於紂之朝所謂服事殷者不過玉帛皮馬卑禮以奉之耳非委贄而立於其朝也謂文王羑里之厄詩書不言論語孟子亦不言至易傳始言之易傳本非孔子所作是以汲冢周易有陰陽篇而無十翼卽所云大難亦未言爲何難謂武王牧野以前其事殷之心與文王不異孔子言周之德周者文武之統稱況上文所記者武王之言以爲論武而兼文則可若以爲專論文而不及武則上下文不相屬矣謂僞泰誓云惟十有三年春不書月而反書時尙書有是文體乎又云惟戊午王次於河朔蒙曰於時而反無月不特尙書卽春秋亦無此文體也謂周介戎狄之閒乃商政所不及至寖昌寖大又商所不能臣紂與文武原無君臣之分但爲名號正朔所存故論文武者但問其實爲紂臣與否而不必問其伐商不伐商果君臣也則曹操雖不篡漢而罪與丕無殊非君臣也則武王雖

伐商而至德與文王不異謂雖有周親二句承周有大賚而言言周雖有親戚不敵善人故大賚之也上句周指武王下句周豈可指紂謂唐叔乃成王母弟周公之東也唐叔實往歸禾則成王非幼明矣蓋成王居喪不言周公以冢宰聽政後人但聞周公攝政遂誤以成王爲幼耳謂管蔡二叔以殷畔漢以前皆不言霍叔至晉皇甫謐始稱監殷有管蔡霍三叔而僞尚書采之謂微子之命難於措辭而語但通套其僞尤易明謂儀禮非周公之制古禮臣拜君於堂下雖君有命仍拜畢乃升今儀禮君辭之乃升成敗是拜上非拜下矣古者公之下不得復有公今儀禮諸侯之臣所謂諸公者是春秋之末大夫僭也覲禮大禮也聘禮小禮也今儀禮聘禮之詳反十倍於覲禮蓋周衰覲禮缺失而聘禮通行故也王穆后崩太子壽卒晉叔向曰王一歲而有三年之喪二焉今儀禮喪服篇爲妻期年果周公所制之禮叔向豈有不知何以所言喪服與儀禮迥異且十七篇多係士禮而文繁物奢已如此然則此書之作當在周末文勝之時周公所制必不如是謂周禮條理詳備然以爲周公所作亦非也書曰弼成

五服至於五千孟子曰海內之地方千里者九今周禮封國諸公方五百里侯方四百里伯三百里子二百里男百里天子邦畿之外分九畿畿每面五百海內安得如許地而封之畿之耶古者建國必本大而末小今周禮天子之地僅四諸公而諸公之地乃二十五倍於男邦正賈誼所謂脛大如腰指大如股者是豈先王之法制乎孟子其實皆什一也公羊曰什一者天下之中正也今周禮乃云遠郊二十而三甸稍縣都皆無過十二其非周公之法明矣孟子曰廛無夫里之布是正賦之外無課於民者今周禮使不毛者無職事者出夫里之布其非周公之法又明矣古者止有一郊祭天乃如郊祭地則如社今周禮云祭天南郊祭地北郊果爾則周公於洛何以一郊即兼祭天地且南北郊亦不當同日春秋書郊凡九皆但書郊果有南北兩郊不應混而同之謂共和者因周召二相和衷共懾而稱之以爲共伯和者謬謂龍漦事荒誕不足信謂伯夷叔齊無扣馬諫伐紂事辟紂故餓餓故思養而歸於周論語但言餓於首陽不言餓死於首陽蓋戰國時楊墨橫議常非堯舜薄湯武以快其私毀堯則託諸

許由毀禹則託諸子高毀孔子則託諸老聃毀武王則託諸伯夷太史公尊黃老故好采異端雜說學者但當信論孟不當信史記其洙泗考信錄四卷餘錄三卷謂今論語非孔門論語之原本亦非漢初魯論之舊本齊論語章句多於魯論是齊魯互異也張禹本授魯論晚講齊論後刪而合之號張侯論然則今之論語乃張禹所更定也禹但知媚王氏以保富貴耳何足以知論語其不當刪而刪不當采而采蓋不少矣如公山佛肸兩章蓋戰國之士顧自便其私故誣聖人以自解而張禹誤采之夫佛肸叛乃趙襄子時事其時孔子已卒矣何往之有此誣聖之大者也謂孔子家語原書已佚今之家語乃魏晉閒人雜取子史中孔子事跡增益而成者謂孔子事見於異端雜說者人猶不信至世家及家語載之而人始信之矣至孔子年譜則又采之世家家語及諸雜說者其謬尤甚謂左傳言孔子相者相禮也非相國也史記誤以爲相國之相謂匡爲宋邑似畏匡過宋本一事匡人其如予何桓魋其如予何似一時一事之言記者小異耳謂孔子無刪詩書之事先儒以春秋爲託南面之權行黜陟之事其

說亦非蓋春秋所關者天下之治亂所正者天下之名分不可仍以諸侯之史目之故曰天子之事耳春秋得孔子修之則善不待褒而自見惡不待貶而自明大義懍然功罪昭著故曰成春秋而亂臣賊子懼謂孔子所謂一貫曾子以爲忠恕是卽忠恕也先儒釋之曰一理渾然此渾然者果何物乎從曾子之言則學者皆有所持循從宋儒之言則聖道反入於虛杳吾寧從曾子不敢從宋儒也謂南容非南宮敬叔以爲一人其誤有六語詳本書謂論語左邱明非作傳之左邱明作傳之左邱明未嘗親炙孔子劉歆謂親見夫子無所據其論語餘說一卷謂天下之理皆寓於事非聞見閱歷不能知故聖人教人多聞擇善而從之多見而識之曰我非生而知之者好古敏以求之者也又曰以思無益不如學也至宋儒始好以窮理爲說以靜坐爲功以明心見性爲道然則聖人何爲教人多聞多見乎其孟子事實錄二卷謂孟子至梁不在惠王三十五年當在後元十二年襄陵既敗之後蓋惠王三十七年始僭稱王惟既稱王故孟子稱之曰王惟既敗故有喪地之語謂後人疑孟子當尊周室不當勸齊梁行

王政不知周顯王時周已失國至東周西周君判爲兩國已降同諸侯是時民困已極孟子急欲救民故勉以王政保民之事此時而責以尊周是不識時勢而妄議也其三代正朔考一卷謂孔子修春秋以尊王室斷無改本朝正朔之理王正月卽周正月也謂三正並行於侯國列國自用其歷聖王不強使從己故周十二月卜偃謂之十月周三月絳老人謂之正月可見周用周正晉自用夏正也其三代經界考一卷謂聖王治天下惟期安民必不紛更以擾民夏貢殷助周徹各因其宜至諸侯之國各仍其舊公劉當夏殷之際而徹田爲糧可知夏殷貢助不盡行於天下也謂方田法田不盡方而算自方井田之制亦若是耳其禘祀通考一卷謂禘見於春秋者二閔二年吉禘於莊公僖八年禘於太廟觀此則太廟羣廟皆有禘器非祭始祖所自出之帝也禘見於左傳者三昭十五年將禘於武公二十五年將禘於襄公定八年禘於僖公此三事皆禘羣廟非祭始祖所自出也禘見於論語者二所以不欲觀所以不答或問之故皆無明文禘見於王制禮運郊特牲明堂位祭統祭義皆無祭始祖所自出之

說惟喪服小記及大傳云王者禘其祖之所自出以其祖配之亦無祭始祖所自出之說加始字於祖之上其誤始於趙匡謂國語多自相矛盾不足據即據國語禘嚳之文亦以其有功而祭非以其爲始祖所自出而祭也祭法一篇出於漢儒蓋襲國語之文其謬有三其讀風偶識四卷謂齊魯韓毛均出於漢三家之詩雖亡然見於漢人引述者有之與今詩序互異豈毛詩獨可信而齊魯韓皆不可信耶謂前人以詩序爲子夏毛公所作非有實據而衞宏作詩序則後漢書實有明文夫申公說詩疑者不傳衞宏在後何以每篇皆能悉其爲某人之事謂風雅南皆詩之體江沱汝漢皆在岐周之東不當言化自北而南其古文尙書辨僞二卷謂東漢以後杜林賈逵馬融鄭康成傳古文尙書皆止二十九篇史記所引尙書皆二十九篇之文並無今書二十五篇一語謂後人尊僞書不敢廢者以人心道心數語爲宋以來理學諸儒所宗也不知危微二語出荀子荀子凡引詩書皆稱詩云書云獨此稱道經曰人心之危道心之微則知荀子所見秦火以前之尙書無危微二語也先生之學考据詳明如漢儒而

未嘗墨守舊說而不求其心之安辨析精微如宋儒而未嘗空談虛理而不核乎事之實山陽汪文端序稱其書爲古今不可無之書其功爲世儒不可及之功其心折如此先生卒於嘉慶二十一年年七十有七弟子陳履和雲南石屏舉人遇先生於京邸見考信錄卽執弟子禮先生歿爲刊其遺書

張皋文先生事略　董士錫

阮文達居館職時創立　國史儒林傳其序述前代師儒分合及　本朝理學經學諸儒源流甚晰而亟稱近世張惠言之於孟虞易說與孔廣森之於公羊春秋皆爲專家絕學蓋自惠氏棟作周易述大旨遵虞翻補以鄭荀諸儒學者以未能專一少之漢人之易孟費諸家各有師承勢不能合張先生傳虞氏易卽傳漢孟氏易矣是以爲孤經絕學也先生名惠言字皋文江蘇武進人少孤貧年十四卽爲童子師舉乾隆丙午鄉試教習景山官學期滿例得引見聞母疾急歸遂居母憂嘉慶四年　睿皇帝始親政試天下進士加愼先生中式時大學士朱文正公以先生學行特奏選庶吉士充實錄纂修官蓋前後七試

禮部而後遇年三十有九矣六年散館以部屬用文正復特奏改授編修七年
卒年四十二先生清羸鬑眉作青紺色面有風棱而性持和易至義之所在必
達而後已鄉會試皆出文正之門未嘗求私見以所能自異默然隨羣弟子進
退而已文正潛察得之則大喜故屢進達之而先生齗齗以善相諍不敢隱文
正言 天子當以寬大得民先生言 國家承平百餘年至仁涵育遠出漢唐
宋之上吏民習於寬大故奸孽萌芽其閒宜大伸罰以肅內外之政文正言
天子當優有過大臣先生言庸猥之輩倖致通顯復壞 朝廷法惜全之當何
用文正喜進淹雅之士先生言當進內治官府外治疆埸者與同縣洪編修亮
吉於廣坐諍之文正不以爲忤也爲庶吉士時嘗奉 命詣盛京篆 列聖
加尊號玉寶言於當事者宜自京師下所司等上上玉刻成遣使奉藏其舊藏
寶不得磨治當事以爲然格於例不果奏又言翰林官乃 皇帝侍從奉
命篆 列聖寶宜奏請馳驛不得由部給火牌亦格於例不果奏先生歎
曰天下事皆如是耶吾位卑能言之而已篆書初學李陽冰後學漢碑額及石

鼓文嘗曰少温言篆書如鐵石陷入屋壁此最精晉書篆勢是晉人語非漢中郎語也少爲詞賦嘗擬司馬相如揚雄及壯爲古文效韓氏愈歐陽氏修言禮主鄭氏康成言易主虞氏翻所著周易虞氏義九卷虞氏消息二卷其虞氏易序曰自漢成帝時劉向校書考易說以爲諸家皆祖田何楊叔丁將軍大義略同惟京氏爲異而孟喜受易家陰陽其說易本於氣而後以人事明之八卦六十四象四正七十二候變通消息諸儒皆祖述之莫能具當漢之季年扶風馬融作易傳授鄭康成康成作易注而荆州牧劉表會稽太守王朗穎川荀爽南陽宋忠皆以易名家各有所述惟翻傳孟氏學嘗作易注奏上之獻帝翻之言易以陰陽消息六爻發揮旁通升降上下歸於乾元用九而天下治依物取類貫穿比附離根散葉鬯茂條理後儒罕能通之自魏王弼以空言解易唐立之學宮而漢儒之說微獨李鼎祚作集解頗採古易家言而翻注爲多其後古書盡亡而宋道士陳搏以意造爲龍圖其徒劉牧以爲易之河圖洛書也河南邵雍又爲先天後天之圖宋之說易者翕然宗之以至於今牢不可破而易陰陽

之大義蓋盡晦矣　清興百年元和徵士惠棟始考孟京荀鄭虞氏古義作易漢學又自爲解釋曰周易述然掇拾於已廢之後左右采獲十無二三其所述大抵宗爾虞氏而未能盡通則旁徵他說以合之蓋從唐五代宋元明朽壞散亂千有餘年區區修補摭拾欲一旦而其道復明斯固難也翻既承世學又具見馬鄭荀宋氏書考其是否故其義爲精又古書亡而漢魏師說可見者十餘家惟鄭荀虞三家略有梗概可指說而虞又較備然則求七十子之微言田何楊叔丁將軍之所傳者舍虞氏之注其何所自焉故求其條貫明其統例釋其疑滯信其亡闕爲虞氏義九卷又表其大恉爲消息二卷庶以探賾索隱存一家之學其所未寤俟有道正焉耳先生又撰虞氏易禮易事易候易言及周易鄭荀義易義別錄易圖條辨儀禮圖說文諧聲譜茗柯文集共數十卷生平修學立行敦禮自守嘗言文章末也爲人非表裏純白豈足爲第一流哉弟子從受易禮者十數甥董士錫字晉卿能傳其學

汪容甫先生事略　賈田祖　江德量　顧九苞　顧鳳毛　鍾褱

汪先生中字容甫江蘇江都人生七歲而孤家酷貧冬夜藉薪而臥旦供爨給以養親力不能就外傅母鄒授以小學四子書稍長傭書村塾中代學子爲文塾師大驚異久之就書賈借讀經史百家觸目成誦遂爲通人弱冠補諸生杭董甫沈椒園皆賞異之學使朱竹君禮爲上客同時鄭炳也王德甫錢竹汀盧紹弓並爲延譽乾隆丁酉謝侍郎墉督學江蘇選充拔貢生每試別置一榜署名諸生前謂所取士曰若能受學於容甫業當益進又曰予之先容甫以爵也以學則北面事之矣先生以母老竟不朝考絕意仕進丙午朱文正以侍郎典試江南語人曰此行必得汪某爲選首不知其不與試也文正旋督學浙江先生往謁問及揚州文獻作廣陵對三千餘言文極奇偉畢尚書沅開府湖北禮先生入幕屬撰琴臺銘黃鶴樓記甫脫稿好事者爭傳誦之先生治經宗漢學謂　國朝諸儒崛起接二千餘年墜緒若顧亭林閻百詩梅定九胡朏明惠定宇戴東原皆足繼往開來經學自亭林始闢其端河洛圖書至胡氏而絀中西推步至梅氏而精力闢古文者閻氏也專治漢易者惠氏也及東原出而集大

成焉擬作六儒頌未成好金石碑版嘗從射陽湖項氏墓得漢石闕孔子見老子畫像因署其堂曰問禮性伉直不信釋老陰陽神怪之說謂周禮天神地亓人鬼今合而爲一如文昌天神也東嶽地亓也先聖先師人鬼也天神地亓世俗必求其人以實之豈不大愚乎尤惡淫祀見人邀福祠禱者輒罵之聞者掩耳走而先生自喜益甚於時彥不輕許可見負盛名者必譏彈其失或規之則曰吾所罵皆非不知古今者或且求吾罵焉不得耳事母至孝家無甔石儲而滫瀡必具侍母疾晝夜不交睫廁牏皆親滌焉晚歲鰥使全德耳其名延請鑒別書畫甲寅校四庫全書於浙江之文宗閣疾終西湖葛嶺僧舍年五十有一先生少工詩治古文不取韓歐以漢魏六朝爲則著述學內外篇及廣陵通典周官徵文左氏春秋釋疑子喜孫字孟慈嘉慶丁卯舉人能讀父書長於考據同時學者有賈君田祖江君德量顧君九苞鍾君褱皆與先生善

田祖字稻孫號禮耕高郵人廩膳生好學多所贍涉喜左氏春秋未嘗去手旁行斜上朱墨爛然與陽湖洪稚存同里王懷祖李孝臣友善矜立名節猛志疾

邪蓋篤學力行之士也德量字成嘉一字秋史儀徵人世父昱字賓谷江都諸生讀書好古爲聲音訓詁之學著有松泉集韻歧瀟湘聽雨錄諸書秋史少溺苦於學與汪容甫爲文字交所業益進乾隆庚辰一甲二名進士賜及第授編修改御史精於小學好藏碑版名書畫古錢著泉志三十卷又撰廣雅疏未成而卒九苞字文子興化人洽聞強記長於毛詩三禮母任氏子田侍御之祖姑也博通經史文子之學得諸母教爲多舉乾隆辛丑進士尋卒子鳳毛字超宗亦受經於祖母年十一通五經著有毛詩集解楚詞韻考入聲韻考乾隆甲辰
聖駕南巡　召試列二等後舉戊申副榜早世鍾褱字敵崖甘泉人優貢生與阮文達元焦孝廉循善共討論經學實事求是君淡然無欲以讀書爲樂生平篤實敦善行嘗撰漢儒考較陸元朗所載增多十餘人文達爲刻考古錄四卷

凌次仲先生事略

凌先生廷堪字次仲安徽歙人六歲而孤家貧年十二棄書學賈偶讀唐詩選

本及詞綜遂能詩詞見者大異之二十餘始復讀書懼時過難成也著辨志賦以見志慕其鄉江慎修戴東原之學復從翁覃溪阮文達遊於禮經用力最深不輟寒暑二十餘年於史則大事本末地理官制沿革及元史姓氏有問者從容置答如數家珍焉乾隆五十五年成進士出朱文正王文端二公門例選知縣改甯國府教授便於養母治經也著禮經釋例十三卷謂儀禮委曲繁重不得其經緯塗徑雖上哲亦苦其難苟得之中材可勉赴焉經緯塗徑之謂何例而已矣如鄉飲酒此飲食之禮也而有司徹祭畢飲酒其例亦與之同尸即鄉飲酒之賓也侑即鄉飲酒之介也主人獻尸主人獻侑主人受尸酢即鄉飲酒之主人獻賓主人獻介賓酢主人也主人酬尸奠而不舉即鄉飲酒之主人酬賓奠而不舉也旅酬無算爵即鄉飲酒之旅酬無算爵也此異中之同也有司徹獻尸獻侑及受尸酢有籩豆牢俎匕湇肉湇燔從諸節鄉飲酒獻賓獻介及酢主人但薦與俎而已有司徹獻尸獻侑之禮主人主婦上賓凡三獻鄉飲酒但主人一獻而已有司徹獻尸侑畢復有獻長賓主人自酢及酬賓之儀鄉飲

酒但獻衆賓而已有司徹旅酬使二人舉觶於尸侑以發端鄉飲酒但使一人舉觶於賓而已有司徹無算爵賓黨則用主酬賓之觶主人黨則用兄弟後生所舉之觶以發端鄉飲酒則但使二人舉觶於賓與介而已此同中之異也推之於士冠禮冠畢醴賓以一獻之禮鄉飲酒鄉射明日息司正特牲饋食禮祭畢獻賓其例皆大約相同而鄉射之同於鄉飲酒者更無論也又如聘禮之聘享覿此賓客之禮也而聘畢問卿面卿及士昏禮納采納徵之屬其例亦與之同問卿授束帛昏禮授鴈卽享禮之授璧也問卿及昏禮納徵庭實用皮卽享禮之庭實用皮也昏禮使者禮畢主人禮賓卽聘禮之聘賓禮畢主國之君禮賓也面卿幣用束錦庭實用馬卽私覿之幣用束錦庭實用馬也聘賓面卿畢介面衆介面卽聘賓之私覿畢介覿衆介覿也此異中之同也聘用圭享用璧面卿及昏禮無授玉之事但用束帛及鴈如享禮而已聘禮聘賓至昏禮使者至皆設几筵問卿賓及廟門不几筵但擯者請命而已聘禮既享未覿之際則禮賓問卿畢不儐但行面卿之禮而已聘禮禮賓侑醴以幣昏禮禮賓但酌醴

禮之而已聘享聘賓主國之君皆皮弁服有襲裼之殊聘卿聘賓主人但朝服
昏禮使者主人但元端而已聘禮受玉於中堂與東楹之閒問卿則受幣於堂
中西昏禮則受雁於楹閒而已此同中之異也推之於士相見禮及聘禮郊勞
致館歸饔餼其例皆大約相同而聘禮之同於覲禮者更無論也是故鄉飲酒
鄉射燕禮大射不同也而其爲獻酢酬旅酬無算爵之例則同也聘禮覲禮不
同也而其爲郊勞執玉行享庭實之例則同也特牲饋食少牢饋食不同也而
其爲尸飯主人初獻主婦亞獻賓長三獻祭畢飲酒之例則同也鄉射大射不
同也而其爲司射誘射初射不釋獲再射釋獲飲不勝者三射以樂節射飲不
勝者之例則同也不會通其例一以貫之祇厭其膠葛重複而已耳烏覩所謂
經緯塗徑者哉於是區爲八類曰通例上下二卷曰飲食之例上中下三卷曰
賓客之例一卷曰射例一卷曰變例一卷曰祭例上下二卷曰器服之例上下
二卷曰雜例一卷共爲卷十三至於第十一篇自漢以來說者雖多由不明尊
尊之旨故罕得經意乃爲封建尊尊服制考一篇附於變例之後不別立宮室

之例者宋李氏如圭等已詳故也先生又著燕樂考源元遺山年譜校禮堂集又著魏書音義未成先生雄於文九慰七戒兩晉辨亡論十六國名臣序贊諸篇上擬騷選鄉射五物考九拜解九祭解釋牲詩楚茨考旅酬下爲上解諸篇皆說經之文發古文所未發其尤卓然可傳者則有復禮三篇唐宋以來儒者所未有也復禮上曰夫人之所受於天者性也性之所固有者善也所以復其善者學也所以貫其學者禮也是故聖人之道一禮而已矣孟子曰契爲司徒教以人倫父子有親君臣有義夫婦有別長幼有序朋友有信此五者皆吾性之所固有者也聖人知其然也因父子之道而制爲士冠之禮因君臣之道而制爲聘覲之禮因夫婦之道而制爲士昏之禮因長幼之道而制爲鄉飲酒之禮因朋友之道而制爲士相見之禮自元子以至於庶人少而習焉長而安焉禮之外別無所謂學也夫性具於生初而情則緣性而有者也性本至中而情則不能無過不及之偏非禮以節之則何以復其性焉父子當親也君臣當義也夫婦當別也長幼當序也朋友當信也五者根於性者也所謂人倫也而其

所以親之義之別之序之信之則必由乎情以達焉者也非禮以節之則過者或溢於情而不及者則漠焉遇之故曰喜怒哀樂之未發謂之中發而皆中節謂之和其中節也非自能中節也必有禮以節之故曰非禮何以復其性焉是故知父子之當親也則爲醴醮祝字之文以達焉其禮非士冠可賅也而於士冠焉始之知君臣之當義也則爲堂廉拜稽之文以達焉其禮非聘覲可賅也而於聘覲焉始之知夫婦之當別也則爲笄次帨鞶之文以達焉其禮非士昏可賅也而於士昏焉始之知長幼之當序也則爲盥洗酬酢之文以達焉其禮非鄉飲酒可賅也而於鄉飲酒焉始之知朋友之當信也則爲雉腒奠授之文以達焉其禮非士相見可賅也而於士相見焉始之記曰禮儀三百威儀三千其事蓋不僅父子君臣夫婦長幼朋友也卽其大者而推之而百行舉不外是矣其篇亦不僅士冠聘覲士昏鄉飲酒士相見也卽其存者而推之而五禮舉不外是矣良金之在卝也非㮚氏之模范不能爲量焉良材之在山也非輪人之規矩不能爲車焉禮之於性也亦猶是而已矣如曰舍禮而可以復性也是

金之爲量不必待模范也材之爲車不必待規矩也如曰舍禮而可以復性也必如釋氏之幽深微渺而後可若猶是聖人之道也則舍禮奚由哉蓋性至隱也而禮則見焉者性至微也而禮則顯焉者故曰莫見乎隱莫顯乎微故君子慎其獨也三代盛王之時上以禮爲教下以禮爲學君子學士冠之禮自三加以至於受醴而父子之親油然矣學聘覲之禮自受玉以至於親勞而君臣之義秩然矣學士昏之禮自親迎以至於徹饌成禮而夫婦之別判然矣學鄉飲酒之禮自始獻以至於無算爵而長幼之序井然矣學士相見之禮自初見贄以至於既見還贄而朋友之信昭然矣蓋至天下無一人不囿於禮無一事不依於禮循循焉日以復其性於禮而不自知也劉康公曰民受天地之中以生所謂命也是以有動作禮義威儀之則以定命也故曰天命之謂性率性之謂道修道之謂教夫其所謂教者禮也卽父子有親君臣有義夫婦有別長幼有序朋友有信是也故曰學則三代共之皆所以明人倫也復禮中曰記曰仁者人也親親爲大義者宜也尊賢爲大親親之殺尊賢之等禮所生也此仁與義

不易之解也又曰君臣也父子也夫婦也昆弟也朋友之交也五者天下之達道也知仁勇三者天下之達德也此道與德不易之解也不必舍此而別求新說也夫人之所以爲人者仁而已矣凡天屬之親則親之從其本也故曰仁者人也親親爲大亦有非天屬之親而其人爲賢者則尊之從其宜也故曰義者宜也尊賢爲大以喪服之制論之昆弟親也從父昆弟則次之從祖昆弟又次之故昆弟之服則疏衰裳齊期從父昆弟之服則大功布衰裳九月從祖昆弟之服則小功布衰裳五月所謂親親之殺也以鄉飲酒之制論之其賓賢也其介則次之其衆賓又次之故獻賓則分階其俎用肩獻介則共階其俎用肫胳獻衆賓則其長升受有薦而無俎所謂尊賢之等也皆聖人所制之禮也故曰親親之殺尊賢之等禮所生也親親之殺仁中之義也尊賢之等義中之義也是故義因仁而後生禮因義而後生故曰君子義以爲質禮以行之孫以出之信以成之禮運曰禮也者義之實也協諸義而協則禮雖先王未之有可以義起也郊特牲曰父子親然後義生義生然後禮作董生曰漸民以仁摩民以義

節民以禮然則禮也者所以制仁義之中也故至親可以揜義而大義亦可以滅親後儒不知往往於仁外求義復於義外求禮是不識仁且不識義矣烏覩先王制禮之大原哉是故以昆弟之服服從父昆弟從祖昆弟以獻賓之禮獻介獻衆賓則謂之過以從祖昆弟從父昆弟之服服昆弟以獻介獻衆賓之禮獻賓則謂之不及蓋聖人制之而執其中君子行之而協於中庶幾無過不及之差焉夫聖人之制禮也本於君臣父子夫婦昆弟朋友五者皆爲斯人所共由故曰道者所由適於治之路也天下之達道是也若舍禮而別求所謂道則杳渺而不可憑矣而君子之行禮也本之知仁勇三者皆爲斯人所同得故曰德者得也天下之達德是也若舍禮而別求所謂德則虛懸而無所薄矣蓋道無跡也必緣禮而著見而制禮者以之德無象也必藉禮爲依歸而行禮者以之故曰苟不至德至道不凝焉是故禮也者不獨大經大法悉本乎天命民彝而出之卽一器數之微一儀節之細莫不各有精義彌綸於其閒所謂物有本末事有終始是也格物者格此也禮器一篇皆格物之學也若泛指天下之物

有終身不能盡識者矣蓋必先習其器數儀節然後知禮之原於性所謂致知也知其原於性然後行之出於誠所謂誠意也若舍禮而言誠意則正心不當在誠意之後矣記曰自天子以至於庶人壹是皆以修身爲本又曰非禮不動所以修身也又曰修身以道修道以仁卽就仁義而申言之曰禮所生也是道實禮也然則修身爲本者禮而已矣蓋修身爲平天下之本而禮又爲修身之本也後儒置子思之言不問乃別求所謂仁義道德者於禮則視爲末務而臨時以一理衡量之則所言所行不失其中者鮮矣曲禮曰道德仁義非禮不成此之謂也復禮下曰聖人之道至平且易也論語記孔子之言備矣但恆言禮未嘗一言及理也記曰道之不行也我知之矣知者過之愚者不及也道之不明也我知之矣賢者過之不肖者不及也彼釋氏者流言心言性極於幽深微渺適成其爲賢知之過聖人之道不如是也其所以節心者禮焉爾不遠尋夫天地之先也其所以節性者亦禮焉爾不侈談乎理氣之辨也是故冠昏飲射有事可循也揖讓升降有儀可按也豆籩鼎俎有物可稽也使天下之人少而

習焉長而安焉其秀者有所憑而入於善頑者有所檢束而不敢爲惡上者陶淑而底於成下者亦漸漬而可以勉而至聖人之道所以萬世不易者此也聖人之道所以別於異端者亦此也後儒熟聞夫釋氏之言心言性極其幽深微渺也往往怖之愧聖人之道以爲弗如於是竊取其理氣之說而小變之以鑿聖人之遺言曰吾聖人固已有此幽深微眇之一境也復從而闢之曰彼之以心爲性不如我之以理爲性也嗚呼以是爲尊聖人之道而不知適所以小聖人也以是爲闢異端而不知陰入於異端也誠如是也吾聖人之於彼教僅如彼教性相之不同而已矣烏足大異乎彼教哉儒釋之互援實始於此矣詩曰鳶飛戾天魚躍于淵說者以爲喻惡人遠去民得其所卽中庸引而伸之亦不過謂聖人之德明著於天地而已曷嘗有化機也子在川上曰逝者如斯夫不舍晝夜說者以爲感歎時往不可復追卽孟子推而極之亦不過謂放乎四海有本者如是而已曷嘗有悟境也蓋聖人之言淺求之其義顯然此所以無過不及爲萬世不易之經也深求之流入於幽深微眇則爲賢知之過以爭勝於

異端而已矣何也聖人之道本乎禮而言者也實有所見也異端之道外乎禮而言者也空無所依也子所雅言詩書執禮顏子問仁子曰克己復禮爲仁請問其目曰非禮勿視非禮勿聽非禮勿言非禮忽動顏淵曰夫子循循然善誘人博我以文約我以禮聖人舍禮無以爲教也賢人舍禮無以爲學也詩書博文也執禮約禮也孔子所雅言者也仁者行之盛也孔子所罕言者也顏淵大賢具體而微其問仁與孔子告之爲仁者惟禮焉耳仁不能舍禮但求諸理也子貢曰夫子之文章可得而聞也夫子之言性與天道不可得而聞也文章詩書執禮也性與天道非不可得而聞卽具於詩書執禮之中不能託諸空言也夫仁根於性而視聽言動則生於情者也聖人不求諸理而求諸禮蓋求諸理必至於師心求諸禮始可以復性也顏淵見道之高堅前後幾於杳眇而不可憑迨至博文約禮然後曰如有所立卓爾卽立於禮之立也故曰不學禮無以立又曰不知禮無以立也其言之明顯如此後儒不察乃舍禮而論立縱極幽深微眇皆釋氏之學非聖學也顏子由學禮而後有所立於是馴而致之其心

三月不違仁其所以不違者復其性也其所以復性者復於禮也故曰一日克己復禮天下歸仁焉夫論語聖人之遺書也說聖人之遺書必欲舍其所恆言之禮而事事附會於其所未言之理是果聖人之意耶後儒之學或出釋氏故謂其言之彌近理而大亂真不然聖學禮也不云理也其道正相反何近而亂真之有哉先生此論與張蒿庵之中庸論皆古今絕識大有功於聖學者也其燕樂考原由燕樂以通古樂江君鄭堂謂其思通鬼神焉先生卒於嘉慶十四年年五十有五

余古農先生事略

江藩　汪元亮　袁廷檮　鈕樹玉

先生諱蕭客字仲林別字古農吳縣布衣也年十五通五經家貧不能蓄書有苕溪書賈徐姓借以左傳注疏讀帀月還之徐訝其速曰熟讀矣徐試之背誦終卷無誤大駭曰子奇人也贈以十三經注疏十七史說文解字玉篇廣韻於是閉戶肄經史博覽羣書性癖古籍聞有異書必徒步往借以郭注爾雅用舊注而掩其名謂之攘善無恥乃採孫炎李巡舊注爲之釋書未成先成注雅別

鈔八卷專攻陸佃新義埤雅及羅願爾雅翼之誤兼及蔡卞毛詩名物解沈宗
伯德潛見其書折節與交年逾冠以注雅別鈔就正於惠氏定宇定宇曰陸佃
蔡卞乃安石新學人人知其非羅願非有宋大儒均不足辨也凡讀書撰著當
務其大且遠者先生矍然遂執贄稱弟子焉吳縣朱文游藏書最富先生館其
家得徧讀四部書又嘗閱道藏於元妙觀閱佛藏於南禪寺昕夕手一編弗輟
致目力虧損或令坐暗室中目蒙藍布存想北斗七宿一年後目復明然讀書
但能讀大字本而已方恪敏觀承延至保定修畿輔水利志遊京師與朱學士
筠紀文達昀胡文恪高望奮咸謂其學在深甯亭林之閒因目疾復作舉戴氏
震自代遂南歸以經術教授鄉里閉目口授時江震滄孝廉筠亦以目疾授徒
人並稱盲先生同郡以經義詩古文相論難者薛家三汪愛廬彭尺木汪竹香
諸君上下其議論風發泉湧先生貌奇偉頂有二肉角疏眉大眼口侈多髯如
執革家懸鬼谷子像同社中戲呼鬼谷子云卒年四十有七所著述甚多爾雅
釋注雅別鈔及文選音義均悔其少作不以示人別撰文選雜題三十卷皇侃

論語義疏選音樓詩拾各若干卷其古經解鉤沈已採入四庫書弟子江藩字子屏甘泉人博聞強記心貫羣經纂　國朝漢學師承記八卷使兩漢儒林家法之承授　本朝經學之源流釐然可考又作宋學淵源記三卷分北學南學附記共若干人又取諸家撰述凡專精漢學者倣唐陸元朗經典釋文傳注姓氏之例作　國朝經師經義目錄一卷於易取胡氏渭之易圖明辨惠氏士奇之易說惠氏棟之周易述易漢學易例及本義辨證洪氏榜之易述贊張氏惠言之虞氏義虞氏消息顧氏炎武之易音於書取閻氏若璩之古文尚書疏證胡氏渭之禹貢錐指惠氏棟之古文尚書考宋氏鑒之尚書考辨王氏鳴盛之尚書後案江氏聲之尚書集注音疏尚書經師系表於詩取惠氏周惕之詩說戴氏震之毛鄭詩考正顧氏炎武之詩本音錢氏坫之詩音表於三禮取沈氏形之周官祿田考惠氏棟之禘祫說江氏永之周禮疑義舉要戴氏震之考工記圖任氏大椿之弁服釋例錢氏坫之車制考張氏爾歧之儀禮鄭注句讀沈氏形之儀禮小疏江氏永之儀禮釋宮譜增注褚氏寅亮之儀禮管見金氏曰

追之儀禮正譌張氏惠言之儀禮圖淩氏廷堪之禮經釋例黃氏宗羲之深衣考惠氏棟之明堂大道錄江氏永之深衣考誤禮記訓義擇言任氏大椿之深衣釋例惠氏士奇之禮記說江氏永之禮經綱目金氏榜之禮箋於春秋取顧氏炎武之左傳杜解補正馬氏驌之左傳事緯陳氏厚耀之春秋長曆春秋世族譜惠氏棟之左傳補注沈氏彤之春秋左傳小疏江氏永之春秋地理考實惠氏士奇之春秋說於論語孟子取閻氏若璩之四書釋地江氏永之鄉黨圖考戴氏震之孟子字義疏證錢氏坫之論語後錄劉氏台拱之論語駢枝於諸經總義取顧氏炎武之九經誤字惠氏棟之九經古義江氏永之羣經補義臧氏琳之經義雜記余氏蕭客之古經解鉤沈武氏億之經讀考異義證劉氏台拱之經傳小記於爾雅取邵氏晉涵之正義戴氏震之方言疏證江氏聲之釋名疏證續釋名任氏大椿之小學鉤沈字林考逸桂氏馥之說文解字義證吳氏玉搢之別雅於音韻取顧氏炎武之音學五書江氏永之古韻標準音學辨微四聲切韻表戴氏震之聲韻考聲類表洪氏榜之四聲均和表示兒切語於

樂律取江氏永之律呂新論律呂闡微錢氏塘之律呂考文淩氏廷堪之燕樂考原皆專宗漢學凡言不關乎經義小學意不純乎漢儒古訓者皆不著錄亦可謂篤信謹守者矣又汪君元亮字竹香元和人少與同郡余古農薛香聞結詩社於城東睥睨餘子不可一世乾隆壬午與戴君東原同舉於鄉相親善乃究心經義及六書之學生平論學推東原及程易疇論詩文推古農從游者多掇科第去而君獨以著述終又袁君廷檮鈕君樹玉皆吳縣人廷檮字壽階家楓江有小園饒水石之勝又得先世所藏五硯爲樓弆之蓄書萬卷皆宋元槧刻及金石碑版法書名畫之屬又得徐健庵留植洞庭山之紅蕙種之名其室曰紅蕙山房與錢竹汀王西莊段懋堂王蘭泉諸公以經學相質證生平無書不窺尤精於小學樹玉字非石家洞庭山隱於賈博極羣書亦深小學著說文解字校錄三十卷說文新附考七卷

江艮庭先生事略

顧廣圻 徐頲 褚寅亮

江先生諱聲字叔澐江蘇吳縣人少與兄筠同學不事帖括讀尚書怪古文與

今文不類又怪孔傳庸劣支離安國不應若此年三十五師事惠松崖徵君得讀所著古文尚書考及閻百詩古文疏證知古文及孔傳皆晉時人僞作乃集漢儒說以注二十九篇漢注不備則旁考他書精研故訓成尚書集注音疏十二卷附補誼九條識僞字一條尚書經師系表一卷凡經文注疏皆以古篆書之疑僞古文者始於宋之吳才老朱子以後吳草廬郝京山梅鷟皆未得其要領至本朝閻惠兩徵君乃能盡發其作僞之跡勦竊之原若刊正經文疏明古註則猶未之及也先生出而集大成焉其辨泰誓尤精核多閻惠二君所未及精於小學以許叔重說文解字爲宗說文所無之字必求假借之字以代之生平不作楷書筆札皆用古篆俗儒非笑之不顧也嘗著六書說一首自書勒石其說轉注以五百四十部爲建類一首以凡某之屬皆從某爲同意相受實前人所未發又恆星說一卷讀者燎如指掌喜爲北宋人小詞亦以篆書書之先生性耿介不慕榮利交遊中若王西莊畢秋帆王蘭泉皆重其品藻而先生未嘗以私干當事益重其人嘉慶元年　詔開孝廉方正科江蘇巡撫費文洛公

首舉先生　賜六品冠服卒年七十有八晚年因性不諧俗取艮背之義自號艮庭學者稱艮庭先生子鏐字貢廷名諸生孫沅字鐵君優貢生世傳其學弟子數十人元和顧廣圻長洲徐頲最知名廣圻字千里號澗薲邑諸生天資過人無書不讀經史小學天文歷算輿地之學靡不貫通又能爲詩古文詞及駢體爲海內所推重頲字述卿嘉慶乙丑以第二人　賜進士及第官編修先生老友中來往親密者自錢宮詹大昕外推褚部郎寅亮爲最

寅亮字搢升號鶴侶長洲人乾隆十六年　召試舉人由內閣中書遷刑部員外郎與錢宮詹爲同年友深於經學從事禮經幾三十年嘗謂宋人說經好爲新說棄古注如土苴惟儀禮一書爲樸學空談義理者不能措辭而晦庵勉齋信齋又崇信之故鄭氏之學未爲異義所汩至元吳興敖繼公撰集說雖云采先儒之言其實自注疏而外皆自逞私臆專攻鄭氏學者苦注疏之難讀而喜其平易乃盛行於世至說有不通每改竄經文以曲就其義蓋幾於無所忌憚矣著儀禮管見四卷其說之最精者如鄉飲酒記北面者東上敖改東爲西駁

之曰注明言統於門門在東則不得以西爲上也鄉射記勝者之弟子洗觶升酌南面坐奠於豐上降袒執弓反位敖以袒執弓句爲衍駁之曰勝者之弟子即射賓中年少者以是勝黨故袒執弓非衍文也燕禮勝觚於賓敖改觚爲觶駁之曰凡獻以爵者酬以觶燕禮宰夫主獻既不以爵則酬亦不以觶矣安可破觚爲觶乎大射儀以耦左還上射於左敖依鄉射改爲於右駁之曰上射位在北下射位在南鄉射大射位所同但鄉射位在楅西從楅向西則北爲右大射次在楅東從楅向東則北爲左敖比而同之昧於東西之別矣喪服記公子爲其妻縓冠敖改縓爲練駁之曰練冠之紕亦飾以縓故閒傳云練冠縓緣就其質言之曰練冠就其紕言之曰縓冠毋重故言其質妻輕故言其紕非有二也士虞禮明齊醙酒敖以醙酒爲衍文駁之曰注明言有酒無醴據下文普薦醙酒亦專言酒不及醴豈得妄解明齊爲醴輒刪經文乎特牲饋食禮三拜衆賓衆賓答再拜敖改再爲一駁之曰鄉飲酒衆賓答一拜者大夫爲主人也有司徹之答一拜者大夫爲祭主也此士禮安得以此相例乎先生精天文歷算

之術尤長於句股和較相求諸法作句股廣問三卷錢少詹著三統術衍先生校正刊本誤字少詹服其精審早年爲公羊何休之學撰公羊釋例三十卷謂三傳惟公羊爲漢學孔子作春秋本爲後王制作訾議公羊者實違經旨又因何邵公言禮有殷制有時王之制與周禮不同作周禮公羊異義二卷又著十三經筆記十卷諸史筆記八卷諸子筆記二卷名家文集筆記七卷乾隆五十年卒

鄒叔勣先生事略

鄒先生漢勳字叔勣湖南新化人兄弟六人少秉庭訓皆以才稱而先生爲最年十五通左氏義佐伯氏纂左氏地圖說十六七佐伯氏纂博物隨鈔佐仲氏纂山經集譜諸書十八九纂六國春秋鄉居苦書少輒詣郡學借觀手錄口誦於天文推步方輿沿革六書九數之屬靡不研究而制舉業不循繩尺繁或千言簡不盈幅久困童子試道光十七年學使試以三江九江考異之拔補郡學生旋食廩餼亦先耳其名故也當先生孜孜爲學時人無知者惟同縣鄧顯鶴

湘皋深異之惜其羈縕里閈無緣出與名流結納以擴見聞招至甯鄉學舍同編蔡忠烈公遺集旋校刊王而農先生遺書數十種先生知名自此始湘皋修寶慶府志先生與焉所論述爲多郡守黃君宅中量移黔中招先生往至則爭相延致而貴陽大定興義安順諸郡志以次蕆事其中形勢說循吏傳皆洞中日後情事羅文僖繞典胡文忠林翼時方官黔深與契合先生居黔五載歸里而有邵陽之獄初族中有枉死者令不爲申理諸生某爭於縣庭先生隨衆往觀令弃執而幽之將中以法湘皋力救之事得解是歲爲咸豐元年先生舉鄉試明年禮部試報罷東之淮上訪同郡魏源默深於高郵互出所著相參訂越歲賊陷江甯默深畀以遼史及尙書未定稿促其閒道歸長沙時南昌告警先生弟漢章已隨江忠烈公援江西侍郎曾公國藩新募楚勇千人令江君忠淑偕先生率以往圍解敘勞以知縣用未幾忠烈擢安徽巡撫約先生相從遂同及於難先是省會移廬州賊由桐舒往犯忠烈道病至六安益劇所部勇僅開化鎮草數百人倍道前進先生守大西門賊三爲燧道攻之城坍數丈登陴矣

先生力擊卻之忠烈專疏上其功有　詔褒獎以同知直隸州用　賞戴花翎時援師營城外五里不得入而廬州守所部勇目徐淮久與賊通臘月十六夜過半賊緣北城入詰旦忠烈投水自盡先生命酒左手執杯右手持劍大呼殺賊賊至格鬭閉斃賊數人賊怒刃中項血淋漫項偏折兩卒掖之前走數武死之時年四十有九事聞　贈道銜　予卹廕祀廬州及湖南昭忠祠先生生時母氏夢虎驚而寤少溺苦於學囷舍晝夜衣履垢敝不稍修飾兄弟互相師友志在勵名節敦氣誼前後館穀所入不下數千金悉供購書周急之用家無甔石儲弗計也所纂貴陽府志百十二卷大定府志六十卷興義府志二十四卷安順府志五十卷皆刊行又學藝齋文集三十六卷詩詞十六卷讀書偶得三十六卷穀梁傳例十四卷廣韻表十卷說文諧聲簿十六卷夏小正義疏一卷易象隱義二卷雜卦圖說一卷卦象推廣一卷六國春秋二十四卷顓頊憲考二卷帝繫詁一卷詩序去害釋滯發微四卷凡十四種藏於家

國朝先正事略卷三十六

國朝先正事略卷三十七

平江李元度次青纂

文苑

侯朝宗先生事略

明啓禎閒逆閹擅枋日戕賊善類一時才畯雄傑之士身不在位奮然以東都清議自持者曰四公子四公子者桐城方以智密之如皋冒襄辟疆宜興陳貞慧定生及商邱侯方域朝宗也而朝宗先生尤以文章著先生祖執蒲官太常卿父恂戸部尚書季父恪官祭酒皆以東林忤閹黨先後除名先生幼從父官京師習知中朝事而於君子小人門戸始終之故尤熟悉懷甯阮大鋮故魏閹義兒也屏居金陵謀復用諸名士共檄大鋮罪作留都防亂揭定生及貴池吳應箕次尾主之大鋮愧且恚然無可如何知先生與二人者相善也私念因侯生以交於二人事當已乃屬其客來交懽先生覺之謝客弗與通而大鋮家有伶一部能歌所演劇號燕子箋者會諸名士以試事集金陵先生置酒高會徵

阮伶大鋮心竊喜立遣伶往而令他奴詗之方度曲四座稱善奴走告大鋮心益喜已而抗聲論天下事語稍及大鋮遂戟手罵詈不絕大鋮乃大怒而恨三人者尤次骨甲申南都擁立大鋮驟枋用與大獄將盡殺黨人捕定生入獄次尾亡命先生夜出走渡楊子依鎮帥高傑得免先生豪邁不羈多大略少嘗與楊公廷樞夏公允彝醉登金山臨江悲歌指評當世人物而料事尤多奇中方尙書公之督師援汴也先生進曰大人受詔討賊廟堂議論牽制顧破文法以賜劍首誅一甲科令守之不應徵辦者而晉帥許定國師噪當斬以徇軍事辦威立疾馳渡河收中原土寨團結之衆以合左良玉於襄陽約陝督孫公傳庭掎角並進則汴圍不救自解矣尙書叱曰此跋扈也小子多言趣遣歸道遇永城叛帥劉超挾之先生曰君所坐不過殺一御史柰何遽反今畿輔有警君率所部疾走勤王必可轉禍爲福卽不然亦湔洗惡名失此則身死名裂超不能從先生旣負才不試以明經累舉於鄉輒報罷順治辛卯列副榜初放意聲伎已而悔之發憤爲詩古文倡韓歐學於舉世不爲之日嘗遊吳下將刻集集中

文未脫稾者一夕補綴立就人益奇之順治十一年卒年三十有七方密之國變後以僧服終定生在南都被逮大鋮敗脫歸後與辟疆俱卒於家而次尾當
王師下金陵謀起兵被執不屈死

魏叔子先生事略

兄際瑞　弟禮　彭士望　林時益　李騰蛟　邱維屏　曾燦　彭任　梁份

甯都三魏伯曰祥字善伯改名際瑞季曰禮字和公而叔子先生禧尤著先生字冰叔號裕齋父兆鳳字天民以孝聞居喪哀毀如古禮家故饒於財好施與急人之難逾於己崇禎初薦舉徵辟皆不就學者稱之曰徵君先生負異稟年十一爲諸生甲申之變愍帝死社稷先生號慟日哭臨縣庭憤咤不欲生謀從曾給事應遴倡義兵不果乃棄諸生服隱居教授先生形軀修頎負才略善擘畫理勢事前決成敗懸策而後驗者十常八九方流賊之熾也承平久人不知亂且謂寇遠猝難及先生獨憂甚移家翠微峯峯距甯都四十里四面削起百餘丈中經坼自山根至頂若斧劈然緣坼鑿磴道梯而登因置閘爲守望士友稍稍依之而彭士望躬庵林時益確齋亦至皆與先生立談定交挈妻子來家

翠微世所稱易堂諸子也其後數年甯都被寇翠微峯獨完先生旣謝諸生益肆力古文辭喜讀史尤好左氏傳及蘇洵其爲文主識議淩厲雄傑遇忠孝節烈事則益感慨摹畫淋漓年四十乃出遊涉江踰淮至吳越思益交天下奇士於吳門交徐枋金俊明西陵交汪渢乍浦交李天植常熟交顧祖禹毘陵交惲日初楊瑀方外交藥池檇木皆遺民也當是時南豐謝文洊講學程山星子宋之盛講學髻山弟子著錄者皆數十百人與易堂相應和論者謂西江自歐陽鄒魏宗陽明講性學陳艾依復社工帖括其聲力氣燄皆足動一時易堂起獨以古文實學爲歸風氣一振由先生爲之領袖云康熙戊午　詔舉博學鴻儒先生被徵以疾辭有司督催就道不得已舁疾至南昌就醫巡撫疑其詐以板扉舁至門先生絮被蒙頭臥稱疾篤乃放歸後二年赴揚州故人約卒於儀徵年五十有七其婦謝氏絕食十三日以身殉彭躬菴及其未死時執贄拜牀下奉爲女師易堂九子自三魏及躬菴確齋外曰李騰蛟咸齋邱維屏邦士彭任中叔曾燦青藜敎古友誼如骨肉子弟無恆父師高僧無可嘗至山中歎曰易

堂真氣天下無兩矣無可明檢討方公以智也凡戚友有難進之言或處人骨肉閒先生批郤導窾一言輒解其紛或訝之先生曰吾每遇難言事必積誠累時與其精神相貫注夫然後言所著有文集日錄左傳經世諸書

伯子性敏善强記爲諸生於兵刑禮制律法皆能窮析原委遇難事剖決如流客潮鎭劉伯祿幕時大兵圍潮久不下主兵者怒約城下日盡屠之伯子力言於劉劉叩頭力請乃免范忠貞公撫浙禮爲上客凡蠲荒賑饑諸善政伯子宣力爲多康熙丁巳賊將劉大任踞贛當事議撫之大任揚言非魏善伯來吾不信也時伯子客總兵哲爾肯所遂遣之友人及諸弟皆勸弗往伯子慨然曰鄉邦之禍烈矣願拌此身圖之遂往甫入營官兵遽從東路急攻大任疑責己曰先生來將爲賈林乎抑效酈食其也伯子無以應被拘留十月大任變計走降閩拔營日伯子遂遇害子世傑字與士邑諸生聞變徒跣往迎喪抵家拔佩刀自刎左右持之遂日夜椎胸哭死血結少腹下目上瞤僂不能立呼號二十日而死年三十有三人比之何烱謝蘭云伯子著文集十卷雜俎五卷與士所著

季子少叔兄五歲父命叔子授以書笞罵皆樂受曰叔兄愛我也比弱冠更刻苦自勵學日進兩兄儼然以畏友待之既棄諸生乃益事遠遊歷閩粵渡海達瓊厓北抵燕京返轍夷門過洛陽南浮漢沔入秦關涉伊水經鳳滁道中足跡幾徧天下所至必交其賢豪尋訪窮巖遺佚之士嘗省故人於韓城往觀砥柱三門聞高士彭荊山居華山絕巘直上四十里手鐵絙躡飛磴訪之高韓昌黎痛哭處十里性慷慨好義所得金輒隨手盡居翠微峯頂榜曰吾廬更以自號年六十六卒有詩古文集子世儆字昭士世儼字敬士皆有集能世其家

彭躬菴名士望一字樹廬南昌人少有雋才究心經濟學喜結客立義聲公卿間崇禎己卯父晳病且革閱邸鈔見漳浦黃公道周平臺召對語拊枕歎曰鐵漢也顧謂兒當師之躬菴治喪畢卽裹糧往謁時黃公已下詔獄爲傾身營救會太學生涂仲吉上疏訟公寃并下獄辭連躬菴禍幾不測黃公論戍事乃解尋參揚州軍幕未久辭歸在易堂中所學尤以躬行爲本名其文曰耻躬堂集

鄉人有死節者其子幼被掠傾橐贖之爲娶婦篤風義至老不衰卒年七十有四

林時益字確齋本明宗室名議霶與彭躬菴同里國初江淮閧數被兵兩人謀卜居躬菴與叔子一見定交極言金精諸山可爲嶺北耕種處乃變姓名攜家往先是父統鐨以崇禎丁丑進士令江夏卒官嘗支帑金數萬修城黠吏匿其籍確齋覶縷追憶條寫而目算之無纖毫爽攝印者驚以爲神然自是得嘔血疾比還甯都已盡破其產結廬冠石傭田而耕非其力不食子楫孫門人吳正名任安世輩皆帶經負鉏歌聲出金石過者如觀古畫圖焉冠石宜茶確齋以意製之香味擬陽羨所謂林岕者也康熙七年　詔故明宗室子孫衆多有竄伏山林者悉歸田廬姓氏皆復舊而確齋寄籍甯都久不樂歸山居三十年卒工書喜爲詩晚好禪悅著冠石詩集五卷

李君騰蛟字力貞甯都人明季諸生與臨川陳際泰羅萬藻甯化李世熊同邑邱維屏爲文會晚入翠微於易堂中年最長諸子兄事之嚴敬毋敢斁後別居

三巘峯以經學教授著周易臆言年六十卒

邱邦士名維屏三魏姊壻也性高簡率穆讀書多元悟弱冠爲諸生督學侯忠節公奇賞其文值變避亂翠微峯家故居甯都之河東多古松望之蒼藹無際邦士著書其下稱松下先生叔子嘗從之學古文邦士之學原本六經左國史漢旁及諸子百家顧獨有得於泰西之書心悟神解僧無可來易堂常與布算退語人曰此神人也青州翟世祺守饒州傲僻藐天下獨心折邦士七聘乃往北面事以師禮邦士主其署齋爲演易數偶乏紙即用牌票紙背書之翟悉以錦軸裝潢其草稾青州馮相國欲邀一見邦士卒不往嘗絕炊婦令借米鄰家久不至覘之則方負手立池上看往來行人乃別措米炊召之食輒大咲亦不問米所由來也著有周易勦說及文集康熙己未卒年六十有六先是淮安閻再彭以帛侑書求邦士爲其妻銘墓未作也卒之日命家人取帛出曰以付叔子還淮安閻氏

曾君燦字青藜一字止山明給事中應遴仲子與兄畹並工詞章喜然諾方明

季多故思以功業自見折節下士士翕然歸之歲乙酉楊文正公廷麟竭力保吉贛給事公以閩嶠山澤閒有衆十萬俾往撫之既行而給事病卒贛亦破乃解散去尋祝髮爲僧遨遊閩浙兩廣閒大母陳母温念㦗成疾乃歸甯都以大母命受室築六松草堂躬耕不出後乃入易堂少有詩名選海內名家詩二十卷號過日集僑居吳下最久著止山集西崦草堂詩客遊燕市以卒

彭君任字中叔一字遜仕甯都諸生少與同邑温應摶友應摶死難時兵發蒼黃人莫敢晝行中叔獨往購其尸哭而殮之鼎革後結廬𡾊山名所居曰一草亭足不履城市自入易堂後嘗一訪其友謝文洊甘京於南豐之程山未嘗再他適也著禮記類編及草亭文集嘗論朱陸異同謂學者之病不在於辨之不明而在於行之不篤其持論最平卒年八十有四

梁質人者名份南豐人彭躬菴魏叔子高弟也少從兩先生講經世之學嘗隻身遊數萬里西盡武威張掖南極黔滇徧歷燕趙秦晉齊魏之墟覽山川形勢訪古今成敗得失遐荒軼事一發之於文方望溪王崑繩皆重之爲人樸摯強

毅退守窮約至老不少挫年八十有九卒著懷葛堂文集

宋荔裳先生事略

田雯　曹貞吉　顏光敏　王苹　徐夜　謝重輝
張篤慶

宋先生琬字玉叔號荔裳山東萊陽人順治四年進士授戶部主事監督蕪湖關潔己恤商歲額逾於舊遷吏部郎選人無滯抑之歎出爲隴西道值地震後修城垣瘞屍賑粥不遺餘力隨督隴西學政清愼公明稱得士歷永平兵備及甯紹台道駸駸嚮用矣族有不逞子以夙憾飛章告密被逮對簿西曹久之事得白流寓吳越居無何　天子察其寃起四川按察使會入覲留京師而吳逆叛成都失守妻子皆在蜀憂憤而卒性孝友虛懷下士工詩古文詞盛名滿天下有南施北宋之目施謂愚山也所著有安雅堂集同時山左詩家自漁洋外有田山薑曹實菴顏修來王秋史徐東癡謝方山張歷友

山薑姓田氏名雯字紫綸德州人康熙三年進士授中書中書號丞相椽舊以貲郎充選有御史言機務重地宜用進士始開此例累遷工部郎中督江南學政力崇古學所取皆雄駿通偉之士風氣爲一振每按試從兩驢蒼頭二人隨

戒有司勿供張自市蔬菜十把脫粟三斗遠近稱之調湖廣督糧道遷光祿卿巡撫江甯會秋雨積陰漕米色多變民艱輸納特疏以請得隨時交兌又請動帑金大濬京口運河以省歲挑之費蘇常民皆德之並請減湖田稅免銅課俱次第允行調撫貴州時苗犻猖獗粵督方議會剿公移書制府謂制苗之法犯則治之否則防之而已無庸動衆勞民也議遂寢丁憂起補刑部右侍郎調戶部以疾歸康熙中王漁洋負海內重名山薑天資高邁記誦亦博負其縱橫排奡之氣欲以奇麗駕漁洋而上之故詩文皆組織繁富煆鍊刻苦成一家言著有古懽堂集長河集實菴名貞吉字升六安邱人山薑同年進士官禮部郎中詩格遒鍊其黃山諸作極爲宋牧仲所推著有實菴詩略修來名光敏字遜甫曲阜人康熙六年進士官吏部郎中好讀書善鼓琴精騎射尤耽山水性孝友勤於睦族年四十卒生平不信浮屠星命之說嘗言軀體猶炭神氣猶火也火傳於炭然後能爲功炭當風則易燼扇之則立燼置密室覆以灰則後燼然則謂人可長生者妄也謂死有時不可先不可後者亦妄也所著曰樂圃集兄光

猷光斆皆進士歷官中外有文名王秋史名苹歷城人康熙丙戌進士所居聖
水泉元于欽所品七十二泉之第二十四也少有狂名王漁洋田山薑賞其詩
並奇其人有王黃葉之目所著曰二十四泉草堂集徐東癡名夜新城人年二
十九棄諸生堀門土室絕跡城市有朱桃稚杜子春之風薦鴻詞科以老辭詩
格清峭近韋左司孟東野謝方山名重輝德州人官刑部郎中有杏村詩漁洋
稱其去膚存骨去枝葉存老榦真賞甚稀有之篋中以待元次山杜清碧其人
定相賞於絃指之外其傾倒至矣歷友張姓名篤慶淄川人學殖淹博下筆千
言諸老宿稱爲冠世才不虛也充選貢生廷試不遇歸隱崑崙山不復出杜門
著書有八代詩選班范肪截五代史肪截兩漢高士贊等書詩以盛唐爲宗著
有崑崙山房集

熊次侯先生事略 劉子壯 金德嘉 顧景星 張仁熙 劉醇驥

熊先生伯龍字次侯湖北漢陽人祖籍進賢晚自號鐘陵示不忘祖也少博學
工文章順治六年 賜進士及第第二人由國史院編修累官內閣學士兼禮

部侍郎屢司文柄皆得士自少至老手一編不置在朝籍恂恂如儒生歷官二十年不妄交游不立崖岸易簀時惟以未得澤被生民爲憾其制舉文與同年生劉克猷修撰齊名雄渾雅健開　國初風氣天下號曰熊劉而先生古文尤工著有穀貽堂文集集中代言諸作尤樸茂有東京之遺特爲時文所掩耳克猷名子壯一字稚川黃岡人順治六年　廷對第一官修撰九歲失恃每念母輒爲孺子泣遂以屺思名其堂所著曰屺思堂集克猷生明季早負文名嘗夢登甲第出朱之弼門下偶見童子自塾歸甚穎雋訊之則朱姓之弼名訝曰吾豈當爲弟子耶及遭寇亂奔竄山崖水涘閒不獲與計偕入　國朝始大魁天下其時分校禮部試者果之弼也自熊劉後楚北文章家推金會公檢討爲最著

會公名德嘉號豫齋廣濟人五歲而孤事母孝以主敬存誠爲學康熙二十一年會試第一官檢討與修明史表章殉節諸臣分撰一統志於楚中郡邑考訂尤精核丁卯典貴州試所拔多名宿致仕二十年足跡不入城市益鍵戶著書

時同郡顧景星張仁熙劉醇驥沿王李餘習追摹秦漢旹震川會公獨守韓歐家法著有居業齋集續纂元明名臣言行錄卒年七十有八顧景星字黃公蘄州人記誦淹博才氣尤橫肆不羈詩文雄贍稱霸才著有白茆堂集又有讀史集論九卷贖池錄一百十八卷南渡集來耕集共七十三卷皆錄入四庫張仁熙字長人廣濟人諸生其論詩謂時弊雖深救之者輒變而加厲公安救歷下失之佻竟陵救公安陷於孱時以為允宋牧仲通守黃州於雪堂築東齋延長人說詩著有藕灣集卒年八十有四醇驥字千里號廓菴亦廣濟人生而有文在手曰歷性方直以歲貢入都與魏敏果公講業極懽或勸之仕曰吾不任此也遂歸著有芝在堂集及學庸古本解諸書

汪堯峯先生事略 褚篆

先生名琬字苕文號鈍菴江蘇長洲人學者稱堯峯先生少孤讀書五行俱下順治十二年進士觀政通政司未幾假歸肆力古文辭嘗慨然念前明隆萬以後古文道喪乃由南宋以上溯韓歐卓然思起百數十年文運之衰尋補戶部

主事分司大通橋歲滿改刑部員外郎遷郎中坐江南奏銷事降兵馬司指揮復爲戶部主事公退無時不以古文自娛嘗與龔端毅鼎孳李文定天馥王文簡士禎陳文貞廷敬宋尚書犖劉戶部體仁董侍御文驥等以詩文相切劘陳公侍直禁廷　聖祖問今能爲古文者其誰輒舉先生以對先生因文見道務爲經世有用之學故歷官皆有名蹟可紀其爲刑部郎也河南民張潮兒以報母仇殺其族兄三春罪坐死　詔法司核議先生以潮兒母先爲三春所殺著復讎論引律文祖父母父母被殺而子孫擅殺行凶人者杖六十又罪人應死而擅殺者杖一百爲據他疑獄必引經附律務毋枉縱其降爲北城指揮也強直不渝所守某閣學欲幷其鄰人居會鄰人母自經死閣學欲重其罪其門下生適以御史巡城屬先生文致先生卒白其誣閣學怒必欲置諸理先生力爭事乃解旗人與民爭縛民至司其黨數十人臥踞廳事官出岸然不動先生卒直民而絀旗人關壯繆廟祝爲人所殺無主名禱於神神告以夢鞫一瞽者得其情卒獲犯寘諸法道死者親爲收瘞奸民以假命噬人豪家奴恃勢脅良

善皆重箠之任滿且去北城民爇香攜酒送者塡溢衢巷達官呵殿至擠塞不得行問之曰民送兵馬司也兵馬司秩卑而職冗士大夫左遷類偃蹇不屑意前此未有得民心留去後思如先生者其再入戶部也王尚書宏祚夙重先生會姚總憲文然疏請夏稅以五六月秋糧以九十月下部察國儲果否足支一季餉先生集同官窮日夜會計得見銀二百四十萬兩以復於王公曰兵餉可無虞緩徵便遂輯書曰兵餉一覽旣而廷議格不行書存篋衍中先生曰異日有爲緩徵之政者吾書可取視也議輸漕五米十銀爲官收官兌法而旗弁之橫息議裁吳三桂兵餉而強藩之勢阻其端皆先生發之榷江甯西新倉上羨餘金若干無纖毫染指亡何病免歸結廬堯峯居九年益閉戶著書康熙十七年　詔徵博學鴻儒陳文貞疏薦先生宋尚書德宜亦別爲疏同日以薦比試
上親拔其文授編修與修明史先生以道德文章爲己任雖與一時賢士遊而流俗往往不悅其所爲深中者尤忌畏之在史館六十日選史稾百七十有五篇杜門稱疾逾年仍假歸所居堯峯擅山水之勝蕭然野服手一編矻矻

窮年曰吾老猶冀有所得也嘗語學者曰學問不可無師承議論不可無根據
出處不可無本末其文根抵六經出入廬陵震川閎於易書詩春秋三禮喪服
咸有發明性卞急不輕許可嘗與宋犖爭辯歸而恚曰吾奈何與彼同名然
坦中無城府人有一言之善不難俛首至地生平淡於榮利難進易退自登仕
籍前後閑居二十餘年泊然自樂也二十三年　聖祖南巡偕在籍諸臣迎
駕　上温諭垂詢撤　御前餅餌賜之　諭巡撫湯斌曰編修汪琬文名
甚著居鄉不與聞外事朕深嘉之可特賜御書一軸　上嘗與近臣論本朝
文學砥行之儒首稱數先生其受　知如此卒年六十有七所著堯峯文集五
十卷同邑褚先生篆字蒼書爲諸生淬厲古學屏棄舉子業天爵自尊韓文懿
公以父執敬禮之康熙二十六年　聖祖南巡　召見於行在　命書箋二
幅　御書海鶴風姿額賜之時年九十六矣越歲卒著有海鶴堂集

王于一先生事略　陳宏緒　徐世溥　歐陽斌元

王先生猷定字于一號軫石江西南昌人選拔貢生父時熙明進士官太僕卿

天啓中名在東林先生工詩古文爲人倜儻自豪少時馳騁聲伎狗馬陸博神仙迂怪之事無所不好故產爲之傾晚寓浙中西湖僧舍爲文多鬱勃如殷雷未奮又如崩崖壓樹枒槎盤礴旁枝得隙突然干霄書法亦重一時自明季公安竟陵之說盛行文體日瑣碎先生與新建陳士業徐巨源歐陽憲萬輩均能獨開風氣所著曰四照堂文集

士業陳姓名宏緒號石莊父道亨明進士官兵部尚書楊忠烈漣以劾魏閹削籍公抗疏申救不納遂投劾歸卒贈太子少保諡清襄士業性警敏家集書萬卷晝夜講肄以任子薦授晉州牧時真定屬邑多被兵閣臣劉宇亮出督師欲移師入晉州士業拒不納遂被劾緹騎逮問士民哭闕下頌其保城功得釋謫湖州經歷署長興孝豐二縣事有惠政尋免歸入　本朝屢薦不起移居章江輯宋遺民錄以見志著有石莊集恆山存稾寒衣集周易備考詩經尚書義等書

巨源名世溥姓徐氏父良彥明進士官宣大巡撫忤崔魏削籍戍清浪崇禎初

起大理卿還工部侍郎巨源年十六補諸生時東鄉艾南英以文名與巨源約爲兄弟江左錢謙益姚希孟里中萬時華輩皆以杓斗歸之明南贛巡撫潘曾紘得祥符王維儉所修宋史屬巨源及晉江曾異撰重加更定巨源才雄氣盛一往自遂屢躓於鎖闈入　本朝遂絕意進取順治初溧陽相枋政欲修徵辟故事直指使親式其閭又作手書遣司理持禮幣往山中致之拒不納所著曰

榆溪集

歐陽憲萬名斌元幼奇慧讀書目十行下終身不忘爲諸生受知學使蔡忠襄懋德侯忠節峒曾二公皆禮以國士姜公曰廣楊公廷麟尤相推重稱爲奇才博學王景略之亞與樂平王綱南昌彭士望爲兄弟交講求經濟以學業相砥鏃嘗爲南左司馬呂公大器草疏劾馬士英二十四大罪又嘗佐督師史公可法幕府史公薦擢推官士英知呂疏出君手銜之擯弗用尋歸隱順治乙丑卒年四十四有文集十二卷

梅瞿山先生事略　梅庚　高詠　袁啓旭　朱書

梅先生清字潤公號瞿山安徽宣城人少讀書竟夜不寐既長英偉豁達以博雅稱順治十一年舉於鄉再赴會試不第卽絶意進取所至士爭推轂王尙書阮亭徐相國立齋尤傾服焉主盟騷壇最久後學多藉以振起康熙三十六年卒年七十有五先生所爲詩凡數變年壯氣盛叱咤成篇久之芟舊作過半而沈至之意見於巖棲旅食者爲多長洲宋君實穎序之以謂鏗鏘發金石幽渺感鬼神渢渢乎調天然之律呂有天延閣前後集晚年編爲瞿山詩略共三十三卷尤工書仿顏魯公楊少師畫有奇氣嘗寫黃山圖極煙雲變幻之趣墨松蒼雄險勁阮亭稱其山水入妙品松入神品更數十年後斷紈零素當不減蘇黃云宣城梅氏自北宋聖俞先生後世多名人有梅庚者生後於先生與齊名庚字藕長生三歲而孤家故貧母劉撫以成立資穎特能奮於學善八分書作畫曠逸有雅韻尤長於詩同邑施愚山一見稱賞引爲忘年交客京師公卿咸折節倒屣而性狷介不妄投一刺人益重之康熙二十年舉鄉試爲朱竹垞所得士後遊阮亭門屢困公車阮亭主禮闈仍被黜阮亭至作詩自訟尋知浙之

泰順縣以經術飾吏治邑苦歲修海船藉長莅任五年累不及民民德之嘗作修船謠人以比舂陵行焉未幾引年歸其詩原本雅頌下逮漢魏三唐盡馳騁之致卒不敢溢於法外時宣城又有高詠袁啓旭工詩而好遊同著聲都下詠字阮懷號遺山幼有神童之目其學無所不窺詩名與愚山埒人號宣城體年近六旬始貢太學與愚山同舉詞科授檢討未幾假歸詩近體極淡遠歌行奇肆愚山稱其優入古人以兼工書畫世稱三絕有遺山堂若巖堂等集啓旭字士旦其詩踔厲頓挫足抗衡古人弁其集者亦宋君實頴謂以秦風之悲壯兼楚騷之哀怨前輩惟梅村先生可以方駕近則其年得其豐腴漢槎得其英概其推挹如此以國子生終有中江紀年稾

又朱先生書字字綠宿松人也文章雅健尤熟於有明遺事抵掌論述不遺名地康熙丙寅以選貢入太學聲譽赫然公卿閒癸未進士官編修乞假歸築室其邑之西山曰杜谿將著書以終老年五十一卒著有杜谿文稾

丁葯園先生事略 陸圻 柴紹炳 毛先舒 毛際可 孫治 張綱孫 吳百朋 沈謙 虞黃昊

丁君名澎字飛濤號藥園浙江仁和人順治十二年進士官禮部郎中少有雋才與弟景鴻瀠並稱三丁吳梅村贈詩有兄弟文章入選樓之句早歲有白燕樓詩流傳吳下士女爭採摭以書衫袖婺州吳器之贈詩云恨無十五雙鬟女教唱君家白燕樓其爲時傾倒若此初與同里陸圻柴紹炳毛先舒孫治張綱孫吳百朋沈謙虞黃昊陳廷會諸君稱西泠十子通籍後與宋荔裳施愚山張譙明周釜山嚴灝亭趙錦帆酬唱日下又號燕臺七子後以事牽累謫居塞上者五年卜築東岡躬自飯牛吟嘯自若所作詩語多忠愛無怨誹之意其所養可知矣著有扶荔堂集

陸圻字麗京一字講山居錢塘少與弟堦培咸以文章經世自任海內稱三陸又與陳君子龍等爲登樓社世號西陵體事親孝刲股療母病久而知醫莊鑨史禍作麗京與查繼佐范驤皆被株連事白歎曰今幸得不死奈何不以餘生學道耶弟培進士官行人死甲申之難麗京親殮後棄家遠遊不知所終子寅往來萬里尋之數年卒不得竟以死時稱其孝麗京生平不言人過有語及者

輒曰我與汝姑自盡毋妄議他人爲著有威鳳堂集西陵新語詩禮二編柴紹炳字虎臣號省軒在西泠十子中文名最著持躬尤端謹有省軒集毛先舒字稚黃一字馳黃出陳臥子先生門又嘗從念臺劉子講學其詩音節瀏亮有七子餘風著聲韻叢說韻學通指韻白匡林潠書聖學真語小匡文鈔思古堂集螺峯說錄東苑文鈔蕊雲晚唱諸集與西河鶴舫齊名時人謂曰浙中三毛文中三豪西河自有傳毛鶴舫名際可字會侯遂安人順治十五年進士官彰德府推官其學不及西河之博亦不至如西河之悍僻古文辦香南豐所著曰松皐全集

孫治字宇台錢塘人以著述稱於時其文如商彝周鼎剝蝕之餘光怪益露生平篤友誼陸驤武死以孤女託爲擇吳檢討任臣妻之又爲立嗣以甥女嫁焉吳錦雯宰南和客死往經紀其喪著有鑑菴集張綱孫字祖望改名丹錢塘人美鬚髯恬淡不樂交遊好爲詩古文詞喜山水窮幽躡險其詩悲涼沈遠有小雅之遺論詩謂少陵七律能用比興他人雖極工鍊不過賦耳所著曰秦亭集

吳百朋字錦雯舉人官南和知縣少奇敏讀書五行並下爲文數千言立就居官有異政歿後百姓建祠祀之著有樸菴集沈謙字去矜少穎慧工詩古文初喜温李後乃循漢魏以窺盛唐其意貞而不濫其聲和而不流著東江草堂集虞黃昊字景明錢塘人康熙丙午舉人官教諭十歲即善屬文嘗薄柳州乞巧文更作辭巧文識者知其遠到

國朝先正事略卷三十七

平江李元度次青纂

文苑

計甫草先生事略

潘耒　徐釚　吳兆騫

計先生東字甫草號改亭吳江人幼跳盪不羈父憂之先輩吳翩一見曰非常兒也尋受業張西銘之門年十五補諸生文譽日起以馬周陳亮自比遭世變不應科舉家居取十三經二十一史諸書盡讀之求義理指歸治亂得失之要下至權衡兵法陰陽占候之術靡不通曉弱冠著籌南五論上閣部史公公奇之其深明大略陳同甫莫能過也順治八年中乙榜貢太學十四年舉順天試名動長安三試春官不第江南奏銷案起挂名被黜益浪遊四方嘗自京師北走宣雲南歷洛漳邢魏東之濟兗徧覽名山川所至結交賢士大夫故其詩文日閎富務極其才力而後已在吳中與徐健菴汪堯峯尤西堂諸君狎主齊盟然內行修謹篤孝友重然諾友人吳兆騫流徙出關先生周恤其家以愛女字

其弱孑有才子曰準早夭築思子亭以孝貞女宋氏合葬宋氏準聘妻年十三未婚守志者也先生少負奇氣過鄴城尋謝茂秦葬處得之南門外二十里盡斥橐中金爲修墓立石誌之曰明詩人謝榛墓固請當事禁樵牧又過順德憇逆旅念歸震川昔嘗佐郡有廳記二篇求遺址不得乃入署旁廢圃中設瓣香再拜流涕而去道旁觀者皆大笑以爲狂生至吳門稱門生於黃孝子向堅至禾中金門寺上陶朱公書自稱世通家索其始祖計然七策以爲致富之方其落拓自奇若此卒年五十有二逾歲　天子開鴻詞科而先生不及待矣所著曰改亭集次子默字希深以詩文遊四方名滿日下同邑有潘次耕先生者與齊名

潘次耕名耒號稼堂父凱列名復社兄檉章能文負氣節苕中史獄起蒙難死先生資稟絕人有聖童之目從顧亭林徐俟齋戴耘野三先生遊故其學貫穿淹洽無所不通旁及日歷算數宗乘道藏悉有神會詩古文尤精博無涯涘嘉定陸翼王平湖陸稼書交口許爲淹洽康熙己未以布衣舉博學鴻詞官檢討

纂修明史充日講起居注官其時與館選者皆起家進士先生與朱竹垞嚴蓀友獨由布衣入選文又最有名凡館閣經進文字必出三布衣手同列忌之先生尤精敏敢言無稍遜避爲忌者所中坐降調以母憂歸遂不復出四十二年
聖祖南巡復原官澤州陳文貞公欲薦起之先生曰止止吾分也賦老馬行以謝焉先生嘗應　詔陳言謂建言古無專責歷代雖設臺諫之官其實人人得上書言事梅福以南昌尉言外戚柳伉以太常博士言程元振陳東以太學生攻六賊楊繼盛以部曹劾嚴嵩　本朝舊制京官並許條陳自康熙十年憲臣奏請停止凡非言官而建言爲越職言事例當降調夫人主明目達聽常懼有所壅蔽故宜導之使言今乃禁之使不得言豈盛世事臣請除越職言事之禁俾大小臣工各得獻替進言之途廣則罔上行私之徒不得人人而把持結納之庶有所忌而不敢爲於此輩甚不便於國家甚便也其在外監司守令等官若大利大弊果係真知灼見者亦許條奏地方災荒督撫不肯題報者州縣官徑得上聞如此則民閒疾苦無所不周知矣更請許臺諫官得風聞言事

以作敢言之氣其大奸大貪不經糾彈别行發覺者請將言官一併處分有能
奮擊奸回不畏彊禦者不次超擢庶紀綱振而萬事集矣湯文正公撫吳先生
贈以文力言浮賦之害爲畫三策文正具疏瀝陳得酌減葢用先生首策也先
生初被徵以母老辭不獲命除官後復牒吏部以獨子終養請代題者三卒格
於議逮居喪哀毀骨立兄遘禍募金贖其姪篤師門之誼侯齋殁周卹其孤孫
數十年如一日刻亭林日知錄並詩文集歷遊羅浮天台雁宕武夷黃海匡廬
嵩嶽盡尋其勝各紀以詩文有遂初堂集三十九卷又因亭林音學五書爲類
音八卷與次耕同時薦舉者爲同邑徐電發電發名釚由國子生 召試詞科
授檢討會當外轉遽乞歸後以原官起用不就卒年七十三生平好古博學弱
冠天才駿發搖筆數千言龔芝麓尚書奇賞之尚書臨沒謂梁真定相國曰負
才如徐君可使之不成名耶後卒與薦舉著南州草堂集三十卷嘗刻菊莊樂
府朝鮮貢使仇元吉見之以餅金購去且貽以詩電發既工倚聲輯詞苑叢談
十二卷晚年續唐人孟棨本事詩皆取緣情綺靡之作時比諸洛陽紙貴焉

吳君兆騫字漢槎亦吳江人童時作膽賦累千餘言長繼復社主盟才名動一世順治丁酉領鄉薦以科場事中蜚語被斥流徙尙陽堡二十餘年作長白山賦有研京鍊都風力宋文恪徐健菴捐金贖之得歸著有秋笳集

黄忍菴先生事略 周肇 顧湄 許旭 王撰 王攄 王昊 王揆 王忭 王曜升 吳璟 崔華 郁植 唐孫華

黄先生與堅字廷表江蘇太倉州人順治十六年進士康熙十八年 召試鴻詞科授編修遷贊善著有忍菴集錢牧齋序其詩謂長安金陵雜感諸篇頓挫鉤鎖纏綿惻愴在韓致堯元裕之之閒吳梅村祭酒嘗選婁東十子詩以先生爲冠十子者周子俶顧伊人許九日王異公王虹友王惟夏王端士王懌民王次谷也子俶名肇著有東岡集伊人名湄著水鄉集九日名旭著秋水集異公名撰著三餘集虹友名攄著蘆中集惟夏名昊己未 召試以年老授官正字歸著有碩園集端士名揆順治乙未進士著有芝廛集懌民名忭次谷名曜升皆有集一時風流文采稱極盛焉而惟夏諸君又鳳洲司寇之後太原王氏昆季多才不啻過江王謝在十子中皆錚錚有聲又吳元朗者名璟梅村先生子

也工詩近體清穩尤稱雅音康熙戊辰進士與館選累遷給事中著有西齋集

同時同州以詩古文鳴者又有崔不雕郁東堂唐實君諸子

崔華字不雕順治丁酉舉人漁洋尚書極賞其詩有句云黃葉聲多酒不辭時

目爲崔黃葉與歷城王秋史並稱郁東堂名植字大本八歲應試作五倫論梅

村祭酒見而奇之旣長研窮古學爲漁洋所賞識康熙己未以諸生舉鴻詞科

未應試卒詩宗盛唐不落元和以下唐實君名孫華與吳元朗爲同年進士官

吏部主事有東江詩鈔年九十餘乃卒

馬章民先生事略 鄒忠倚 孫承恩 繆彤 陸肯堂 汪繹 王式丹 王琛 錢棨

馬先生世俊字章民一字甸臣江蘇溧陽人順治十八年一甲一名進士 賜

及第授修撰遷侍讀貢士對策多隨題敷衍先生獨侃侃直陳稱王者天下爲

家不宜示同異時論偉之何義門嘗云我 朝殿撰前劉後韓公居其閒鼎足

而三先生工書畫有二右之目謂右軍右丞也初先生下第留京師落拓甚以

行卷謁龔芝麓尚書尚書奇賞之曰李嶠眞才子也歲暮贈白金八百明年乃

及第性樸素釋褐之日策蹇驢一老蒼頭攜宮袍隨其後士林傳爲佳話先生
敏於詞翰著有匡菴集　國初吳中以大魁著望者自徐立齋彭南畇韓慕廬
彭芝庭外無錫則鄒君忠倚常熟則孫君承恩汪君繹吳縣則繆君彤長洲則
陸君肯堂王君世琛寶應則王君式丹皆以文章名通志並列文苑而長洲錢
君棨獨以三元起家
鄒君忠倚字于度順治己丑進士壬辰廷對第一授修撰詩古文皆舂容靜細
未幾卒官孫君承恩原名曙字扶桑文工六朝體詩學溫李順治戊戌　賜進
士第一人授祕書院修撰數被顧問從幸南海子嘗　賜騎　御馬未幾卒
上大嗟惜　賜金歸葬繆君彤字歌起康熙丁未一甲一名進士授修撰遷
侍講以艱歸淡於宦情閉門不干時事立三畏書院刊曹月川家規蔡虛齋密
箴劉念臺人譜以教學者所造就甚多著有雙泉堂集陸肯堂字邃升才氣磊
落自喜康熙乙丑會試殿試皆第一由修撰遷侍讀卒官　國朝連擢會狀者
始黃岡劉克猷次則韓慕廬彭南畇而邃升及王樓村彭芝庭汪潤民繼之皆

吳產也世推科名盛事云繹字玉輪汪姓號東山康熙庚辰對策第一　賜及
第授修撰年少擢高第名籍甚而謙退不矜蘊藉多風韻臚傳日馬上口占有
句云浮生止辦十年官旋予告歸乙酉奉　命校全唐詩於揚州尋卒時以爲
詩讖所著曰秋影樓集王君式丹字方若號樓村康熙癸未會試殿試皆第一
授修撰生平績學嗜古久躓名場近六十始登鄉薦通籍後淡於仕進未久移
疾歸著有樓村集宋牧仲選刻江左十五子詩樓村其最也世琛字寶傳王文
恪公鏊八世孫父銓字東發康熙庚午鄉舉官給事中敦氣誼重然諾工書善
繪事爲時名人寶傳舉康熙壬辰進士臚唱第一人授修撰歷侍講督山東學
政崇實學斥浮僞青齊文體爲一變累遷少詹事視學未竣以勞疾卒官工詩
古文兼善書畫能世其家學

錢君棨字湘舲乾隆己亥鄉試領解額庚子會試冠其偶殿試以一甲一名進
士　賜及第授修撰臚唱日　高宗御製詩紀事有國朝經百載春榜得三
元之句丙午分校順天鄉試明年入直上書房己酉分校會試遷贊善甲寅充

廣東副考官明年遷侍讀充日講起居注官嘉慶二年擢庶子尋除侍讀學士典試雲南　命提督學政拔擢公明士論翕服四年晉內閣學士仍留學政任卒官自後繼先生爲三元者曰臨桂陳君繼昌

葉橫山先生事略

顧有孝　鈕琇　李重華　顧我錡

葉先生燮字星期號已畦江蘇吳江人籍浙之嘉善康熙九年進士知寶應縣修決堤免無名之稅出誣服殺人者直仇陷附逆而籍沒其田廬者以伉直不容於上官不二年落職欣然曰吾與廉吏同登白簡榮於遷除矣時嘉定令陸清獻公同被劾也既歸築室橫山下學者稱橫山先生著有已畦文集二十卷詩集十卷其論文謂議論不蹈襲前人卓然自吾立方爲立言論詩曰生曰新曰深凡一切庸熟陳舊浮淺語須一埽空之所作詩意必鉤元語必獨造寧不諧俗不肯隨俗於同時諸家外能拔戟自成一隊時吳中稱詩者多宗范陸究所獵者范陸之皮毛耳先生著原詩內外篇四卷力排其非吳人士始多訾謷之既歿乃爭從其說汪編修琬居堯峯說經硜硜與先生持論鑿枘門下士亦

互相詆諆汪殁先生曰吾向不滿汪氏文亦謂其名太高意氣太盛故麻列其
失以規之非謂其謬盭於聖人也且汪殁誰譏彈吾文者乃取向所摘汪文短
處悉燔之沈歸愚尚書少從受詩法守之不變王新城司寇嘗致書先生稱其
獨立起衰後見歸愚詩復稱賞之曰橫山門下尙有詩人其推重若此同時同
縣以詩文著稱者自甫草稼堂諸君外有顧茂倫鈕玉樵李實君顧湘南諸君
顧有孝字茂倫吳江諸生居釣雪灘以選詩爲事唐律及 國朝近體詩皆有
選本名滿大江南北鈕琇字玉樵官知縣博雅多聞所著觚賸能舉見聞異詞
者折衷之可補正史之闕詩亦變風之遺著有臨野堂集李實君名重華雍正
甲辰進士官編修天賦儁才復得張匠門指授性好遊入巴蜀客山左留覽秦
關楚塞登臨憑弔詩益嶔崎歷落得江山之助著有玉洲詩集其詩話二卷可
與昌穀談藝錄並傳顧湘南名我錡邑廩生鄂文端任江蘇布政時以古學試
士得五十三人湘南爲冠遂有南邦黎獻集之刻後開博學鴻詞科乃文端奏
請若爲湘南設也及 詔下而湘南殁矣有才無命文端歎息彌襟所著曰湘

南詩集

陳元孝先生事略屈大均　梁佩蘭　程可則

嶺南三家首陳先生元孝而屈翁山梁藥亭次之元孝名恭尹順德人父邦彥明季以閣部殉難事具明史時先生才十餘歲比長遂隱居不仕自號羅浮布衣與李元仲魏叔子季子彭躬菴諸君善皆遺民也工詩古文兼精書法未冠賦姑蘇懷古諸詩傾動一時名大起其詩清迥拔俗得唐賢三昧古體閑入選理一時習尚無所染著有獨漉堂集王漁洋趙秋谷二公至嶺南於廣州詩人尤推重先生其後杭堇甫來主講席題先生遺像傾服尤甚洪稚存論嶺南三家有句云尚得古賢雄直氣嶺南猶似勝江南其推挹至矣翁山屈姓名大均番禺人著有翁山詩集子明洪字甘泉貢生官教諭亦以能詩聞梁藥亭名佩蘭字芝五南海人童時日記數千言通經史百家年二十六領順治十四年鄉試解額詩名已播海內康熙二十七年成進士選庶吉士同榜均以前輩事之明年即假歸周遊名山與海內諸名宿相酬唱漁洋竹垞及潘次耕皆推重之

著有六瑩堂集程先生可則字周量一字湟溱號石臞南海人也年輩在三家前順治九年舉會試第一官內閣中書改內秘書院康熙己酉以主事分校順天試累遷郎中出知桂林府著有海日堂集少與漁洋荔裳愚山西樵茗文及沈繹堂曹顧菴稱海內八家其詩俊偉騰踔聲光能能亞於漁洋品在劉公㦷董玉虬之右稱魯衞者惟西樵云

趙秋谷先生事略　吳雯　馮廷櫆　馮班

先生名執信字伸符號秋谷山東益都人穎悟絕倫九歲捉筆爲文有奇語里中爲文社先生初不與通輒自攜紙筆入座衆以其幼也易之移晷立就數藝乃大驚號爲聖童同里孫文定公廷銓奇其才命作海棠賦曰大器也以女孫字之年十四爲諸生康熙十八年成進士選庶吉士授編修二十三年典試山西遷右贊善充明史纂修官預修　大清會典會典體例多沿明舊理藩院刱自　國朝分纂者皆遜謝先生肄國書取檔案附以文義典制釐然同局皆服其才方先生通籍時　詔開鴻詞科當世所稱能詩者麇集輦下新城王尚書

久以詩古文雄長壇坫一時鴻生俊才多出門下先生掉臂其閒自樹一幟古詩自漢魏六朝至初唐諸大家各成韻調談藝者多忽不講與古法戾新城自負妙契先生著聲韻譜以發其秘所著談龍錄持論顯與新城齟齬而新城心折其才不以爲亢也同時如朱錫鬯吳天章陳元孝皆折輩行與之交先生天才駿厲視儕輩無足當意獨善德州馮大木廷櫆所師承者常熟馮定遠班嘗曰吾生平師友皆在馮氏矣名日高忌者亦日衆朝士某以詩集徧貽臺館先生甫展卷立還其使其人銜次骨錢塘洪昇昉思以詩詞遊公卿閒所演長生殿傳奇初成置酒高會名流畢集時尚在 國恤銜先生者因騰章入告徧及同會先生至考功獨任之在座者得薄譴而先生罷職既歸益放情詩酒所居因園依山構亭榭清泉秀石喬木各極天趣歸田時年未三十兩親俱無恙具甘旨承色笑者二十餘年性好遊嘗踰嶺南再陟嵩少五過吳閶寓維陽金陵久所至流連文讌乞詩文法書者坌至後進疑先生宿世人而先生與酬接諧狎無少忤徜徉林壑踰五十年卒於乾隆九年年八十有三同年生萊陽張庶

常能歸以事爲有司所窘避地依先生及卒殯而歸之常熟仲生依先生十九年卒於館次爲論定其詩文擇地葬之其篤於故舊如此著飴山堂文集六卷詩集十七卷詩餘雜著若干卷吳天章者名雯山西蒲州人也初隱居中條山之玉溪李義山故里也後遊京師未知名漁洋尚書見其詩奇賞之待漏朝房誦其句於葉訒菴閣學葉下直即命駕造訪康熙己未舉鴻博馮相國溥以篚索詩天章大書二絕句應之其坦率如此卒以不遇不悔也遊燕趙齊魯吳越秦楚足跡半天下晚年買圃鄭谷之口有竹數百挺黃梅數十株橘三株中作草堂面雷首肘太華悠然自忘其老趙秋谷謂其詩才特超妙其鄉自元遺山後一人而已王尚書則謂漢魏以來二千年閒詩家號爲仙才者曹子建李太白蘇子瞻三人耳　本朝作者如林獨以仙才許天章焉馮大木名廷櫆康熙壬戌進士官中書性孤介不入大僚之門平生深契者惟秋谷朝士有得諸葛銅鼓者兩人各賦長歌諸名士皆閣筆漁洋欲裒兩人酬唱詩爲二妙集馮定遠名班號鈍吟所著定遠集其說詩力排嚴羽尤不取江西宗派而論事多違

物情論文能究古法秋谷於近代文章家多所訾謷獨折服定遠一見鈍吟雜
錄卽歎爲至論至具朝服下拜嘗展其墓以私淑門人刺卽冢前焚之

孫豹人先生事略 王又旦 李念慈 張恂 王宏撰 李楷 屈復

關中人文自中孚雪木天生三李外推孫先生豹人先生名枝蔚三原人豹文
其字也世爲大賈業鹽筴甲申之亂年二十有四散家財求壯士起義不果隻
身走江都折節讀書遂以詩文名天下年六十舉鴻詞科時有奔競執政之門
者先生恥焉求罷不允促入試不終幅而出會 特詔布衣處士有文學素著
老不任職事者授京銜以寵其行及格者八人先生與焉部議正字銜 聖
祖少之予中書舍人初吏部集驗於庭獨臥不往旋被敦促乃逡巡入主爵者
見其鬚眉皓白引使前曰君老矣先生正色曰未也我年四十時卽如此且我
前以老求免試公必以爲壯今我不欲以老得官公又以我爲老殊可怪也當
事愕謝卒以老官之先生性伉直初以世亂好談兵家毀於賊自京師歸復居
江都所著曰溉堂集從遊者皆有聲海內而王又旦最著又旦郃陽人字幼華

弱冠舉於鄉令潛江履畝定賦杜豪強侵占葺長堤拄漢水決嚙建傳經書院築說詩臺豹人時居江都迎之受詩比入爲給事中詩名已與豹人埒疏陳湖北堤工協濟之害令荊郢分界治堤以絕委卸典試廣東還過南海花山建議於其地設縣治奪盜淵藪皆報可朱竹垞稱其詩能兼綜唐宋人之長年五十一卒於官有黃湄詩集當是時關西之士恥效章句皆以通經學古爲尚其卓然名家者涇陽則有李念慈張恂念慈字屺瞻嘗爲令薦博學鴻詞不第隱居峪口山詩曰峪口山房集恂字穉恭一字壺山以進士爲江南推官善畫落筆片紙値千錢與三李豹人黃湄輩往還酬答而名稍後惟華陰王宏撰朝邑李楷與三李等齊名楷字叔則一字岸翁著河濱全集由舉人令寶應以直廢康熙二年賈撫軍漢復請董陝志宏撰尚爲諸生從叔則編摩叔則善古賦文樸茂錢牧齋亟稱之著書百卷文名冠一時人稱河濱夫子宏撰字無異一字山史與三李同時於叔則爲後進而叔則獨喜從山史遊山史讀書華山顧亭林嘗主其家共建朱子祠於雲臺觀好易精圖象學者宗之得一言以爲重凡碑

版誌銘非三李則山史而山史工書法故尤多於三李焉又有屈復者字見心號悔翁蒲城人也年十九試童子第一忽棄去走京師學詩者多從之遊先生作客約不迎送不作寒暄語其論詩於與賦比之外專以寄託爲主謂陶之飲酒郭之遊仙謝之登山左之詠史彼自有所以傷心之故而借題發之未可刻舟而求劍也張尚書廷樞欲上章薦力辭不就乾隆元年楊尚書超曾舉應鴻詞科楊未見屈屈亦不報謝所著弱水集甚富無子妻死不再娶人以比林和靖云

邵青門先生事略

董以甯 鄒祗謨 陳玉璂 儲欣

青門先生名長蘅字子湘江蘇武進人少稱奇童讀書目數行下十歲爲諸生試必高等應行省試輒不售乃棄舉子業益潛心六經三史及唐宋諸大家文鑽穴寢饋爬梳剔抉久之融釋貫串大放厥辭論者謂 國朝布衣以文鳴者自商邱甯都外惟先生可鼎足立先生內行惇篤居親喪力行古禮嘗獨力刱始祖康節先生祠族子被略爲豪家奴捐金贖之性坦易與人交煦然以和意

所不可即髯張面赤不能爲婞婀朝貴有物色之者非先焉不往也在都門與
阮亭愚山健菴鈍翁其年竹垞西溟藕長諸公友聞人談登州海市之奇忽跨
驢走二千里之海上登蓬萊閣望所謂三神山者然卒無所見復走京師友人
強之入太學試吏部宋文恪德宜得其文驚曰今之震川也拔第一例授州同
不就後客宋牧仲中丞所最久談道論文敦布衣昆弟之好嘗選有明何李王
李四家詩矯牧齋偏駁之論而以程孟陽詩爲纖佻識者韙之尤愛武林湖山
數往遊擬結廬放鶴亭側又欲營一舫載筆牀釣具浮家吳越閒所著曰青門
集阮亭稱其文爲荊川後一人卒年六十有八同邑董文友鄒訏士陳椒峯工
詩古文皆有名董名以甯字文友邑諸生少與鄒訏士齊名善詩文於歷象樂
律方輿之恉多所發明晚年悉棄去專事窮經尤深於周易春秋著書滿家恤
交遊重然諾弟子恆數百人所著曰正誼堂集訏士名祗謨號程村順治十五
年進士性穎特書過目不忘事母以孝聞母教之極嚴先生即以讀書娛其母
上自經籍子史及大文宗乘百家之書古今人爵里姓氏世次年譜無不悉記

其於詩文乃益工甯都魏叔子兄弟治古文山中程村一見歎曰今乃有如是文乎逢人輒稱道海內知有三魏者實自程村始也著有遠志齋集椒峯名玉堪字賡明康熙六年進士官中書著學文堂集少有大志凡經世之書莫不講求精熟爲詩文下筆千言旬日閉動至盈尺每讀書至夜分兩眸欲合輒用艾灼臂其苦學如此

又儲先生欣字同人宜興人少孤率兩弟苦讀博通經史早歲負東南文望年六十始領康熙庚午鄉薦一試禮部不遇遂杜門著書及門多達者選唐宋十家文風行海內乾隆中　御選唐宋文醇蓋因其本而增益之也所著古文曰在陸草堂集從子在文字禮執康熙丁未進士官編修雄文字汜雲康熙辛丑進士皆以文名禮執尤工制舉業大文字大雅康熙辛丑舉會試第一官庶吉士精輿地形勢之學著存研樓文集言方輿要隘者居多皆同人弟子也

國朝先正事略卷三十八

國朝先正事略卷三十九

平江李元度次青纂

文苑

彭羨門先生事略 倪燦 汪霦 徐嘉炎 沈珩 沈筠 方象瑛 陳鴻績 邵遠平 李來泰

康熙十有七年　天子法古制取士　詔中外諸臣各舉博學之彥無論已仕未仕徵詣闕月給太倉祿米明年三月朔　召試太和殿發題賦序詩各一學士院散官紙光祿布席　賜宴體仁閣下　上親擢五十人皆入翰林而以羨門先生爲首選先生名孫遹彭姓字駿孫浙江海鹽人順治己亥進士由中書分校順天試至是以第一人授編修歷官吏部右侍郎兼掌院學士充經筵講官時修明史久未成　特命爲總裁　賜專勅異數也年七十致仕歸　御書松桂堂額　賜之遂以名其集先生少工詩與王漁洋尚書齊名時號彭王南昌重建滕王閣落成名流競賦詩推先生作爲冠嘗步遊蕭寺僧方製長明燈請爲賦先生諾之僧退煑茗以餉茗未熟而賦成其敏捷如此尤工詩餘

漁洋推爲近今詞人第一時兩浙耆宿與先生同舉詞科者自竹垞西河雅坪外有倪君燦字闇公上元籍錢塘人康熙丁巳舉人　召試授檢討汪君霦字朝采號東川平湖籍錢塘人康熙丙辰進士官行人　召試授編修官至戶部侍郎徐君嘉炎字勝力號華隱秀水人由監生授檢討在史館中著作多不與人同辛酉　王師收滇黔羣臣獻頌甚夥勝力獨倣鐃歌鼓吹曲自聖人出至文德舞止凡二十四章每章因事立名與繆襲韋昭何承天輩相上下乙丑元夕　上於南海子大放燈火使臣民縱觀羣臣皆有詩獨勝力作紅門花火記皆稱　旨官內閣學士有抱經齋集二十卷沈君珩字昭子海甯人康熙甲辰會試第一由中書　召試授編修假歸寓秀水之鴛湖時嘉興同知孫曰恕督修海船訪昭子於僧寺昭子引唐代轉運船場之利病見於眉山之論者以爲說孫大稱善後水師平海寇如掃落葉賴曰恕所部檣櫓之助居多用昭子言也所著有耿巖文選沈君筠字開平仁和人康熙己未進士以庶吉士　召試授編修閱三年卒學博行修未究其用方君象瑛字渭仁遂安人康熙丁未

進士候選中行評博　召試授編修癸亥典四川鄉試乞假歸自號金門大隱著健松齋集三十四卷陳君鴻績字子遜鄞人順治十四年舉人毛君芳升字允大號乳雪遂安拔貢生　召試皆授檢討乳雪著古獲齋集邵君遠平字戒三仁和人康熙甲辰進士選庶吉士官光祿少卿　召試授侍讀官少詹事兼侍講學士著有戒菴詩集

同時李君來泰字石臺江西臨川人順治壬辰進士乙未督學江南所拔皆知名士尋任蘇松常道歷官清愼能持大體以疾歸康熙己未　召試詞科授侍講古文奧博不肯一語猶人詩獨以平正通達稱著有石臺集祀江南名宦

尤西堂先生事略

馮勖　范必英　錢中諧　曹禾

長洲尤先生侗字同人更字展成別字悔菴晚自號艮齋以鄉貢除永平推官坐撻旗丁降調少嘗爲游戲之文順治戊戌王學士熙侍經筵　上偶談及學士以先生文對　上立索覽學士以鈔本進復索刻本　上覽竟親加批點歎爲眞才子者再因問出身履歷爲太息久之他日又摘集中討蚤檄示

學士曰此奇文也問有副本否對曰無遂　命內府購之坊間不得己亥先生
入都使者跡至旅邸攜一冊去裝潢進呈　上大喜亡何有以所著讀離騷
樂府獻者　上亦讀而善之令梨園子弟播之管絃以比清平調云徐公元
文及第　上知爲先生門人從幸南海子　上忽駐馬問爾師尤侗年幾
何以何事降調當補何官垂詢再三復語木陳禪師曰士多有高才不遇者如
徐元文之師尤侗最工文僅以鄉貢入仕旋罷官豈非命耶木陳因言君相能
造命　上曰朕意亦然蓋有意召用之矣　世祖升遐先生自傷數奇康
熙戊午　召試博學鴻儒　聖祖親擢五十人悉入翰林纂修明史先生授
檢討年最長入院以齒序四十九人皆坐其下留史局三年分撰志傳三百篇
嘗偕諸儒臣進平蜀詩文　上見其名曰此老名士先生刻二語於堂楹曰
真才子　章皇天語老名士　今上玉音觀者榮之子珍壬戌成進士選
庶常先生乃告歸家居以詩文縑素請者戶外屨恆滿時同縣汪編修居堯峯
以古文自矜見俗子譏文章者恆面斥之以是人多畏憚而樂先生之和易也

己卯　天子南巡先生獻　萬壽詩平朔頌　御書鶴栖堂三大字以　賜時年八十有二矣癸未　車駕復幸吳　賜御書一幅即家晉侍講明年六月卒年八十有七是歲朱檢討彝尊偕徐侍讀倬謁見　皇太子於行殿令旨賜坐謂曰老成易謝兹來又失一尤展成矣字而不名其見重如此所著西堂雜組艮齋雜記鶴栖堂文集百餘卷與先生同縣且同舉詞科者有馮勖苑必英等勖字勉曾父六皆遭耿逆之亂客死閩中勉曾以布衣　召試授檢討纂修明史即請假歸入閩尋父櫬時亂甫平白骨縱橫失其處勉曾伏地慟哭忽有老父告曰牆西有半寸釘者是也諦視題識宛然遂扶以歸必英字秋濤號伏菴順治甲午拔貢丁酉舉於鄉　召試授檢討分纂明史畢即謝病歸自號杜圻山人居鄉廉靜足不履公府築萬卷樓藏書二十四櫝皆手自校訂工詩古文詞好汲引後進弟子著錄者數百人又錢君中諧字宮聲吳縣人順治戊戌進士　召試授編修以詩古文鳴曹君禾字頌嘉江陰人康熙甲辰進士選鴻詞科官至祭酒與田綸霞宋牧仲汪季用顏修來王幼華謝千仞曹升六丁澹

汝葉井叔稱詩中十子

朱竹垞先生事略　嚴繩孫

康熙己未　詔開博學鴻詞科其時以布衣除檢討者凡四人富平李因篤天生無錫嚴繩孫蓀友吳江潘耒次耕而其一則秀水朱彝尊竹垞也未幾李君告養歸三布衣均預纂修明史越二年　上命添設日講官知起居注則三布衣悉與焉而竹垞先生爲之魁先生爲明太傅文恪公國祚曾孫本生父茂曙學者稱安度先生先生生有奇稟數歲時嘗見諸神物異怪狀不類人世及他人視之輒無有書過眼不遺一字年十七棄舉子業肆力於古學凡天下有字之書無弗披覽以飢驅走四方南踰嶺北出雲朔東泛滄海登之罘經甌越所至叢祠荒塚金石斷缺之文莫不搜剔考證與史傳參互同異其爲文章益奇既入詞館日與諸名宿掉鞅文壇時王漁洋工詩而疏於文汪苕文工文而疏於詩閻百詩毛西河工考證而詩文皆次乘獨先生兼有諸公之勝所爲文雅潔淵懿根柢盤深其題跋諸作實跨劉敞黃伯思樓鑰之上詩牢籠萬有與

漁洋並峙爲南北二大宗論者謂王才高而學足以副之朱學博而才足以運之皆篤論也在史局屢奏記總裁官言體例悉從其議預修一統志多所釐訂典試江南爲文矢於神杜請託入直南書房爲忌者所中鐫一級罷尋復原官引疾歸　聖祖南巡　御書研經博物四大字以賜家居十有九年藏書八萬卷著述不倦四十八年十月卒年八十有一先生少貧值歲凶日午無炊煙而書聲琅琅出戶外比鄰王氏有老僕訝之叩門餉以豆粥先生以奉父而忍飢讀自若嘗集里中高材生周篔繆泳王翃沈進李繩遠良年符等爲詩課家餘一布袍每會則付質庫其婦以紡績出之後會復然客遊南北必橐載十三經廿一史自隨孫侍郎承澤過先生寓見插架書語人曰吾見客長安者爭馳逐聲利其不廢著述者秀水朱十一人而已比　召試相國馮公溥得其文歎曰奇才奇才先生嘗謂孔門弟子申黨薛邦不當以疑似妄爲廢斥鄭康成功在箋疏不當以程敏政一言罷從祀王文成道德功業文章具三不朽不得指爲異學皆有功名教之言所著日下舊聞四十二卷經義考三百卷乾隆中

詔儒臣增輯　高宗賜詩題卷端又曝書亭文集八十卷明詩綜百卷瀛洲
道古錄五代史註禾錄各若干卷子昆田孫稻孫皆有集稻孫字稼翁舉乾隆
丙辰鴻博能世其家而其二布衣者次耕坐浮躁降調蓀友累遷中允以疾歸
蓀友當　召試日成省耕一詩賦序皆置不作文未盈卷爲　天子所特拔
尤異數云
蓀友名繩孫明刑部侍郎一鵬孫也六歲能作徑尺大字以詩古文擅名早棄
諸生舉制科力辭不獲既入史館分纂隱逸傳容與蘊藉蓋多自道其志行云
歸田後自號藕蕩漁人工書善繪事尤精畫鳳晚歲以詩文圖書請者槩不應
暇輒掃地焚香而已卒年八十著秋水集二十卷子泓曾亦工詩畫

陳其年先生事略　吳綺　章藻功

先生姓陳氏諱維崧字其年號迦陵江蘇宜興人祖于廷明進士官侍郎忤魏
忠賢削籍後起左都御史加太子少保以言事忤周延儒再削籍嘗從顧端文
講學東林直聲動天下東林推服之忌者因指爲黨魁父貞慧字定生少用文

學著聞最善金壇周禮部鑣貴池吳秀才應箕相與掀髯抵掌下上其議論其於國家治亂中朝士大夫賢不肖無不根極始末纚纚數千言可聽諸名士慕其氣節皆師事少保公而與定生相親愛延儒本其邑人適家居欲釋故憾交歡少保父子且爲定生致通顯定生固拒之隙益深會忠賢義兒阮大鋮久痼謀起用諸名士數其罪爲文檄之大鋮恨刻骨南都建號大鋮驟起用事將盡殺東林黨時少保前卒周禮部首被逮定生營救萬端乃倂捕定生及應箕應箕亡定生出詣獄下鎮撫司禍且不測而劉僑者愍皇帝時舊錦衣也以片紙付馮鎮撫謂此東林後人勿搒掠以是得稍稍解未幾江南亡大鋮走死定生得脫歸而禮部已先被殺定生既歸廬少保公墓左凡十二年不入城尋卒有子五先生其長也少奇穎過目成誦十歲代少保作楊忠烈像贊少保奇賞之諸名士皆折輩行與交時吳門雲閒常潤大興文會先生入座索筆賦詩數十韻立就或時用六朝俳體作記序頌刻千言鉅麗無與比咸驚歎以爲神先生少清臞冠而于思鬢浸淫及顴準士大夫號陳髯由是陳髯之名滿天下年三

十始出雅遊龔芝麓尚書愛重髯尤甚唱酬無虛日性倜蕩視錢帛如土每出
遊餽遺隨手盡垂橐而歸歸無資急命質衣物供用至無可質輒復遊率以爲
常先生以詩古文詞爲海內推重吳梅村有江左三鳳凰之目謂先生及吳江
吳漢槎雲間彭古晉也常自中州入都偕朱竹垞合刻所著曰朱陳村詞流傳
入禁中蒙　聖祖賜問客如臯主冒辟疆水繪園最久辟疆愛其才進聲伎
適其意嘗有日者謂之曰君年過五十當入翰林康熙己未　召試鴻詞科由
諸生授檢討纂修明史時年五十有四矣越四年卒於官易簀時吟斷句曰山
烏山花是故人振手作推敲勢而逝相傳爲譫卷山中聽經猿再世云所著湖
海樓詩文詞集共五十卷　國初以駢體名者推先生及吳園次其次則章豈
績然園次才稍弱豈績欲以新巧勝二家又遁爲別調譬諸明代之詩先生導
源庾信才力富健如李崆峒之學杜園次追步李義山如何大復之近中唐豈
績純用宋格則公安竟陵之流亞也先生嘗曰吾胸中尚有駢體文千篇特未
暇寫出耳汪堯峯曰唐以前不敢知自開寶後七百年無此等作矣堯峯固少

許可者也園次名綺號聽翁江都人貢生薦授中書舍人奉　詔譜椒山樂府遷武選司員外郎蓋卽以椒山原官官之寵異至矣出守湖州多惠政廉得大猾所在單舸擒而殲之歡聲動地凌忠節公未葬爲捐俸卜地葬焉湖人稱爲三風太守謂多風力尙風節饒風雅也以失上官意罷歸貧無田宅購廢圃以居凡索詩文者多以花木竹石爲潤筆資不數月成林因名種字林性好客與諸名宿結春江花月社詩才富豔瓣香在玉溪樊川閒詩餘亦工所著曰林蕙堂集又有宋金元詩選及嶺南風物記豈績名藻功浙江錢塘人康熙癸未進士官庶吉士有思綺堂集

李天生先生事略

先生名因篤字子德號天生陝西富平人明季爲諸生見天下大亂走塞上訪求奇傑士與殺賊報國無應者歸而鍵戶讀經史貫穿注疏負重名與盩厔李中孚友善崑山顧亭林至關中常主其家甲申乙酉閒與亭林冒鋒刃閒關至燕京兩謁莊烈帝攢宮康熙己未薦博學鴻詞以母老辭秉鈞者聞其名必欲

致之大吏承風旨縣官敦促先生將固拒母勸之行始涕泣就道試授檢討甫就職以母老且病具疏乞終養格於通政司先生自齎疏跪午門外三日遂得俞旨許歸養疏曰竊惟幼學而壯行者人臣之盛節辭榮而乞養者人子之苦心故求賢雖有國之經而教孝實人倫之本伏蒙　皇上勅諭內外諸臣保舉學行兼優之人內閣學士項景襄李天馥大理寺少卿張雲翼等旁采虛聲先後以臣因篤姓名聯塵薦牘獲奉　諭旨吏部遵行陝西督撫促臣應詔赴京臣母年逾七旬屬歲多病又緣避寇墜馬左股撞傷晝夜呻吟久成廢疾困頓床褥輾轉需人臣祇一弟因材從幼出繼臣叔分奉小宗之祀臣年四十有九兒女並無母子煢煢相依爲命躬親扶持跬步難離隨經具辭次第移咨吏部吏部謂咨內三人其中稱親援病恐有推諉一概駁回竊思己病或可僞言親老豈容假借臣雖至愚不肖詎忍藉口所生指爲推諉之端痛思臣母遲暮之年不幸身膺殘疾臣若貪承　恩詔背母遠行必至倚門倚閭夙病增劇況衰齡七十久困扶床輦路三千難通適嚮指一旦禱北辰而已遠迴西景以

無期萬一有人子所不忍言者則毛義之捧檄不逮其親溫嶠之絕裾自忘其母風木之怨何及缾罍之恥奚償卽臣永爲名教罪人虧子職而負 朝廷非臣愚之所敢出也 皇上方敬事 兩宮聿隆孝治細如草木咸被矜容自能宏錫類之仁推之士庶寧忍孑然母子飲泣向隅奪其烏鳥私情置之仕途蓋閣臣去臣最遠故以虛譽採臣而不知臣之有老母也臣雲翼與臣皆秦人雖所居里閈非遠知臣有老母而不知其既病且衰委頓支離至於此極也卽部臣推諉之語概指臣等三人而言非謂臣必舍其親而不之顧也且臣雖譾陋而同時薦臣者皆 朝廷大臣其於君親出處之義聞之熟矣如臣獵名違母則其始進已乖不惟瀆斁天倫無顏以對 皇上而循陔負疚躁進貽譏則於薦臣諸臣亦爲有靦面目去歲臺司郡邑絡繹遣人催臣長行急若風火臣趨朝之限雖迫於戴星而問寢之私倍懸於愛日然呼天莫應號泣就途志緒荒迷如墮雲霧低頭轉瞬輒見臣母在前寢食俱忘肝腸並裂其不可瀆官常而干祿位也明矣況 皇上至聖至仁以堯舜之道治天下敦倫厚俗

遠邁前朝而臣甘違離老親致傷風化有臣如此安所用之乃臣自抵都以來屢次具呈具疏　九重嚴邃情壅　上聞隨於三月初一日扶病考試蒙
皇上拔之前列奉　旨授臣翰林院檢討與臣同官纂修明史聞　命悚惶忝竊非分臣衡茅下士受　皇上特達之知　天恩深重何忍言歸但臣於去秋入京奄更十月數接家信云臣母自臣遠離膝下哀痛彌侵晝夜思臣流涕無已雙目昏眊垂至失明臣仰圖報君俯思諗母欲留不可欲去未能瞻望
闕廷進退維谷乃於五月二十一日具呈吏部未蒙代題臣孺切下情惟有哀祈　君父查見行事例凡在京官員家無次丁聽其終養臣身爲獨子與例正符伏願　皇上特沛恩慈許臣遄歸養母叨沐　聖澤以終天年臣母殘病餘生統由再造臣母子銜環鏤骨永矢畢生而報國方長策名有日益圖力酬知遇務展涓埃矣論者謂　本朝兩大文章葉忠節公映榴絕命疏及先生陳情表皆令讀者油然生忠孝之心焉先生予告後奉母家居晨夕不離後遂不復出著有壽祺堂集其學以朱子爲宗時李中孚提唱良知晚年移家富平與

先生過從最密然各尊所聞不爲同異之說性樸直博學能彊記初入都南人多易之一日宴集論杜詩先生應口誦或曰偶然耳詰其他輒舉全部無所遺時阮亭堯峯主盟壇坫先生與抗禮蕭山毛大可亦李閣學所薦也北面稱弟子先生獨序齒稱之曰兄與大可論古韻不合大可強辯先生氣憤塡膺不能答遂拔劍斫之大可駭走時傳以爲快顧亭林是先生而非大可亭林著音學五書先生與討論所著詩說亭林稱之曰毛鄭有嗣音矣其春秋說堯峯亦心折焉亭林在山左被誣陷先生走三千里入都泣訴當事脫其難

汪舟次先生事略　汪懋麟

汪先生楫字舟次江蘇江都人歲貢生署贛榆訓導康熙己未開詞科　召試中第授檢討與修明史言於總裁官先仿李燾長編凡詔諭奏議邸報彙輯之由是史材皆備二十二年充冊封琉球正使　賜一品服臨發條奏七事其一謂　本朝文教誕敷方　頒御書於封疆大吏宜併及海外屬國　聖祖允其請齎　宸翰以往比至宣　上威德國王及臣民咸大悅服瀕行例有餽遺

槪卻不受國人建卻金亭志之歸撰使琉球錄詳載禮儀暨山川景物又因
諭祭故王入其廟默識所立主兼得琉球世纘圖參以明代事實爲中山沿革
志二卷又奏言琉球子弟願入國學　上允之久之出知河南府治績爲中
州最嘗置學田於嵩陽書院聘少詹事耿公介主講席士風丕變擢福建按察
使還布政使居五年民戴其惠　內召入京途次得疾卒性伉直意氣偉然能
力學所作以古爲宗以清泠峭蒨爲致見者比之嶄新花藥尤工書得楊少師
米海嶽之神著有悔齋詩文集觀海集時江都汪君懋麟詩名亦著與先生同
舉鴻詞科值居憂不與試懋麟字季甪號蛟門康熙六年進士授內閣中書楚
人朱方旦恃邪法傾動公卿蛟門著辨道論力詆其妄後再論薦以刑部主事
入史館充纂修官一日禁中出宮箋百番命羣臣書擇其尤得二十四幅供
御屏用蛟門與焉所撰述最多吏才尤通敏城南武某以車一馬一販米於南
花園宿董之貴家之貴利其貲殺之以車載尸鞭馬曳之他去武父得尸於道
得車馬於劉氏之門訟諸官謂劉殺其子蛟門曰殺人而置其車馬於門非理

也乃微行縱其馬至之貴門跳躍悲鳴衝戶入即令收之貴一訊而伏時驚以爲神無何坐事罷歸鍵關謝賓客晝治經夜讀史日有程課銳意成一家言歸三年遽卒彌留時命洗硯磨墨烹佳茗以進自言香沁心骨口占二絕大笑呼奇絕而逝性孝友敦内行文品峭刻摹介甫詩法韓蘇時出新意在都門與德州田山薑商邱宋牧仲等相唱和號十子受業王阮亭門而才氣縱橫視阮亭爲別格有百尺梧桐閣集二十卷

李漁村先生事略 龐塏 米漢雯 袁佑 崔如岳

李先生澄中字渭清別字漁村山東諸城人生時父夢李攀龍入室少與劉子羽稱石交子羽見薛臣七子圖謂貌似于鱗先生亦嘗夢人授文一卷曰此汝作也醒憶之乃于鱗華山記也幼與羣兒戲輒坐忘其胸中時時見太古深山二境移時乃如故既長工詩與青州楊笠雲吳江洪去蕪相唱和康熙己未以拔貢　召試既至京擁書臥僧舍不謁朝貴授檢討與修明史嘗　召赴瀛臺泛舟賦白蓮詩稱　旨賜予稠疊相國真定梁公奇其才屬爲文操紙千言立

就粱公歎曰真靑蓮也庚午典雲南試或以多金遺馬首先生叱去之曰敢以此污我耶有李約山者自滇南學使幕歸與朱竹垞論滇中人材列所取知名士二十有二人署壁閒占先生取舍既試錄至其不與者裁三人耳竹垞臨風酹酒南向爲君得人壽累遷侍讀請告歸足跡不入公門遇事關民瘼乃侃侃直陳一以興利除害爲念卹其孀嫂孤姪爲外曾祖邱簡肅公立後置祭田坐是家益困茅屋數椽僅蔽風雨恬如也在史館十三年與龐公塏交最篤詩文格往往互似所著臥象山房集顧不類滄溟

塏字霽公號雲崖直隸任邱人康熙乙卯舉人七歲時父中蜚語被逮母每夕禱天隨泣拜不輟己未試鴻博授檢討時有明都御史某裔孫夜懷金求勿入魏黨傳力拒之未幾改內閣中書遷工部主事再晉郎中出守建甯府會浦城令以嚴苛激變邑人乘夜焚冊局殺冊書罷市君聞之曰緩則變成矣遂兼程赴浦立召紳士集明倫堂數浦令罪諭士民無得生亂查倉庫及未焚餘冊變遂定時制府惡民俗刁悍欲借浦城示威而浦令仇邑紳以結黨爲辭相傾陷

君曰彼令實甚吾可殺人媚人耶坐重辟一人流二人浦人立書院祀之九仙山後告歸兩親猶健在閉戶讀書其爲詩主於平正沖澹不求文飾有叢碧山房集

又米君漢雯字紫來宛平人明太僕少卿萬鍾孫順治辛丑進士歷知長葛建昌二縣康熙己未　召試授編修典試雲南遷中允好學工詩兼善小令書畫承其家法時呼爲小米家蓄古硯太僕物也嘗渡江沈於水遣沒人求之弗得將解纜忽紅霞起水面光燭天舟人索之硯隨手出焉

袁佑字杜少號霽軒東明人少警敏下筆數千言以拔貢授中書舉詞科擢編修乞養歸闢小園奉母母疾革籲天乞減算益母壽竟愈年九十二乃終居喪盡禮服除終不食肉後還中允典試浙江稱得士著有詩文集及詩禮疑義左史後議老子別注離騷荀揚文中子補注莊子注論杜詩注駁數十卷

崔如岳字岱齋一字青峙獲鹿人康熙己卯舉人己未　召試授檢討詩古體蒼堅英拔絕句神似龍標嘉州著有坐嘯軒集

喬石林先生事略　邱象隨　李鎧　張鴻烈　鄧漢儀　吳嘉紀

喬先生萊字子靜號石林江蘇寶應人康熙六年進士授中書分校順天試乞養歸十七年　召試詞科授編修與修明史典廣西鄉試　上再試詞臣賞其文曰喬萊學問優長文章古雅遂遷左中允晉侍講轉侍讀充日講官知起居注　國朝漕運沿明制自淮入河以達會通河旣失故道從安東入海淸口日淤淮泗泛濫由洪澤以南諸河下注而治河使者又開減水壩洩之淮揚七州縣蕩析離居　天子覽臺臣奏濬海口以瀉積水遣使者相度還報可乃出帑金　命按察使于成龍董其役而河督靳輔上言海口高於雲梯關五尺疏海口則引潮內侵大不便因請築堤束水使高置二閘於邵伯鎮南高郵州城外泄洪澤盱眙天長之水俾入堤自車邏鎮築橫堤一道抵高郵自州城東築大堤二歷興化白駒場至海口東所洩之水入海計需銀二百七十八萬有奇請先給帑而徐取償於田畝子粒綱鹽又請設官二百七十餘員擇才能者任之疏入　詔下廷臣議多是河臣言適先生入直閣臣奏事畢　上顧問

先生以濬海口事宜先生直前奏河臣言非是　上悅曰此爾一人意見耶對曰淮揚人所見皆與臣同翼日與給事中劉國黻等十人合疏言河臣議有四不可行海口原有故道第令塞者通之淺者濬之俾積水得趨海斯已耳河臣議開大河築長堤堤在內地者高丈六尺河寬百五十丈近海者堤高一丈河寬百八十丈勢必毀村落壞廬舍掘冢墓慘有不忍言者不可行一河臣之議先築圍埂用桔槔汲去埂內之水取土築堤不知臣鄉地卑原無乾土況積潦已久一旦取土積水中投諸深淵工安得成雖成且易壞不可行二河臣欲以丈六之堤束水一丈是堤高於民閒廬舍多矣伏秋風雨驟至勢必潰潰而南則邵伯以南皆爲魚鼈潰而北則高郵以北靡有孑遺卽當未潰之時瀦水於屋廬之上豈能安枕而臥乎不可行三至七州縣之田向沒於水今東河使高田中之水豈能倒流入河不能入河卽不能歸海淹沒之田何由復出不可行四議上　聖祖是其言議遂寢大學士梁公清標方長戸部歎曰江淮閒可謂有人矣然河臣議實執政主之先生以是叢忌嫉未幾坐喜事罷歸歸治

廢圃曰縱棹園壘石疏池刺小船往來讀易其中著易俟二十卷縣志二十卷詩文集十六卷先生家居孝弟謹事師友疏於財好周人急後進有一善誦之不去口其初建議也于公頗德之及出領河務恆以地方利弊相諮詢先生直言無隱終不干以私卒年五十有三同時江淮閒與先生同舉詞科者曰邱君象隨李君鎧張君鴻烈皆山陽人鎧傳別見

象隨字季貞號西軒順治乙未進士與兄象升齊名號二邱以拔貢生 召試授檢討遷洗馬性孝友以積俸建宗祠置義田有西山紀年集象升字曙戒順治十二年進士官大理寺丞有白雲草堂諸集鴻烈字毅文由廩生試授檢討康熙二十三年黃河漲發淮水倒灌淮南七州縣受害御史李時謙奏請疏浚淮揚下河以救七邑之民適 聖祖南巡發帑遣官督治毅文上疏言淮揚水患關係運道民生淮安以南則山陽鹽城高郵寶應興化泰州江都七屬受害淮安以北則清河桃源宿遷邳州睢甯沭陽安東海州八屬受害臺臣止知淮南七屬之害而不知淮北八屬之害其苦一也止知七屬之民田昔受決口

之水今受滾壩之水而不知八屬之民田在黃河岸以內者其苦尤甚也臣世籍淮南何忍不爲八屬生靈再請命於聖主之前乎得旨命河臣確勘議覆穀文工詩詞短章秀卓其絕句從樂府得來風韻尤絕同時有鄧漢儀者字孝威泰州人也己未召試以年老授官正字歸孝威與國初諸老游洽聞廣見所選詩觀凡四集投贈稱盛其度梅嶺詩爲漁洋尚書所激賞又吳君嘉紀字賓賢號野人亦泰州布衣居安豐場瀕於海苦吟無知者周櫟園侍郞盛稱之由是陋軒之名與諸家埒漁洋亦絕重之所著曰陋軒集

國朝先正事略卷三十九

國朝先正事略卷四十

平江李元度次青纂

文苑

陸雅坪先生事略 兄子奎勳

陸先生棻字次友號雅坪浙江平湖人原名世枋幼時值　大兵南下收平湖父被執先生奔赴求代將軍馬某指扇上詩示之曰兒能誦此即救爾父先生朗誦曰收兵四解降王縛教子三登上將臺此宋人贈曹武惠王詩也將軍不殺人即今之武惠矣將軍喜立釋其父挾與俱北欲子之將爲議婚以先問名於楊辭尋歸遂補諸生入國學試授中書康熙六年成進士官內秘書院典籍十八年舉鴻詞科中選授編修分纂明史遷贊善二十九年典福建試得士稱盛尋直南書房嘗　召至乾清宮暖閣出五臺山金蓮花限韻賦詩立就蒙優獎三十三年試翰詹諸臣於豐澤園　上親拔第一　諭曰連次詩文無出汝右者一歲七遷歷講讀庶子至內閣學士總管諸書局嘗在閣一日批紅

本七十有奇長至奏句決本請出矜疑二十餘人未幾告歸性簡易尤篤孝友
伯兄南雄守世楷先卒撫孤姪如子族黨有寄金者沒遠徼其子歸還之封識
如故年七十卒所著雅坪文集十卷詩集四十卷詞譜三卷兄子奎勳字聚侯
號星坡世楷子也康熙六十年進士選庶吉士授檢討修明史撰擬 制詔多
稱 旨以疾乞休主廣西秀峯書院剏立學規仿朱子白鹿洞遺法成就甚衆
平生淡榮利不爲蘄岸峻絕之行而秉持不貳薄田未足供飦粥無戚戚容惟
一意說經嘗言六經注我而後可以我注六經且合六經以注一經著有陸堂
易學十卷得力在序卦一篇足該全易而以坤以藏之章爲歸藏象帝出乎震
章爲連山象又言商之歸藏本於神農夏之連山本於黃帝人知畫卦重卦皆
由伏羲不知黃帝始立蓍數及乾坤八卦之名至屯蒙諸卦名則堯舜始增序
卦之錯綜則文王始定也詩學十二卷不取正變之說不特楚茨十詩斷爲成
康盛世之音凡斯干無羊考室考牧均歸正雅淇澳楚邱緇衣蟋蟀均歸正風
譏鄭氏詩譜時代舛錯不倫歐公強爲釐正猶多牽合周召二南以地不以人

王風乃時爲之非有意於貶其持論與明何楷詩世本古義相近且以爲不宗孔孟之傳第守毛鄭之學極詩之用不過三百而止是以有魯詩補亡之作今文尚書說三卷參蔡傳之疑闕所解惟伏生二十八篇而古文則置之用元吳澄書纂言例也戴禮緒言四卷能糾正漢人穿鑿附會之失春秋義存錄十二卷凡經傳子緯所載孔子之言盡援爲義力辨春秋非以一字褒貶能掃公穀拘例之失與宋儒深刻之論其疑胡傳而信左氏亦足破以經解經之空談詩文自弱冠撰述已富後乃以餘事爲之有文集二十卷詩二十四卷

杜紫綸先生事略 潘高 許廷鑅 李果 盛錦 翁照 黃之雋

杜先生詔字紫綸江蘇無錫人康熙二十一年進士官庶吉士著有雲川閣集先生以詩受知於　聖祖會試下第　特賜進士入詞館士林榮之逾年告養歸遂不復出晚與高僧結九龍三逸社有廬山東林之風嘗選唐詩叩彈集行世皆中晚名作故生平得力亦在大歷以下也當是時吳中詩人最著者曰潘南村許子遜李客山盛青嶁翁朗夫南村名高字孟升金壇人其詩古淡生

新絕去雕飾而自然合度陳其年嘗寫其詩寄漁洋尚書盛稱之遂名於時金陵詩社賦秦淮曉渡詩諸名流咸集南村曰我年老才盡止絕句二十字衆皆斂手甚有袖詩不出者所著曰南村集許子遜名廷鑅長洲人康熙庚子舉人官武平知縣少英敏精刀槊徧遊四方交海內知名士在官有善政去後人益歌思之詩嚴於唐宋之界五言律七言絕句尤工高文良公每對客誦子遜佳句文良有作與子遜商榷必盡言無隱藝林兩賢之著有竹素園集李客山名果長洲布衣著有石閭集陳恪勤公之鎭京口也客山投詩造謁公遂與定交後大理李君欲任以鹽筴力卻之李君被罪諸任事者皆罹禍客山超然人服其有識詩格蒼老有一二字未安屢改不倦晚年文譽靄鬱過吳門者爭識其面幾以魯靈光目之盛青嶁名錦字廷堅吳縣諸生著青嶁詩鈔詩從大歷以下入手風格漸高至入蜀集沈雄頓挫直摩漁洋之壘以上窺少陵客京師王公以下多折節下之不耐冗雜歸沈歸愚歸田後時引爲同調翁朗夫名照江陰人國子生著有賜書堂詩文集朗夫有謙癖雖僕隸下人不衣冠不見事

上接下必以誠愨文恭高文定兩相國先後以鴻博經學薦皆不遇晚與歸愚相約耦耕結廬有日矣未幾卒友生爲位哭多失聲者詩識力俱高有虞伯生老吏斷獄之目

同時黃先生之雋字石牧華亭人康熙辛丑進士官編修著有唐堂集雲閒詩自陳黃門振興後俱能不入歧趨自盧文子後又日就衰頹鮮所宗法矣唐堂學殖富而才力又足驅使之故能自開生面仍不失正軌時推爲詩學中興

湯西涯先生事略 嚴沆 徐倬 李鄴嗣 汪文柏 沈用濟 方綮如

湯先生右曾字西涯浙江仁和人康熙二十七年進士性伉直以文學重於時與方望溪李穆堂諸公善由編修累官吏部侍郎兼掌院學士先生在諫垣所條議甚衆而豫荒政釐邊儲緩燬鑄糾督撫監司養姦蠹民其語尤著薦紳閒丙子典試貴州丙戌分校禮部試皆廉公號得人視學中州杜苞苴請託絲毫不取之官中及貳吏部侃侃持正議忌者齕之 上最重其文學嘗索近詩以所作文光果七言律進 御製詩賜之目爲詩公聞者驚羨著有懷清堂集

浙中詩派前推竹垞後推西涯竹垞學博故能變化西涯才大故能恢張後有作者莫能越兩家之外也兩浙詩人其年輩科目前於先生者有嚴子餐徐方虎李杲堂後於先生者有汪季青沈方舟皆越中魁宿云子餐名沆餘姚人順治乙未進士官至戶部侍郎生平斂抑沖退雖踐九列不殊寒素有譏彈其詩者應時改定遠近稱爲德人方虎名倬德清人康熙癸丑進士官侍讀後家居

特旨加禮部侍郎異數也著有蕢村集杲堂姓李氏名鄴嗣鄞人明諸生入

國朝棄巾服日以著書爲務所著續世說中寓筆削予奪鄞人多師事之甬東詩社延杲堂定甲乙糊名易書一聯之賞遠近喧傳榮於九錫詩品刊落凡庸不肯一語猶人蓋浙人中獨開生面者汪季青名文柏桐鄉人官指揮使著有柯亭餘唱朱竹垞序其詩謂匪僅開宋元之奧窔直造唐人之室而嚌其胾其推挹至此沈方舟名用濟錢塘人國子生母柴氏名靜儀著有凝香室詩鈔得性情風雅之正方舟秉母訓少以詩鳴足跡半天下至廣南與屈翁山梁藥亭定交所詣益進歷遊關塞客右北平最久詩皆燕趙聲入京師見重安世子

紅蘭主人名大著輦下一時名流幾莫與抗行然以詩質同人有一字一句未安輒從改削所繇完善無罅漏也著有方舟集

又方先生棨如字文輈浙東淳安人也邃於經學工古文於制舉藝尤獨闢畦町康熙乙未進士官知縣被議歸雍正八年議開博學鴻詞科方侍郎苞疏薦先生及南昌龔孝水纓歙縣佘西麓華瑞嘉善柯南陔煜衆以爲宜有謂先生挂吏議例不得與其三人皆就鼇徵之必不能至至亦不能入試者侍郎曰雖然使士知實至而名附無求而志自通於風教亦小補焉及檄下南陔已疾亟孝水病不能行至者惟西麓既報罷執政欲用爲太學六館師兼纂一統志西麓以老辭而先生卒格於部議不入試所著曰集虛齋集

姜西溟先生事略 嚴虞惇

姜先生宸英字西溟一字湛園浙江慈谿人少工詩古文辭精書法爲諸生名澈九重　聖祖嘗謂侍臣曰聞江南有三布衣尚未仕耶三布衣者秀水朱彝尊無錫嚴繩孫及先生也又嘗呼先生之字曰姜西溟古文當今作者會

徵博學鴻儒掌院學士葉公方藹韓公菼約聯名薦適葉公以宣召入禁中浹月既出無及矣於是兩布衣皆入翰林先生不豫尋以薦纂修明史食七品俸仍許與試主試者爭欲得先生顧先生性疏縱醉後違科場式累被斥又嘗於謝表中用點竄堯典舜典語受卷官疑所出先生曰義山詩未讀耶受卷官怒竟擯之翁尚書叔元故人也雅重先生嘗曰吾名不見子集中是吾恨也及尚書官祭酒時余國柱方排睢州湯文正公尚書受指使劾睢州僞學遂擢少詹以睢州故兼詹事也先生發憤爲文謂古者輔教太子有太傅少傅之官太傅審父子君臣之道以示之少傅奉太子以觀太傅之德行而審諭之今詹事有正貳即古太傅少傅之遺也翁君貳詹事其正實睢州湯公公治身當官立朝斬然有法度吾知翁君必能審諭湯公之德行以導太子矣尚書見之憮然曰某知罪矣然願子勿出也越日先生刊布之徧傳輦下尚書恨次骨始睢州典試浙中歎息語同事暗中摸索勿誤失姜君竟弗得自後每榜發無不以失先生爲恨者相國明珠長子性德甚才從先生學頗欲援以登朝相有幸僕曰安

三勢傾京外先生不少假借性德乘閒言曰家君遇先生厚然卒不得大有所助某以父子之親亦不能爲力者蓋有人焉願先生少假顏色則立諧先生大怒擲杯起絶弗與通於是時相子百計請罪先生始終執禮而安三知之恨甚時相遂與尚書比而尼先生徐尚書乾學能進退天下士平生故人並退就弟子列獨先生與爲兄弟稱健菴罷官歸猶領一統志先生豫志事相從南歸於是構健菴者亦惡先生以故連蹇不得志康熙丁丑年七十矣試禮部卷復違格主者慕其名爲更正之成進士及廷對 上問進呈十卷中有浙人姜宸英乎韓公菼審公書蹟奏曰第八卷當是 上曰宸英績學能文至老不倦可置一甲爲天下讀書人勸遂以第三人賜及第授編修己卯副修撰李蟠典順天鄉試比揭榜爲御史鹿佑所糾蟠遣戍先生以目昏不能視爲同官所欺牽連下吏舉朝知其無罪未置對遽病卒王尚書士禎曰某在西曹使湛園以非罪死獄中愧死矣先生論文以爲周秦之際莫衰於左傳莫盛於國策聞者頗駭之先生年長方望溪以倍見望溪文歎曰吾輩當讓此人出一頭地遂不

介而過望溪屬討論其文且曰吾自度尙有不止於是者以困於科舉業不能盡其才又嘗言吾老矣後會不可期吾自少嘗恐爲文苑傳中人而蹉跎至今子他日志吾墓可錄者獨數事耳卽論常熟及拒時相子語也先生文雅健有北宋人意甯都魏叔子謂朝宗肆而不醇堯峯醇而不肆先生在醇肆之閒時韙其論詩宗浣花而參之玉局以盡其變書法鍾王入神品著有江防總論海防總論各一卷葦閒詩集十卷湛園未定稿八卷札記二卷丁丑榜一甲第二人爲嚴君虞惇亦以文學著稱

虞惇字寶成號與菴江蘇常熟人九經三史幼卽成誦旣及第授編修館閣應奉文字多出其手己卯科場獄與寶成子姪皆中選而西溟及蟠皆其同年友用是罣吏議鐫秩歸尋起大理寺副通倉盜米案有以私怨入人罪者寶成持不可乃已俄有內務府殺人移獄事寶成先上書本寺卿歷指疑狀復出不意執其人訊之吐實讞始定累遷太僕少卿典試楚蜀皆稱得人卒於位著讀書質疑三十一卷附錄十五卷爲文陶鑄羣言與歐曾爲近江南人士刻其集以

繼震川蓋本同郡而震川官止太僕名位又相埒云

查初白先生事略 查昇 查嗣瑮

先生初名嗣璉字夏重後更名愼行字悔餘晚號初白浙江海甯人性穎異五歲能詩十歲作武侯論同里范驤稱爲曠世才既長游梨洲先生門所學益進深於經術邃於易於書無所不窺而生平癖好尤在詩及山水朋友其於進取榮利之途泊如也少受詩法於錢田閒爲諸生從黔撫楊公雍建出入牂牁夜郎及齊魯燕趙梁宋閒又嘗渡彭蠡過洞庭登匡廬五老峯探武夷九曲尋無諸尉佗遺蹟其詩益富而奇康熙癸酉舉順天鄉試以相國張公玉書李公光地先後奏薦壬午 特召直南書房癸未成進士尋授編修比歲 西巡賡歌載筆凡幽阻之區甌脫之境爲從古詩人所未歷者盪胸駴目悉於五七言發之每奏一篇 聖祖輒動容稱善 駕幸南海子捕魚 命羣臣賦詩先生詩有云笠簷簑袂平生夢臣本煙波一釣徒詞意稱 旨忽內侍宣召煙波釣徒查翰林蓋同時有聲山學士故以詩別之與唐韓翃春城無處不飛花可同

作玉堂佳話也顧常懷引退志供奉七年即告歸家居二十餘年嘯歌自適弟嗣庭官侍郎坐訕謗伏法盡室赴詔獄　世廟知先生端謹無他尋放歸著敬業堂集五十卷梨洲先生嘗以比陸放翁卒年七十有八所著別有周易玩辭集解十二卷及經史正譌江南通志皆行世聲山學士名昇字仲韋康熙戊辰進士官少詹事書法得董文敏之神入直南書房　聖祖屢稱賞之時中貴人有氣燄者昕夕銜　命至君接之無加禮人服其品著有澹遠堂集嗣瑮字德尹亦初白弟也康熙庚辰進士官侍講著有查浦詩鈔

汪武曹先生事略

吳廷楨　張大受　顧嗣立　黃越　王步青　俞長城

汪先生份字武曹江蘇長洲人年十四隨大父希汲任沂州牧大父以官逋繫獄先生侍側讀書連日夜不輟獄吏奇之為文辭氣雄邁康熙四十二年癸未成進士選庶吉士以繼母憂歸築室城東隅家居近十年癸巳授編修甲午典廣東鄉試辛丑冬　命督雲南學政未之官卒年六十有七當丁卯戊辰闈吳中以文學知名者先生與常熟陶子師同邑何屺瞻稱最皆與桐城方望溪遊

時崑山徐司寇常熟翁司成方收召後進其所善名稱立起舉甲乙科若操券然三君皆吳人素遊其門而自矜重不求親暱子師成進士名冠其曹不與館選先生及屺瞻屢躓於舉場天下士益以此重之其後屺瞻交絕於兩家子師與翁亦忤惟先生無違言先生氣和而性伉直遊太學時嘗與益都趙秋谷會廣坐中趙年少負才名傲睨一世坐人或爲所陵不能堪君忽憤發面數其失趙雖交訌而氣爲之奪望溪初至京師見時輩言古文多稱錢牧齋嘗私語先生牧齋文穢惡藏於骨髓一如其人有或效之終不可滌濯子師屺瞻皆不謂然先生亦訝之既老乃曰今而知望溪非過言也所訂四書大全唐宋八家文明以來時文皆行世著有端喜齋集晚歲辨春秋書爵非褒書人非貶爲書三卷義多先儒所未發弟鈞字右衡壬午舉人士鉉字文升工詩古文兼書法丁丑會試第一官至右中允從弟倓字安公弱冠文名藉甚辛未進士官編修同縣負文名者曰吳山掄張日容顧俠君而上元黃際飛尤與先生善吳山掄名廷楨夙慧工文宋牧仲選其詩入江左十五子中康熙丙子舉順天

鄉試以寄籍黜己卯　聖祖南巡獻迎鑾詩　上稱善　命登　御舟賦詩　賜復舉人有　旨召入南薰殿癸未成進士累官左諭德戊子典試江西李穆堂實領解額壽纂修佩文韻府月令輯要教習庶吉士以勞卒官著有南村集

張日容名大受父慶孫順治甲午舉人治精舍匠門溪上聚徒說經學者稱履素先生日容弱冠即能文韓慕廬極稱之康熙庚午鄉薦闈牘海內傳誦喜汲引後進四方造門請業者無虛日有負之者弗與較且若弗知也己丑成進士官檢討督學貴州卒於官著有匠門集

俠君名嗣立姓顧氏康熙壬辰進士選庶吉士改中書以疾歸博學有才名尤工詩闢秀野草堂集四方知名士觴詠其中輕財好施與家日貧而風流文雅照映一時家有古酒器三大者受十三斤餘遞殺秀野署門曰凡酒客過門請與三雅詰朝相見決雌雄蓋終其身無與抗者時目爲酒帝嘗箋註溫飛卿韓昌黎詩又有元詩選網羅浩博一一採自本書可謂一朝巨觀矣所自著曰秀

野集閭邱集
際飛黄姓名越未入庠庠即爲學使者所知名稱壓其長老康熙己丑成進士
官編修居京師與方望溪汪武曹友以古誼相切劘逾年告歸閉特室潛心宋
五子書而以餘力評選制舉文盛行於時自　國初排纂四書義疏紬繹先儒
之緒論爲世所宗者稼書屺瞻武曹外際飛其一也繼之者金壇王罕皆而已
罕皆名步青一字已山雍正癸卯進士官編修
又俞君長城字桐川浙江桐鄉人康熙壬辰進士官編修工古文論古尤有識
四書文獨闢畦町嘗選制藝百二十家始王荆公迄　國初諸老每家各爲小
序允爲大觀

周青士先生事略王翃　范路　朱一是　沈進　李麟友　李良年

周先生篔字青士一字篔谷居嘉興梅會里少孤喪祭盡禮以孝稱遭亂棄舉
子業受廛賣米有括故家遺書鬻於市者買得一船積樓下每日中交易算筥
斗斛權衡堆滿肆撥亂書讀之糠粃中有郡丞行署與先生鄰先生吟誦達旦

丞不能躲恚甚遣吏句攝將挾之有士夫解而免其爲詩超儁拔俗不襲前人
一語時同里王翃范路路弟子繆泳交賞君詩會朱竹垞移居市南而海甯朱
一是亦至里諸生沈進布衣李麟友皆與先生相唱和先生奉母孝膳必具酒
肉人有匱乏傾囊給之戴某鬻女於巨室及笄將以配傔僕君亟贖以金擇壻
嫁之采石估載米八百斛得直千金貯君笥估獨往硤石中道溺死君具棺殮
手書呼其子至還之歲潦率私錢散米以食餓者性好施生計日漸窘遂浪遊
不復問家人產嘗歲除泊舟亭皋山訪僧靈章遂入西湖又嘗元日攜子旼至
武康銅井山轉入徑山時已昏暮踏雪走二十里與旼相失遙見林莽中燈修
修就之則僧墨浪所居也僧曰山多虎居士遠來得不心動乎君曰吾行不失
道心一動則飽虎口矣僧方煨芋魁因留君圍爐話清靜理尋陟山巔徧歷七
十二精舍還又嘗獨行魏塘附船入三泖就九峯訪故人比及泖則已暝船人
促之登岸投僧廬拒之先生周步琉璃燈下覩壁閒所鋟詩牋有己作指示寺
僧曰吾詩人非賊也乃炊飯止君宿詰旦自泖達九峯抵華亭訪高士吳騏王

光承之居兼旬乃返客京師未嘗投貴人一刺朝士願納交者非先焉不往徐
健菴尚書好延攬海內士徐秀才善主其家先生嘗就善同臥起尙書欲見之
終不可得其歸也某給事削三緘贈行曰挾此可得百金笑卻之歸舟抵宿遷
晨起挑頮水一笑而逝年六十五著采山堂集二十四卷詞緯三十卷今詞綜
十卷析津日記三卷
王翃字介人家故業染一手挾書一手數錢與布商菜傭相應答久之學益進
遂以布衣稱詩天崇時詩歸盛行人沿竟陵派介人毅然獨尙唐音見賞於陳
臥子先生一見擊節曰此今之高三十五也因爲之序所著曰秋槐堂集
苑路字遵甫自蘭谿遷長水經亂賣藥於市有靈蘭館集
朱一是字近修崇禎壬午舉人兵後披緇衣授徒主文社著爲可堂集
沈進字山子嘉興縣學生早年詩尙清麗與青山同調鄉人目曰周沈晩編所
作爲藍村集歸於沖澹性狷介喜寂靜故沈思刻意下筆有幽致又輯文言會
粹行國錄袁溪文稾等書

李麟友字振公揚州學官自明次子也史公可法兵敗自明自縊學宮振公求父骨不得遂棄舉子業其詩恣肆激昂不落凡近著有醒齋吟草

李良年字武曾秀水人少與兄繩遠弟符齊名號三李武曾又與朱竹垞齊名人稱朱李以國子生　召試鴻博未遇徐健菴尚書開志局於洞庭西山聘主分修著有秋錦山房集

藍鹿洲先生事略　朱仕琇　黃任

藍先生鼎元字玉霖號鹿洲福建漳浦人少負不羈才工詩古文通達治體語經濟必曰諸葛武侯言文章必曰韓吏部受知張清恪公講洛閩之學篤於內行朱一貴反臺灣從兄廷珍以提督進討先生參軍事為之謀主凡七日而平著書曰平臺紀略言善後策尤詳以選拔貢成均朱文端蔡文勤兩公奇其才方修歷代名臣傳屬先生具草以薦得　召見例赴吏部試同列皆跼蹐循故事先生奮筆上五千言陳五事　世宗下其議多施行　特旨授普臨知縣諭樞臣曰以彼其才任道府綽有餘矣在官有惠政聽斷如神暇則與邑士

之秀者講明正學俗丕變未三年以忤監司削籍或勸其委蛇以紓禍先生曰吾嘗涉大海歷澎臺出沒驚濤閱冒矢石冞入窮箐觸惡瘴毒霧不稍懾今爲命吏肯頫首媚監司哉遂坐官逋千七百金士民斂金代納留三年潮州守延修府志制府禮爲上客事多諮訪而行代刻其古文二十四卷又輯所自治官書爲鹿洲公案輯講學語爲棉陽學案閩中古文家自鹿洲後推朱梅崖詩家推黃莘田稱最梅崖名士琇建甯人乾隆庚午鄉試領解額明年成進士選庶吉士與同年生朱文正公珪及始興林穆菴明倫以古文相鏃礪名重京師梅崖落落自如散館改知縣其落落如故尋改教授以歸與兄明經仕玠相唱和爲樂其論文謂始當力抗周秦兩漢與荀屈揚馬諸子搏必伏而盬其腦然後導而匯之韓柳歐陽王曾姚虞以下若首受而尾逆也及晚而反覆遵巖震川諸家心愈降而客氣盡於是奇辭奧旨不合道者尠矣所著文曰梅崖居士集莘田姓黃氏名任永福人康熙壬午舉人官四會知縣以詩名天下享大年著有香草齋集芬芳悱惻能移人情乾隆壬午重賦鹿鳴筵宴閩人士推魯靈光

焉

王九溪先生事略　郭焌　羅典　余廷燦　唐仲冕　唐鑑

王先生文清字廷鑑號九溪湖南甯鄉人少工文學舉雍正二年進士官岳州府教授母憂歸哀毀踰禮乾隆元年　召試博學鴻詞未入選以薦爲三禮律呂各館纂修官補內閣中書遷宗人府主事考授御史告養歸旋丁父憂年六十餘矣猶哭踊如孺子慕主嶽麓書院十餘年多所成就撰儀禮分節句讀以句讀爲主略爲箋註不欲其繁又周禮會要六卷亦約括注疏諸說疏通字義以便學者又著考古源流二百卷卒年九十有二祀鄉賢并祔祀嶽麓屈原祠

郭先生焌字昆甫善化人少負文名貢成均胡宗緒襲參爲祭酒奇其文七試皆冠其偶襲參與方望溪善說士於望溪欲令往見先生曰某士也若趨謁公卿之門非啜名即附勢何取焉卒不往望溪轉益重之乾隆九年舉鄉試第一著有羅洋詩文草及制藝行於世羅先生典字徽五號慎齋湘潭人乾隆十六年進士由編修官鴻臚少卿督四川學政盡革陋規以經學造士文體爲一變

諸生某爲縣令誣陷寘之獄同學生爲公辯令遂以聚衆聞先生至立爲昭雪
任滿告養歸主講嶽麓二十有七年造就人才甚衆性剛而介任工科時值大
工作總役希冒銷賂以三千金拒勿納仍痛懲之按款核銷無少假嘉慶丁卯
重赴鹿鳴筵宴明年卒年九十著有凝園五經說及詩文集余先生廷燦字卿
雯號存吾長沙人乾隆二十六年進士官檢討充三通館纂修以母老告養歸
家徒四壁立取與不苟母卒啜粥寢苫值暴雨入倚廬地沮洳家人藉以片板
麾去之先生學有本原於天文律歷句股六書之學俱能鉤元提要成一家言
與戴東原紀曉嵐相切琢所著詩古文尤醇茂有存吾文集卒年七十唐先生
仲冕字六枳號陶山善化人乾隆五十八年進士任荊溪知縣調吳縣擢知海
州調通州權松江及蘇州府所至勤求民瘼振興士氣興大利除大弊措理裕
如又以其暇修治古蹟接禮賢畯意趣超然軒冕外嘉慶五年由候補道擢按
察使晉陝西布政使三權陝西巡撫以疾歸僑居金陵卒年七十有五性孝友
自以其父官平陰貧甚母歾不能歸葬葬肥城之陶山因以陶山自號嘗結廬

墓側孜孜著述撰岱覽三十二卷擬輯湖南詩徵未就著有陶山文集吳門滄浪亭有五百名賢像石刻首吳泰伯終唐陶山其爲時推重如此

國朝先正事略卷四十

國朝先正事略卷四十一

平江李元度次青纂

文苑

鄒小山先生事略 黄勤敏公鉞

先生名一桂字原褒號小山江蘇無錫人雍正五年進士選庶吉士授編修十年典試廣西尋改御史十三年督貴州學政疏陳科場之弊乾隆七年轉給事中 上命許容巡撫湖北疏言許容誣奏謝濟世奉 旨奪職總督藩臬以下承審官皆罷斥不特湖南得見天日天下臣民罔弗額手稱慶此彰癉之公吏治所由知戒也昨有 旨仍命巡撫湖北中外聞之莫不驚駭乞降 旨宣示臣民俾曉然於黜陟之所以然疏入 上遂寢其事十一年秋 賜宴瀛臺 特命與焉遷大理少卿多所平反脫死罪二人再遷本寺卿疏言律載獄具全圖均有定式今司獄者多用非刑夫囚有應得之刑國家有常用之法法不當罪不可以爲法矧令其死非法之刑哉 詔下所司察治十四年 詔舉

經學以同邑顧棟高薦咸以為得人遷內閣學士十七年充會試副考官明年以老告歸　御製詩寵行後三年詣闕恭祝　皇太后聖壽　賜杖　命與香山九老會又十年以祝　聖母八十壽加尚書銜俸再與九老會歸次東昌薨年八十有七先生歷官數十年挺挺直節家居屏跡不入官府時策杖尋佳山水飲酒賦詩工繪事得文待詔遺法官御史時朝貴有索畫者先生曰吾不能受人役不應然先生畫流傳頗多亦未嘗故自矜重也所著曰小山文集

自先生後以書畫繼稱者推董文恭及黃勤敏二公

黃先生鉞字左君一字左田當塗人幼孤寄居外家補諸生為朱文正公所激賞挈游京師自是奔走衣食無虛歲乾隆五十四年成進士觀政戶部尋告歸主書院十年　睿廟聞其名有　旨特召由主事超擢贊善入直南書房十年中官至禮部尚書屢典鄉試督學政者再晚年乞病歸人比之董華亭云先生工書善畫所進畫幅久邀　睿賞與富陽相國稱董黃二家內府名蹟均經其鑒定晚歲名益重贗作雜出有購得者轉求其自定真僞　予告後年九

十餘目失明自號盲左猶能作書既薨　帝悼惜　賜祭葬　予諡勤敏著有西齋集

張南華先生事略　曹仁虎

張先生鵬翀字天扉號南華江蘇嘉定人雍正五年進士授檢討十三年充雲南副考官遷侍講乾隆六年典河南鄉試遷庶子充日講起居注官九年晉詹事先生有宿慧詩才敏捷嘗應乾清宮　御試日未亭午諸臣方搆思先生卽納卷　高廟天縱多能筆不停綴詞臣罕能賡和者至是心賞之尋進　萬壽聖德詩百章經史法戒詩五十章又陳十慎箴皆稱　旨兼工畫捷如其詩嘗繪春林淡靄圖題六絕句以進　上依韻　賜和先生卽於宮門前疊韻謝　恩繼進日長山靜畫扇　賜詩八章繼　命和望雲思雪意詩　宣上御舟特　賜坐復　命隨輦入朝賦紀　恩詩四章復　命和澄海樓望海禁體詩後屢　勅　御舟作畫　賜　御畫枇杷折枝及松竹雙清圖最後　賜御書雙清閣額皆有詩恭紀其他進詩與諸臣同和者不下數百篇前後　賜賚

不勝紀十年乞假省墓　賜白金百兩　御製詩一章以寵其行舟抵臨清卒年五十有八　帝深惜焉先生性孝友敦門內行尤好山水事事灑落人呼漆園散仙有南華山房集三十卷同縣曹習菴學士名仁虎字殷來後先生三十年成乾隆辛巳進士少與王述菴吳企晉趙璞函諸君唱和所刻詩流傳海舶日本國使臣以餅金購之入詞館後每遇大典禮應奉文字皆出其手官至侍讀學士性至孝督學廣東聞母訃以毀卒著有宛委山房集

諸襄七先生事略　楊度汪　沈廷芳　夏之蓉　徐士璠　周長發

諸先生錦字襄七號草廬浙江秀水人雍正甲辰進士由庶吉士改知縣就金華府教授乾隆丙辰　召試鴻詞科列高等授編修遷贊善少貧無買書貲聞吳下書賈甚愛客詣之留數日主人敬其好學謂曰觀君舉止欲竟此架上綫裝書耶先生笑而頷之後益博聞強識出李穆堂門下詩法山谷後山而志節皦然甘守寂寞足不履權貴門著有毛詩說饗禮補亡夏小正注及絳跗閣集其詩說以小序爲主序文惟用首句用蘇轍例不釋全經惟識所心得用劉敞

七經小傳例也同時　召試入詞館者自董甫句山次風外曰楊勖齋沈椒園

夏醴谷徐泉亭周蘭坡

勖齋楊姓名度汪無錫人由拔貢　召試授庶吉士改德興知縣少從其世父絅章先生游及入詞垣益砥志於學著有雲逗樓詩集椒園名廷芳一字晚叔仁和監生　召試除庶吉士授編修改御史以言事被黜乙丑起視漕山左擢登萊道遷河南按察使乞養歸先生爲查聲山宮詹外孫受詩學於初白受古文法於望溪尤究心經術嘗以監本十三經注疏多訛脫著十三經正字八十一卷校勘極精核又著隱拙齋詩文集夏醴谷名之蓉字芙裳高郵人雍正癸丑進士丙辰　召試授檢討嘗典試福建督學廣東及湖南於治經外以古文之學校士錄其尤爲汲古編解組後主鐘山麗正書院憐才訓士汲汲如不及著有半舫齋詩鈔卒年八十有八泉亭姓徐氏名士璠仁和諸生　召試授庶吉士改部曹出知瑞州府周蘭坡名長發號石帆會稽人雍正甲辰進士由庶吉士改廣昌知縣丙辰　召試授檢討遷侍講學士在廣昌時久雨山水暴漲

城垂沒先生以黃紙書銜銜以印朝服登城稽首哀籲願以一令保闔城婦子兩霽水消得亡恙詩才敏捷不亞張南華嘗應制賦覺生寺大鐘歌稱旨著有賜書堂集

杭堇甫先生事略 厲鶚 符曾 汪沆

先生名世駿字大宗堇甫其別字也仁和人少負異才於學無所不貫所藏書擁榻積几不下數萬卷枕籍其中目睇手纂幾忘晁夕與同里厲鶚陳兆崙汪大坤梁啟心張熷龔鑑嚴遂諸名輩結讀書社舉雍正甲辰鄉試受聘爲福建同考官乾隆元年召試鴻詞授編修校勘武英殿十三經二十四史纂修三禮義疏先生博聞強記口如懸河時方望溪負重名先生獨侃侃與辨望溪亦遜避之有先達以經說相質一覽曰某說見某書某集拾唾何爲學子有請益者聞其所業以一經對則以經詰之復以一史對則以史詰之皆窮乃曰某於西晉末十六國事差能詳耳先生曰汝知是時有慕容垂乎垂長若干尺得年幾何其人慙沮去以此頗叢忌嫉改御史條上四事下吏議尋放還然高

廟仍納其言數十年來天下督撫漢人參半是四事已行其一也其論直省藩庫宜有餘款存留以備不虞亦篤論然先生已削稾其語多不傳罷歸後杜門奉母自號秦亭老民偕里中耆舊及方外友結南屏詩社後迎　駕湖上　賜復原官性通脫不事修飾主粵秀安定兩書院最久好奬借後進自言吾經學不如吳東壁史學不如全謝山詩學不如厲樊榭而齊次風侍郎特嗜先生作嘗集蘇詩及先生詩爲一卷題曰蘇杭集句著有禮例續禮記集說石經攷異續方言史記攷異漢書疏證補晉書傳贊北齊書疏證經史質疑詞科掌錄榕城詩話桂堂詩話兩浙經籍志續經籍攷道古堂詩文集晚年補金史特搆補史亭成書百餘卷嘗賦方鏡詩二十四首傳誦輦下和者自王公卿相至方外閨秀幾及數千家

厲樊榭名鶚字大鴻錢塘人少孤貧僦居東園讀書不徹爲詩精深峭潔截斷衆流於新城長水外自樹一幟湯少宰西崖最所激賞性耽閑靜愛山水康熙庚子舉於鄉需次縣令將入都道經天津查蓮坡留之水西莊同撰周密絕妙

好詞箋遂不謁選乾隆初舉鴻博報罷南歸與鄉閭諸老酬唱客揚州有馬氏藏書最富延主其家盡探其祕牒大江南北主盟壇坫凡數十年尤工詩餘擅南宋諸家之勝著有東城雜記湖船錄秋林琴雅及樊榭山房集若干卷又仿計敏夫例爲宋詩紀事百卷撰遼史拾遺採摭羣書至三百餘種最稱博洽先生無子殁後四十餘年其栗主委榛莽中何春渚淇取歸送黃山谷祠灑埽一室供之王蘭泉侍郎屬同人於忌日薦酒脯焉符先生曾字幼魯樊榭同縣人由國子生試鴻博不遇後官郎中著有春鳧集其詩超妙絕俗如冰雪在口沁人齒牙汪先生沆字西灝號槐塘亦錢塘人少從樊榭受詩法博極羣書與幼魯同試詞科報罷客天津查氏水西莊南北稱詩者奉爲圭臬著湛華軒雜錄讀書日札新安紀程全閩采風錄蒙古氏族略識小錄泉亭瑣事汪氏文獻錄諸書

齊次風先生事略　陳兆崙

齊先生召南字次風號瓊臺晚號息園浙江天台人幼稱神童十二歲登巾子

山作詩識者卽以公輔器目之新城何端簡公世堪嘗稱於衆曰此我朝奇士當以王姚江一輩相待也雍正七年副貢乾隆元年舉鴻詞科授庶吉士修一統志及明鑑綱目授檢討充校勘經史官晉中允侍讀憂歸　命在籍編纂陸續經進服除補原官修會典及續通考晉侍讀學士戊辰分校會試入直上書房大考翰詹名第一擢禮部侍郎　高宗於甯古塔得古鏡先生具析原委并及款識　上謂左右曰是不愧博學鴻詞矣西苑侍班　御射十九矢皆中的　上顧蔣尚書溥及先生曰不可無詩乃立進四章　上卽俯和其韻尋充續通考副總裁兼修通禮十四年夏自圓明園歸墜馬觸巨石破腦上遣中官就視　賜藥令蒙古醫治之病少定　天語屢垂問尋請歸養母　優旨慰留再三請乃報可抵家太夫人適患痰疾聞其至勿藥而愈主敷文書院十一年成就人才甚衆　高宗兩次南巡俱迎　駕又入都祝　嘏賜賚有加族子周華以黨呂留良遣戍及歸刻其書呈巡撫熊學鵬誣列公十罪　詔磔周華并逮先生入京部議籍產　上僅落其職先生未遇時于

忠肅公嘗示夢云景泰帝易儲吾具疏力諫不從後人不知妄議今皇史宬中吾疏尚在子他日當出之以雪吾寃又曰子終身宜戒食牛救子命者牛也後修明史綱目親至史宬徧覽忠肅疏不可得而墜馬時蒙古醫以牛腦易髓則其語有徵先生卒後　朝廷輯四庫書邵學士晉涵習聞先生言復至皇史宬求疏亦不得得明通政使進本檔冊載景帝某年月日于某一本爲太子事此即忠肅疏諫之明證也先生觀書目十行下一覽終身不忘應徵北上過某邑宰架上有異書八冊以借觀請許之詰旦將行以書進先生曰吾已閱訖矣主人未之信覆詢之則皆探喉出不一字差乃大驚服然自腦裂後亦不甚省記矣最精輿地之學謂酈注水經明於西北而闇於東南且域外諸水皆未詳因撰水道提綱三十卷又有史漢功臣侯第考一卷歷代帝王表十三卷後漢公卿表一卷宋史目錄及賜硯堂詩文集若干卷目力勝人瞳極小而能遠視每登山見江船能辨舟中人物服色及壺觴杯斝之屬皆不爽夏棲萬松山中望雲能尋其根云彷彿如絲繫於山跡而挖之得雲根石多花草鳥篆形後漸多

因以作譜尤異者一石具先生名字卒年六十有六同時應詞科起家者有陳星齋太僕與先生齊名

星齋名兆崙字句山錢塘人雍正八年進士觀政海疆非其好也益發爲詩歌以自灑濯及　召試入詞林洊登卿寺官至通政使入直上書房兼尹順天而意致蕭散有山澤閒儀京師士大夫奉爲文章宗匠嘗自言吾書法第一文次之所著曰紫竹山房集

劉海峯先生事略　方世舉　方貞觀

劉先生大櫆字耕南號海峯安徽桐城人生而好學工詩古文當康熙末方侍郎苞名大重於京師見先生文大奇之語人曰如苞何足言同里劉大櫆乃今世韓歐才也自是天下皆聞劉海峯然試輒不遇兩中順天副榜乾隆丙辰召試鴻博庚午舉經學皆報罷京朝官提督學政者率聘之校文因歷天下佳山水爲歌詩自發其意晚官黟縣教諭又數年歸樅陽不復出卒年八十有三先生古文喜學莊子尤力追昌黎詩格亦高爲文名所掩著有海峯詩文集姚

姬傳實從其游世遂有桐城派之目同縣方先生世舉字扶南一字息翁博學篤行於書無所不窺性疏曠不求仕進好爲詩鎔鑄古今自開生面晚年注韓詩酷嗜其體薦舉鴻博固辭不就方恪敏撫浙以舊好招之亦不赴年八十餘精采不少減著有春及堂集與從弟南堂齊名南堂名世泰字貞觀以字行邑諸生孫文定薦舉鴻詞科不就少以南山集牽累隸旗籍後放歸讀書數行並下詩格清醇深得唐賢微旨著有南堂詩鈔

胡稚威先生事略　周大樞　萬光泰　金農　陳撰　丁敬

胡先生天游字稚威號雲持榜姓方後始復姓山陰人少有異才書無所不窺雍正癸卯副貢生乾隆丙辰任尚書蘭枝薦舉博學鴻詞科才名冠一時時四方文士雲集每稠人廣座援筆輒數千言文成奧博見者嗟服以持服不與試丁巳補考鼻衂納卷出先生於文工四六得唐燕許二公之遺詩雄健有奇氣未嘗挾一刺干公卿一統志成當進　御鄂張兩相國屬表於齊檢討召南檢討推先生鄂文端驚歎其文欲招之檢討曰稚威奇士豈可招耶卒不至後文

端延爲三禮館纂修居京師十餘年四方求文者輦金幣踵門隨手輒盡諸公卿爭欲令出門下每試入棘闈策文至二千言論或數十字與常式格格不合復置順天乙榜乾隆十六年再舉經明行修梅總憲瑴成薦之 上御別殿問今年經學中有胡天游何如衆未對大學士史公貽直奏天游夙學有名 上曰得毋奔競否史公曰以臣所聞太剛太自愛 上默然自後薦舉遂無敢及之者而先生亦既老矣與田侍郎懋有舊田家山西招之往修志太原卒年六十有三著石笥山房集嘗言古今人皆死惟能文章者不死雖有聖賢豪傑瑰意琦行離文章則其人皆死誠快論也先生有妹石蘭次景素次臥雲俱有雋才工詩時比之劉家三妹袁簡齋同應 召試獨心折先生嘗曰吾於稚威則師之矣於元木循初則友之矣其他某某則事我者也元木者周君大樞一字元牧稚威同縣人應鴻詞科不遇壬申舉於鄉官教諭著有居易堂稾幼工詩與稚威在江東詩社中最稱傑出尤與秀水萬光泰善以詩文相切劘果毅阿公延爲上客每公暇命講通鑑數則其雅度可想見云光泰字循初號

柘坡乾隆丙辰舉人穿穴六藝排比百家而尤精於周髀之學上自注疏旁及諸史以至明之三歷呵龐喝利布算了了時稱絕才梁薌林少師續修通考延循初董其事詞科報罷客津門查氏著轉注緒言漢音存正遂初堂類音辨諸書其詩文曰柘坡居士集同時以布衣舉鴻博未赴者有金先生農陳先生撰丁先生敬農字壽門一字冬心錢塘人嗜奇好古收金石文千卷足跡半天下詩格高簡有奇氣工畫梅閑寫佛像分隸獨絕一時著有冬心集撰字楞山號玉几鄞人砥行讀書璆然古處詩沖逸高妙工書畫精賞鑑所居玉几山房搜藏最富著有繡鋏集敬字敬身號龍泓山人錢塘人隱市廛喜酒好金石文字穹崖絕壑手自摹搨證以志傳著武林金石錄工分隸精篆刻印章然非性命之契不能得一字也著有龍泓山館詩鈔

沈東甫先生事略 弟炳謙

乾隆丙辰之舉詞科也先後應召至者二百餘人而著書之多莫如歸安沈東甫先生篤志古學窮年著書其最精者有新舊唐書合鈔二百六十卷折衷二

史之異同而審定之而莫善於宰相世系表之正譌方鎮表之補列拜罷承襲諸節目全謝山謂可援王氏漢書藝文志之例孤行於世者也又撰九經辨字瀆蒙十二卷以正九經文字其一卷爲經典重文二卷爲經無重文三卷爲經典傳譌四五卷爲經典傳異六卷爲經典通借七八九卷爲先儒異讀十卷爲異音通義十一卷爲異音異義十二卷則注解傳述人也又有讀史四譜及唐詩金粉等書皆博而能精其自爲之書曰增默齋集先生與季弟幼牧並應召試人謂庶幾厚齋盤洲伯仲之風臨川李侍郎見其所著書驚喜曰不意近世尚有此人亟欲推挽之會左遷不竟其志先生兄弟亦放還未一年先生卒又六年嘉善錢侍郎陳羣以唐書奏進於　朝有　詔付書局時方令史館校勘唐書諸公得之大喜盡采之卷中論者謂先生生不得附劉向荀勖之徒審正七略中經之籍身後猶得邀採掇之餘以肩隨於應劭如淳薛瓚之後著錄四部俯視竇苹董衡一輩亦可瞑目於九原矣先生名炳震字寅馭號東甫居歸安之竹墩卒年五十有九幼牧名炳謙

馬秋玉先生事略　馬曰璐　趙昱　趙信

馬先生曰琯字秋玉一字嶰谷祁門人江都籍候選知州嗜學好結客與弟半槎同以詩名家有叢書樓藏書甲大江南北四庫館開先生進書七百七十六種　優詔褒嘉　賞古今圖書集成一部其園亭曰小玲瓏山館曰街南老屋四方名士過邗上者觴詠無虛日時盧雅雨都轉提唱風雅全謝山符幼魯陳楞山厲樊榭金壽門陶篁村陳授衣諸君來遊皆主馬氏結邗江吟社與昔之圭塘玉山埒　高宗南巡　幸其園賜　御製詩海內榮之所著曰沙河逸老集半槎名曰璐字佩兮國子生詩筆清削著有南齋集馬氏兄弟同薦博學鴻詞科皆不就名重一時同時兄弟並應　召試者有浙中趙谷林意林昆仲谷林名昱字功千原名殿昂仁和貢生性耽風雅築春草園有池館之勝異本書數萬卷同時蔣繡谷吳尺鳧亦好藏書每得祕牒必互相校識有小山堂酬唱集與揚州馬氏相應和其好客亦如之弟信字辰垣國子生意林其號也意林從兄鐵巖與臨川李穆堂同官侍郎意林投以南宋雜事詩穆堂奇其才欲

以鴻博薦意林讓其兄谷林而亦爲趙通政之垣所舉報罷南歸與谷林溫經研賦搜訪祕編時有二林之目卒後所藏書畫悉歸馬氏焉谷林著愛日堂集意林有秀硯齋吟槀

國朝先正事略卷四十一

平江李元度次青纂

文苑

趙然乙先生事略 汪越

趙先生青藜字然乙安徽涇人生而穎異九歲能文乾隆元年舉會試第一選庶吉士授編修尋改御史在臺五年有直聲能持大體不爲激切之語時沈侍郎德潛舉諫垣著望者爲五君子詠先生與焉章凡數十上如請清屯田以歸運丁請弛米禁以濟民食請仍耗羨歸公請興西北水利皆有關生民利病又劾總督高斌侍郎周學健奏開捐納謂此風一行將見言利之徒接踵起爲害甚大　上嘉其有見其合糾彭協揆維新奪情議尤侃侃十三年奉　命察賑山東還朝以耳疾乞休後　高宗南巡伏迓道左蒙　存問者再年八十餘卒先生兩典浙江一典湖南試所得多知名士生平以不欺爲本接人外和而內嚴不可以私干訓迪後學甚衆爲古文受義法於方侍郎苞風格似之侍

郎稱及門有所祈嚮而可信其操行之終不迷惟先生爲最詩自漢魏及宋元靡不畢貫獨宗工部晚乃歸於昌黎性喜遊往來黃山白嶽匡廬閒蕭然自適著有漱芳居文集十六卷詩集三十二卷其學尤長於史所作史論有特識著讀左管窺二卷於二百四十二年事實穿穴甚深先是先生同郡以史學稱者推南陵汪越越字季超康熙四十四年舉人所著詩古文詞沖淡典博後進咸則之有綠影草堂集毛詩集略諸書其讀史記十表病史家諸表可資考證而不可以誦讀學者往往不觀因排比舊文鉤稽微義使讀史者了然於心目父性嚴毅能曲得其歡心伯兄早世撫遺孤備至行社倉法於里中官給印籍而自謹其出入可爲後人法式焉

黃靜山先生事略

陳道 魯九皋 陳用光 吳嘉賓

黃先生永年字靜山號崧甫江西廣昌人少好學以文章自名雍正六年舉孝廉方正不就乾隆元年進士授刑部主事矻矻治案牘於疑獄多所平反有廣東客謁私第閽者入刺弗識也及見伏地叩頭謝問其故曰某頃以某事陷寃

獄非公已入鬼籙矣徐出珠一盒獻之曰謝公大德先生變色曰我爲刑官據
法出無辜職也何比於汝而乃汚我爲客大慚逡巡去既公卿交章以御史薦
宣城知縣段雲翮以迂謹失上官意會有築城之役委他官代治之雲翮故勤
民民愛戴之訛傳雲翮被劾且受代相率罷市鬨於府巡撫以變聞坐雲翮指
使罪　上以御史言命先生往鞫之但請以雲翮改教官諸囚並減死十年
授平涼知府以親老辭改知鎭江歲餘改常州其爲政寬而有體尤盡心溝渠
之利在常州濬德勝澡港溉田二十餘萬畝行部所至必咨訪高才尊禮有德
事上官未嘗屈節黃制軍廷桂初至江南知府以下迎者俱道旁跪先生長揖
而已後黃以閱武至常州供具頗約省黃弗善也以他事奏罷其官待讞於蘇
州日閉門課文史焚香默坐泊如也十六年夏遘疾卒年五十有三巡撫雅公
知其貧令屬官致賻子光理曰此豈先人志耶辭之喪歸費皆出門人陳道云
初先生在京師與方望溪雷翠庭諸先生討論文學以志節自勵大學士鄂文
端嘗與翠庭論當世人才翠庭稱先生之爲人文端以是識先生爲曹官時得

稍行其志者文端力也文端薨先生竟以黜死所著詩古文曰南莊類稿道字

紹洙號凝齋新城人乾隆戊辰進士不謁選後　詔舉經學亦固辭嘗以宋儒

之學啓迪後進置義倉義田以贍鄉族聚書教子孫多奮於科第者同時魯絜

非先生亦新城人也以文名

魯絜非名九皐原名仕驥爲人敦行誼謹於規矩嘗踰嶺至建甯謁朱先生梅

崖受古文之法又嘗渡江至懷甯問業於姚姬傳先生其文冲夷和易持論尤

中正里居授其學於子弟及鄉之雋才又授於其甥陳用光且使用光及姬傳

門用光凝齋先生孫也新城數十年中古文之學頗感其源實自絜非始乾隆

辛卯成進士歸養十餘年畢力於學尤孜孜爲善於一鄉既終養乃出就官知

山西之夏縣縣當孔道值後藏用兵使驛往來日不絕舊分二十餘里以次出

錢供役曰里差吏因爲利民重困乃減其得已者而重禁侵蠹民大便之其見

民煦煦然告以義理所當從違不作長官威厲狀民益欣然聽其教居二年以

積勞致疾卒年六十三時五十九年三月也所著文曰山木居士集陳用光字

碩士凝齋孜子陳州太守守詒之子嘉慶六年進士由編修累官禮部左侍郎分校會試二校順天鄉試一典河南江南鄉試督福建浙江學政各一督浙學時以宋臣孫覿摧忠助邪奏罷其專祀訓諸生必本古儒先警戒之道篤於師友誼以千金五百金爲魯絜非姚姬傳兩師置祭田同年生孤女幼撫嫁之以學行重一時著有衲被錄太乙舟文集凡若干卷

同郡吳君嘉賓字子序南豐人少博覽能詞章道光壬午副貢入京師以文名戊戌進士選庶吉士授編修坐事牽連落職戍軍臺既歸益肆力於古咸豐乙卯丙辰閒治鄉兵殺賊　賞內閣中書加五品銜以餉無所出功弗竟從兄嘉言猶子昌籌均戰死同治甲子金陵竄賊擾江西君以鄉兵禦之寡衆不敵或勸之去堅不可遂死之全家及於難得　旨優卹君邃於經爲古文宗姬傳梅崖尤得震川法著有五經說四書說行世昌籌字伯俞未冠補諸生亦工古文詞

袁簡齋先生事略　王文治

先生諱枚字子才號簡齋錢塘袁氏世稱隨園先生年二十一省叔父於廣西巡撫幕中巡撫金公鉷一見奇之試以銅鼓賦立就甚瑰麗會開鴻詞科卽舉先生應　詔時海內徵士二百餘人惟先生最少及試報罷舉乾隆三年順天鄉試次年成進士選庶吉士散館以未嫻清字改發江南爲知縣初試溧水調江浦沭陽再調江甯先生嘗言爲守令者當嚴束家奴吏役使官民無壅隔則百弊自除其爲政終日坐堂皇任吏民白事有小訟獄立判遣無稽留者多設耳目方略集鄉保詢盜賊及諸惡少姓名出所簿記相質證使不能隱則榜其姓名許三年無犯湔雪之奸民皆斂迹方山谿洞外兩氓爭地無契券訟久莫能斷先生視案牘山積笑曰此左氏所云晉鄭之閒有隙地玉暢頓邱是也訟久則破家吾當爲若了之乃盡去舊牘別給符驗使各開墾升科聞者皆歎賞有賈人販布江行舟觸戰船溺一兵死衆兵縛控舟子兼及客先生心知過失殺無罪而累客必傾貲乃令乘風張帆作觸舟狀縱之去以埋葬錢發兵完案尹侍郎會一督學試江甯有兩騎衝其前麾且嫚罵稱某親王家奴他縣尹不

敢問先生立擒治則爲大將軍投書制府者也搜其篋得關節書十餘封悉焚之重杖遣去江甯將軍遣廝役來縣狂倨無狀先生立杖之十三年江南災銅井民運米至吳門以被刦告先生以荒政當弛刑召其魁詢之乃土人遏糶非刦也諭以情法追米還之其敏而能斷類此當是時尹文端爲總督最知先生才遇事得盡其能旣而引疾家居再起發陝西與黃制軍廷桂臭味差池上書萬餘言不省尋乞病歸先生本以文章入翰林有聲而忽擯外及爲縣著才矣而仕卒不進自陝歸年甫四十遂絕意仕宦闢隨園江甯城西足跡造東南山水佳處皆徧其瑰奇幽邈一發於文章以自喜其意四方士至江南必造隨園投詩文無虛日其園館水石幽深靚麗至櫺檻器具皆精好所以待賓客者甚盛見人善稱之不容口後進詩文一言之美輒能舉其詞爲人誦焉先生古文四六體皆能自發其思於爲詩尤縱才力所至世人心所欲出不能達者悉爲達之故隨園詩文集上自公卿下至市井負販皆重之海外琉球有來購其書者仕雖不顯而世謂百餘年來極山林之樂享文章之名蓋未有及先生者也

先生長身鶴立性通脫時有近於蕩佚處後進或藉口效尤然其生平於倫常骨肉之際天性最篤事母孝友于姊弟母年九十四乃終迎養寡姊年至九十妻亦白髮齊眉有三妹皆能詩一家之中怡怡如也嘗爲亡友沈凡民鳳司祭掃三十年如一日程編修晉芳死負五千金往弔焚其券且翼其孤其初涖溧水也迎養其父父疑子年少無吏才試匿名訪諸野皆曰吾邑有少年袁知縣乃大好官也父喜乃入官舍在江甯嘗朝治事夜召士飲酒賦詩市人以所判事作歌曲刻行四方而先生以爲絕不足道卒於嘉慶二年十一月年八十有二文集中所述名臣狀誌傳聞時有譌舛然其逸事多足以裨益見聞酬贈諸詩尤能以才運情使筆如舌蓋先生長技也襄勤伯鄂容安公死事先生挽詩有云男兒欲報君恩重死到沙場是善終傅文忠見而賞之語人曰我不識袁某何人乃能作此語

同時王先生文治字禹卿號夢樓江蘇丹徒人自少以文章書法稱天下全侍講魁周編修煌嘗奉使琉球邀與俱往琉球人傳寶其翰墨歸舉乾隆二十五

年進士以一甲第三人授編修壬午分校順天試癸未分校會試其年　御試翰詹第一擢侍讀充日講官旋出爲臨安知府數年以屬吏事鐫級去任其後當復職矣而先生厭吏事遂不復就官時袁簡齋壯年引退以詩鳴江浙閒先生應之聲華與相上下　高宗南巡幸錢塘僧寺見先生所書碑大賞愛之內廷臣有告之先生招使出者亦不應自滇歸買僮教之度曲行無遠近必以歌伶一部自隨其辨論音律窮極要眇客至張樂共聽窮朝暮不倦海內求書者歲有餽遺率費於聲伎人或諫之不聽其自喜顧彌甚也然至客去樂散默然禪定夜坐齋未嘗至席持佛戒日食蔬果而已如是數十年其用意不易測如此爲文尚瑰麗至老一歸平淡其詩與書尤能盡古今之變而自成體嘗自言吾詩與字皆禪理也嘉慶七年四月趺坐室中逝妻女子孫來訣不爲動容問身後事不答所著曰夢樓詩集

竇東皋先生事略　趙佑

竇公光鼐字元調號東皋山東諸城人幼有神童之目家貧貸書於人覽輒成

誦年十二讀文選即操筆為琅琊臺賦尋補弟子員乾隆七年進士選庶吉士授編修十三年　御試翰詹閱卷者列先生四等故事大考置劣等降黜有差先生奉　特旨遷右中允生平被　上知自此始累遷侍讀學士　御試一等晉內閣學士督學河南憂歸起補副都御史督浙江學政還朝以爭秋讞事吏議鐫級　詔留任　命祭告南海所至卻餽遺尋授順天尹屏絕苞苴鉏猾吏齕權貴劾州縣之尤不職者時京縣為蘭公第錫李公湖皆經公薦擢後官督撫有名居四年坐事免起通政司副使遷宗人府丞復視學浙江擢吏部右侍郎會　詔遣重臣清釐浙屬倉庫並有　旨問先生先生以實告且劾平陽令黃梅科斂病民狀為梅所反噬大吏右之誣陷先生幾不測復侃侃論列
上卒直先生還其官梅按治如律調禮部侍郎又出為浙江學政晉左都御史　命充上書房總師傅凡　御製詩文輒　命先生閱因事納忠無躗言六十年典會試以所錄首卷多語疵被劾議降四品銜予休先生立朝五十餘年揭揭然柴立無所附惟以誠悃結　主知嘗言學貴有用如昌黎折王庭湊陽

明平宸濠乃真學問故於書無所不窺而風節尤挺勁疊司文枋所取皆知名士每試牘闈藝出學者奉之如泰山北斗詩宗少陵古文法退之制藝如古傳註深得立言之旨工擘窠書望而知爲端人正士論詩謂淵源三百篇近人有賦而無比興此詩之所以衰也所著有省吾齋詩文集卒年七十有六同時趙鹿泉先生名佑字啓人仁和人後東皋先生十年成進士亦由編修歷官左都御史屢典文衡工品藻文望與東皋埒同以制舉業名天下著有清獻堂集

邵荀慈先生事略 王太岳 劉星煒 吳錫麒 曾燠 吳鼒

乾隆中葉海內能爲東京六朝初唐之文者稱邵先生荀慈荀慈與其同歲生定興王芥子善芥子初亦好爲駢體文見荀慈作歎爲天授遂輟不作而規史漢及韓柳二君同年齒同官翰林同以文學相引重而又同放歸未幾芥子起用而荀慈則竟死矣荀慈名齊燾號叔宀江蘇昭文人生之夕父夢明祭酒馮夢楨以名刺來謁寤而生先生幼異敏乾隆七年第進士其闈中文騰播輦下人皆口傳以熟後有效者輒弋獲時目爲邵體君聞之不爲忤也既入詞館纂

修書局者再分校順天試者再嘗獻　東巡頌時稱爲班楊之亞羣公爭欲致
之門下先生落落寡合年三十六即罷歸乙酉　南巡　詔徵在籍詞臣試闕
下以母老辭卒年五十有二先生意度夷曠章草入晉人室嚴冬喜脫屨擁爐
坐客至倉卒覓屨不得隨取躡之屨互異旁觀匿笑君覺之亦自笑也性愛才
主毘陵書院好獎借後學有玉芝堂文集兄齊烈弟齊然乙丑同榜進士皆與
館選季弟齊熊舉人授中書
王芥子名太岳字基平與荀慈同舉進士弱冠入翰林世共推其文學而獨有
志於經世之務由編修累官雲南布政使左遷司業在西安留心水利著涇渠
志在雲南閔銅政之弊於是旁搜博訊補救釐剔厥功甚偉滇人祀之七賢祠
詩古文卓然名家氣格高簡著有清虛山房集同時與荀慈同爲駢儷之文者
有武進劉圃三錢塘吳穀人南城曾賓谷吳山尊嘗選四六合隨園稚存淵如
彝軒爲八家與荀慈並列焉
圃三名星煒字映榆乾隆十三年進士官兵部侍郎著有思補堂集

穀人名錫麒字聖徵乾隆四十年進士由編修官至祭酒浙中詩派自竹垞初白後大宗太鴻起而振之及兩公殂謝嗣音者尠先生詩境超妙爲朱查杭厲之後勁旣工駢體兼善倚聲試律體尤能獨開生面館閣風氣爲一變名重中外所著有正味齋集高麗使臣出餅金爭購廠肆爲之一空

賓谷名燠字庶蕃乾隆四十六年進士選庶吉士改主事由員外郎超授兩淮運使遷湖南按察使進廣東布政使巡撫貴州乞養歸道光二年授兩淮鹽政以五品京卿內召卒年七十有二著賞雨茅屋集撰江西詩徵九十四卷賓谷任都轉時闢題襟館於邗上公暇與賓從賦詩爲樂敦槃稱盛其詩清轉華妙文擅六朝初唐之勝晚年尤多健作山尊所選蓋未盡其美云

山尊名鼒字及之號抑菴安徽全椒人嘉慶四年進士官侍講學士少爲朱文正公所激賞謂合邱遲任昉爲一手駢體文沈博絕麗詩以孟韓皮陸爲宗五言長古尤足推倒一世歸田後主講揚州書院最久著有夕葵書屋集

翁覃溪先生事略

先生名方綱字正三號覃溪順天大興人年十二補府學生十五登鄉薦二十成進士選庶吉士是爲乾隆十七年壬申尋授編修典江西鄉試二十七年典湖北鄉試越二年督廣東學政凡三任前後八年四十四年典江南鄉試擢司業遷洗馬四十八年充順天鄉試副考官五十一年督江西學政五十五年扈蹕山東擢內閣學士明年　命督山東學政嘉慶元年正月　賜千叟宴先生與焉　賜尚方珍物十三種四年左遷鴻臚卿十二年重預鹿鳴筵宴得　旨賜三品銜十九年重預瓊林宴　賜二品卿銜時年八十二矣又四年卒先生精心汲古宏覽多聞於金石譜錄書畫詞章之學皆能抉摘精審所著兩漢金石記剖析毫芒參以說文正義幾欲駕洪文惠而上之詩宗韓杜蘇黃多至六千餘篇其論詩謂漁洋拈神韻二字固爲超妙但其弊恐流爲空調故特拈肌理二字蓋欲以實救虛也所爲詩自諸經注疏以及史傳之考訂金石文字之爬梳皆貫徹洋溢於其中雖瓣香在少陵東坡初不以一家執也蓋真能以學爲詩者歟書初法平原繼學率更隸仿史晨韓勅諸碑嘗鉤摹舊帖數十本海

內求書碑版者畢歸之嘗得宋槧蘇詩施顧注本因以寶蘇名其室自爲補注好宏奬後進一篇之美稱道不去口晚歲罷官家居巋然爲海內魯靈光著有精義考補復初齋全集等書　本朝耆舊重賦鹿鳴者多矣若重宴瓊林則惟乾隆辛未黃侍郎叔琳庚辰史文靖公貽直庚戌嵇文恭公璜繼之者先生自先生以後惟咸豐壬子潘文恭公世恩而已

蔣心餘先生事略 子知廉　知讓　楊垕　汪軔　吳嵩梁　樂鈞

蔣先生士銓字心餘一字苕生號清容其先爲錢氏自浙江長興遷江西之鉛山始姓蔣父堅字適園有奇節類東漢獨行之士先生生四歲母鍾授以四子書及唐人詩斷竹篾爲波磔點畫攢簇成字教之鍾號甘荼老人著有柴車倦游集先生十一歲父縛之馬背遊太行讀鳳臺王氏藏書冠而歸補縣學生學使金公德瑛以孤鳳凰稱之先生天稟英絕有覽輒記握筆如天馬怒馳超塵絕跡乾隆丁卯舉於鄉甲戌考授中書丁丑進士選庶吉士授編修在官八年乞假養母歷主蕺山崇文安定三書院灑然有終焉之志初入京師時才名籍

甚裘文達以先生與彭文勤並薦及文勤　召見　高宗屢問蔣某何在文
勤以母老對　上賜文勤詩兼及先生有江右兩名士之目先生感　主知
母服除入都以御史用旋患風痹還南昌先生秀眉長身風神散朗如魏晉閒
人而激揚風義甄拔寒畯有古烈士風遇忠孝節烈事輒長歌紀之淒愴激楚
使人雪涕遇不可於意雖權貴幾微不少假借其胸中非一刻忘世者趨人急
若鷙鳥之發恩鰥寡者艾無所靳在蕺山時力言於大府借帑修治三江閘曰
事雖非山長責然食越人粟則視越人如一家焉有駱生者負鹽課客死先生
連夜作十三札飛遞嶺南俾其孀孤扶六櫬得歸詩古文詞負海內盛名而最
擅長莫如詩古詩勝近體七言尤勝蒼蒼莽莽不主故常高麗使臣嘗餉墨四
笏求其樂府以歸卒年六十一是夕無雲而雷者三相傳其生時亦然著忠雅
堂文集十六卷詩集三十卷銅絃詞二卷填詞九種子知廉字修隅由拔貢署
臨清州同遇秋潦為災有　詔賑濟知廉親履勘乘小舠霜行草宿者三旬得
水腫疾吟五言絕句四章而卒年四十蓋以死勤其事也有弗如堂詩集攷子

知讓字師退　召試舉人官唐縣令有妙吉祥詩集皆得先生家法同時與先

生至交以詩唱和者曰楊垔汪軔後先生而起者曰吳嵩梁樂鈞

垔字子載本天全六番招討宣慰使孫雍正初改土歸流安置江西遂爲南昌

人九歲以詩名與汪君軔相伯仲時稱兩才子軔字魚亭武甯人優貢生少從

邑明經戚謨雲巢遊雲巢治古文有聲魚亭獨好爲詩古體追漢魏近體師太

白襄陽皆尙高格凌廉訪燾彭方伯家屛皆才之金學使德瑛拔冠其曹省試

屢不售新城陳進士道招與諸子共學從入都輒自放於酒酒酣罵座目張炬

與人爭辨抵案碎壺不肯屈巳而痛哭呼死友趙山南不置客不能堪皆避去

陳氏資之入貲爲吉水訓導卒於任著魚亭詩鈔凡二千餘首心餘先生弱冠

時因子載以交魚亭三人相親如昆弟出入必偕患苦相與卹子載嘗舉於鄉

應禮部試訖不第心餘尤推服其詩早卒未竟其用

吳嵩梁字蘭雪東鄉人以諸生應乾隆甲辰　召試不遇逾年舉於鄉以貲爲

國子監博士改內閣中書詩才與黃仲則埒弱冠入都王述菴翁覃溪法梧門

諸公咸稱之自是徧交海內名流酬唱無虛日袁簡齋最自負亦心折其詩所著香蘇山館集傳播外夷朝鮮吏曹判書金魯敬以梅花一龕供奉之稱爲詩佛日本賈人斥四金購其詩扇其名重若此樂鈞初名宮譜字元淑號蓮裳臨川人嘉慶六年舉人著青芝山館詩集與吳蘭雪同爲翁覃溪弟子同以才名遨遊王侯公卿閒晚歲吳名咸於樂然吳詩應酬投贈外心較多不若青芝多內心也

陸耳山先生事略 嚴長明　吳泰來　趙文哲　程晉芳

乾隆中　詔開四庫全書館校永樂大典又廣求天下遺書存書至萬餘種其時總其事者一爲紀先生曉嵐一陸先生耳山也陸先生名錫熊字健男江蘇上海人生有萬夫之稟彊識博聞乾隆二十六年進士明年　車駕南巡獻賦行在　召試列一等　賜內閣中書直軍機處初奉　命編通鑑輯覽繼爲四庫全書總纂官遷宗人府主事累遷刑部郎中三十八年以所撰提要稱　旨特擢侍讀遷庶子晉侍讀學士充日講起居注官直文淵閣四十二年　孝

聖憲皇后崩凡大祭殷奠上　尊謚典禮嚴重應奉文字閣臣屬先生撰進均
被　旨嘉賞歷除光祿太常卿終副都御史典浙江山西廣東鄉試各一分校
會試二提督福建學政一先生以文學受特達之知自四庫全書通鑑輯覽外
若契丹國志勝朝殉節諸臣錄唐桂二王本末河源紀略歷代職官表考奉
勅編輯者又二百餘卷每書成降　旨褒敘或　賜文綺筆硯之屬奏進表文
多出其手　上覽而益善之　特召預重華宮小宴聯句並　賜書畫及如
意等物五十七年春因盛京所藏四庫書多脫誤奏請自往覆校比至而病卒
上悼惜之先生自以蒙　恩遇逾常格不當以詞臣自晝晚年益覃心經
濟學嘗取杜氏通典馬氏通考合以　本朝會典凡食貨農田鹽漕兵刑諸大
政皆審其因革利弊口講手繕之未就而卒其後有　欽定皇朝通典通考諸
書由先生發其端也其同歲　召試得官者曰嚴冬友吳企晉趙損之程魚門
皆彬彬著作之選有盛名

冬友嚴姓諱長明一字道甫江甯人幼有奇慧年十一李穆堂典試江南見之

隨舉子夏命對卽應聲曰亥唐李大奇之謂方望溪曰國器也可善視之遂受業望溪門尋假館揚州馬氏盡讀其藏書乾隆二十七年　車駕南巡以諸生獻賦　召試　賜舉人授內閣中書直軍機處君在軍機凡七年通古今工於奏牘劉文正公最奇其才戶部奏天下雜項錢糧名目繁多請去其名併入地丁徵收君曰雜項既經折色卽爲正供若併去其名目他日吏忘之謂其物官所需必且再徵是重民困也文正曰善乃奏寢之大金川逆命大學士溫福公往督師招君從行固辭退有咎君者君曰是將敗沒若之何從之人頗甚君言軍卒潰隨往者皆盡辛卯會試文正爲考官值軍機事有當關白君撾鼓入闈得見既出同考官朱學士筠曰甚哉冬友不自就試而屑屑治吏事爲文正曰士亦視有益於世否耳卽試成進士何足貴當是時軍機有數大案賴君在直任其勞獲成讞而雲南糧道羅源浩以分償屬吏虧銀不完將論死去限期才十日君袖疏稾入請文正奏寬之羅得出獄然君固不識羅也擢內閣侍讀嘗扈蹕木蘭大雪中失橐駝并所裝物越日有牽駝至且謝罪者則故軍機吏坐

事遣戍者也問何以知爲吾物曰軍機官披羊裘止公一人問旣竊何復還曰恐公寒耳勞而遣之君治事衆中獨勤辦然以是頗見疾憂歸遂乞病築室三楹曰歸求草堂藏書二萬卷金石文字三千卷日哦其中閒遊秦中大梁居畢中丞所爲司奏牘撰西安漢中二府志遊太華終南詩文益奇縱還主廬陽書院乾隆五十二年卒年五十有七君於書無不讀或舉問無不能對歷充通鑑輯覽一統志熱河志平定準噶爾方略纂修官其自爲之書曰歸求草堂詩文集西清備對毛詩地理疏證五經算術補正三經答問三史答問淮南天文太陰解文選課讀文選聲類尊聞錄獻徵餘錄知白齋金石類籤金石文字跋尾石經考異漢金石例五岳貞珉考五陵金石志平原石蹟表吳興石蹟表素靈發伏墨緣小錄南宋鑑奇觚類聚八表停雲錄養生家言懷袖集吳諧志凡二十種子觀晉皆以讀書世其家

吳君企晉名泰來號竹嶼長洲人也少由副榜選校官襟期蕭曠愛松滋山水句留竟歲尋病免歸大父吉安太守銓歸築遂初園於木瀆饒水石之勝父用

儀購書數萬卷藏其中君寢饋其閒凡十餘年乾隆庚辰成進士　召試　賜
內閣中書而君自少無宦情壯益甚遂不赴補同年生畢中丞沅招主關中書
院攜家往後又偕至開封年六十餘卒著有淨名軒集
損之姓趙氏諱文哲號璞函上海人乾隆壬午　上幸江南進詩　召試
賜舉人授中書直軍機處劉文正公統勳文定公綸皆嗟異其才坐與紀學士
昀王比部昶泄漏兩淮鹽運使盧見曾事奪官會尚書阿桂公以副將軍總督
雲貴請以君及王君掌書記　詔許之尋從果毅公阿里袞進征緬甸降之方
撤兵而大小金川不靖　詔尚書温福代阿公帥師入蜀進勦君在温公幕以
功復原官晉主事癸巳六月師潰於木果木温公死之君與其難　贈光祿少
卿　賜祭葬入祀昭忠祠著有媕雅堂娵隅等集君於文無所不工尤以詩詞
名天下在軍中所見殊方絕徼可驚可愕狀一發之於詩尤瑰瑋絕特性機警
善析人情物態代作奏記文字各愜所欲言以是見重諸公閒其死事也天下
惜之

魚門程姓晉芳其名蕺園其自號也歙人業鹾於淮乾隆初兩淮殷富程氏尤豪侈君獨好儒術罄其貲購書五萬卷窮日夜討論之　天子南巡君獻賦行在　召試第一　賜舉人授中書年四十餘矣尋舉進士授吏部主事四庫館開以薦爲纂修官書成擢編修分校會試稱得士君性嗜學見長几闊案輒心開展卷其上百事不理又好周戚里求者應不求或強施之鹽務日折閱付會計於家奴被侵蝕了不勘詰以故逋負山積勢不支乞假赴陝將謀諸畢中丞爲歸老計抵關中一月卒年六十有七君秀眉方頤鬚飄飄左右拂與人言惟恐傷之遇文學人慄然意下延譽不容口京師爲之語曰自竹君先生死士無談處魚門先生死士無走處其聲華之盛如此著周易知旨尙書今文釋義左傳翼疏禮記集釋如干卷勉行齋文十卷蕺園詩三十卷

國朝先正事略卷四十二

平江李元度次青纂

文苑

趙甌北先生事略鄭燮

趙先生翼字耘松號甌北江蘇陽湖人生三歲日能識字數十十二歲學爲文一日成七藝人皆奇之乾隆十五年舉順天鄉試才名動輦下劉文正延至家纂修宮史以明通榜授內閣中書入直軍機處傅文忠汪文端咸倚重焉每扈從行在或伏地草奏下筆千言應奉文非先生莫辦二十六年成進士進呈一甲第一而韓城王文端杰居第三　純皇帝謂自國朝以來陝西未有以第一人舉者遂與文端互易而先生之才固已　心識之矣先是庚辰科大魁爲畢君沅次諸君重光皆軍機中書也忌者因爲蜚語　上聞比先生應廷試劉文正文定兩公又以軍機大臣充讀卷官先生慮其以嫌擯也乃變易書法作歐陽率更體既首選文定微疑之以語文正文正笑曰趙君書吾能辨之此必

非也既揭曉乃歎曰能者固不可測耶遂以編修任撰文修通鑑輯覽壬午分
校順天試癸未丙戌分校會試皆得士尋授鎮安知府地居廣西極邊民醇訟
簡而倉穀出入吏緣爲奸先生痛革其弊鎮民悅服每出巡村民輒舁入其村
謂我公至矣進酒食如家人父子所至皆如之初鎮民與安南民入雲南土富
州爲奸事發捕獲百餘人而其魁農付奉顧逸去前守坐罷官已而付奉死安
南獲其子舁其尸驗之信總督李侍堯疑其爲前守地也斥之先生申辯李怒
而劾之適官軍進勦緬甸　詔先生赴滇贊畫軍事乃追劾疏還明年返鎮會
李調兩廣乃示意監司欲先生稍折節而移之守廣州自助先生不可遂以他
屬而適奉　特旨調廣州監司乃服先生之有守也在廣州獲海盜百有八人
按律皆當死先生詳讞辟三十八人餘遣戍辛卯擢貴西道坐他獄降秩用遂
乞養歸丁未臺灣林爽文作亂李公赴閩治軍事道過常州邀先生偕往時兵
將雲集謂不日且蕩平先生請李公密調粵兵爲備既而總兵郝壯猷敗遁游
擊鄭嵩戰死賊勢大振而粵兵四千適至人心始安已乃籌海運增雇直給衣

裴奏輒報可李公夙以綜核為政先生濟以寬大事平先生力居多始先生贊
畫滇軍傳文忠為經略擬大軍由戛鳩江進征緬甸而命提督五福由普洱進
先生曰戛鳩普洱按圖相距不過三寸實則四千里而遙兩軍聲息不相聞進
退維谷此危道也去歲明將軍不返由不得猛密路消息耳文忠矍然問計安
出先生曰大兵欲渡戛鳩江則偏師宜由蠻暮老官屯夾江下造舟通往來庶
兩軍可以互應從之其後渡戛鳩之兵遭瘴多病而阿文成所統江東岸一軍
獨完遂具舟迎文忠於猛養渡江而歸又敗賊於蠻暮老官屯得蕆事焉臺灣
之役鎮臣柴大紀守城半年以易子析骸入告而督臣尚未渡臺　上得鎮
臣奏憐臺民死守而大兵不時至飛諭鎮臣以兵護遺民內渡　命督臣拆閱
仍封發李公以示先生先生曰某目昏願於帳外就明視之遂失所在閱二時
始至李公怒先生曰明公尚欲封發耶柴總兵久欲內渡畏國法故不敢一棄
城則鹿耳門為賊所有全臺休矣且以快艇追敗兵澎湖其可守乎大兵至無
路可入則東南從此不可問宜封還此　旨某已代繕摺矣李公悟從之翼午

接追還前旨之　諭及批摺回李公膺殊賞而大將軍福康安續至遂得由鹿耳門進兵破賊皆先生策也臺灣既定李公欲奏起先生時年六十一矣固辭因遊武夷徧歷浙東山水一發之於詩先生固善詩自少遊館閣與諸名流相酬唱歸田後主安定書院日與朋遊故舊賦詩爲笑樂其詩與袁簡齋蔣心餘齊名江督費公淳漕督蔣公兆奎皆門下士也每過存先生咨詢風土言不及私兩公益欽重之嘉慶庚午重赴鹿鳴筵宴得　旨賞三品服又四年卒年八十有八先生家居數十年手不釋卷著廿一史劄記三十六卷　皇朝武功紀盛四卷陔餘叢考四十三卷甌北詩集五十三卷簷曝雜記六卷十家詩話十二卷

同時鄭先生燮字克柔興化人板橋其號也爲人疏宕灑脫而天性極厚乾隆元年進士官知縣有惠政以歲饑爲民請賑忤大吏罷歸工畫蘭竹書法以隸楷行三體相參古秀獨絕詩近香山放翁有鄭虔三絕之目詞猶勝於詩弔古攄懷激昂慷慨與集中家書數篇皆不可磨滅文字所著曰板橋詩鈔

姚姬傳先生事略

吳定　姚瑩　劉開　吳德旋　梅曾亮　管同　戴鈞衡

先生名鼐字姬傳一字夢穀世爲桐城姚氏端恪公文然元孫也少家貧體羸多病而嗜學世父範學者稱薑塢先生與同里方苧川葉花南劉海峯善諸子中獨愛先生令受業苧川尤喜親海峯嘗退輒肖其衣冠談笑爲戲薑塢嘗問其志曰義理考證文章闕一不可遂以經學授先生而別受古文法於海峯乾隆二十八年進士選庶吉士改禮部主事三十三年充山東副考官擢員外郎逾年充湖南副考官明年分校會試改擢刑部郎中四庫館開劉文正公朱竹君學士咸薦先生遂爲纂修官時非翰林與纂修者八人先生及程魚門任幼植爲尤著于文襄雅重先生欲令出門下謝不往三十九年書成當議遷官文正以御史薦記名矣會文正薨先生乃乞養歸梁階平相國屬所親語先生曰若出吾當特薦先生婉謝之當是時學者多尚新奇厭薄宋元以來儒者詆爲空疏掊擊不遺餘力先生獨反覆辨論嘗言讀書者求有益於吾身心也程子以記史書爲玩物喪志若今之爲漢學者以搜殘舉碎人所罕見者爲功其玩

物不尤甚耶瀕行翁覃溪學士來乞言先生曰諸君皆欲讀人間未見書某則願讀人所常見書耳先生嘗見　國家右文之治遠軼前代而洛閩義理之學尤有關於世道人心不可誣也顧學不博不足以述古言無文不足以行遠孤生俗儒守其陋說屏傳註不觀固可厭薄而矯之者乃專以考訂名物象數爲實學於身心性命之說則詆爲空疏無據其文章之士又喜逞才氣放蕩理法以講學爲迂是皆不免於偏蔽思所以正之則必破門戶敦實踐倡明道義維持雅正乃著九經說以通義理考訂之郵撰古今辭類纂以盡古今文體之變選五七言詩以明振雅祛俗之指集中贈錢獻之序與魯賓之論文諸書皆其宗旨所在也歸里後主梅花鍾山紫陽敬敷諸講席凡四十年所至士以得及門爲幸與人言終日不忤而不可以鄙私干有來問必竭意告之汲引才儁如不及雖學術與先生異趣者見之皆親服錢塘袁簡齋負詞章好非毀宋儒先生遺之書曰儒者生程朱之後得程朱而明孔孟之旨程朱猶吾父師也然程朱言或有失吾豈必曲從之哉程朱亦豈不欲後人爲論而正之哉正之之可也

正之而詆毀之訕笑之是詆訕父師也且其人生平不能行程朱之行而其意乃欲與程朱爭名安得不爲天之所惡乎紀文達撰四庫書目錄頗詆宋儒先生直斥其妄貌清臞神采秀越澹榮利有超世之志王蘭泉稱其藹然孝弟有儒者氣象而文名尤重天下禮恭親王薨遺教必得姚某爲家傳新城魯絜非以文名江右始受學建甯朱梅崖梅崖於當世之文少許可獨心折先生絜非乃渡江造訪使諸甥陳用光等問業焉自望溪方氏以文章稱海內上接震川推文家正軌劉海峯繼之先生親問法於海峯然自以所得爲文不盡用海峯法也論者謂望溪之文質恆以理勝海峯以才勝學或不及先生則理與文兼至三君皆籍桐城故世或稱桐城派云嘉慶十五年先生與陽湖趙公翼重赴鹿鳴筵宴　詔加四品銜二十年九月卒於鐘山年八十有五著九經說十九卷三傳補注三卷老子章義一卷莊子章義十卷惜抱軒文集十六卷文後集十二卷詩集十卷書錄四卷法帖題跋一卷筆記十卷古文辭類纂四十八卷今體詩鈔十六卷先生主試及分校得士皆稱盛錢御史灃孔檢討廣森其最

也在揚州與歙吳殿麟居最久有所作以示殿麟殿麟所不可輒竄易至數四必得當乃已殿麟名定海峯弟子也嘗語陳君用光曰先生虛懷善取於爲文尚如是其爲學可知矣從孫瑩字石甫薑塢先生曾孫也嘉慶戊辰進士官福建知縣洊擢臺灣道道光二十二年坐夷務被誣陷逮下詔獄凡十有二日而事白以同知發四川由蓬州牧累遷湖南按察使卒於官工詩古文留心經世學遇事激昂奮發銳欲有所爲著東槎紀略五卷康輶紀行十六卷寸陰叢錄四卷識小錄八卷東溟文集二十六卷詩集二十卷

同邑劉君開字明東號孟塗諸生幼孤年十四以書謁姬傳先生先生大奇之曰此子必以古文名世望溪海峯之墜緒其復振乎遂從姬傳遊爲人脫略不羈與人言無不盡家貧客公卿間藉脩脯以爲養試輒不利客死亳州年四十一妻倪氏以身殉姚石甫爲合刻其遺詩三十二卷文十卷駢體文二卷當嘉道間傳惜抱先生古文法者有吳仲倫梅伯言管異之諸君而邑子戴存莊其一也仲倫名德旋宜興人諸生以古文鳴與惲子居呂月滄以文相砥鏃詩亦

高澹絕俗有初月樓集伯言名曾亮上元人道光壬午進士官戶部郎中古文紹姬傳之緒詩天機淸妙皆爲同人推服己酉秋告歸主揚州書院金陵亂後依楊至堂河帥河帥爲刻其柏梘山房集巽之名同梅先生同縣人道光乙酉舉人著有巽之詩文鈔存莊名鈞衡號磬洲道光己酉舉人自謂生望溪海峯姬傳之鄉不敢不以古文自任與同邑蘇原子惇元重訂望溪文集增集外文十之四爲功於方氏甚鉅咸豐癸丑避寇北行卒於臨淮年未四十所著曰磬洲集

張紫峴先生事略　張九鉞　張九鎰　張九鐔

張先生九鉞字度西號紫峴湖南湘潭人父垣河曲知縣無子禱南嶽而生先生生有異稟七歲能詩文十二補弟子員初由選拔中副榜乾隆二十七年舉順天鄉試先生得名最早年十三登采石磯賦長歌人呼太白後身其再入都也值西師奏捷　朝廷行郊勞禮方恪敏公觀承總督畿輔築郊勞臺先生爲賦樂歌大書其上復爲艮鄉居民買戶作凱旋牓帖千餘紙一夕立就才名動

一時二十九年以知縣發江西初攝南豐補峽江調南昌母艱服闋知廣東之始興保昌海陽三縣坐盜案鐫級歸在官講求農田水利荒政不少懈攝南豐時歲歉請平糶部例大縣存七糶三先生驟半之上官嚴檄切責幕僚以爲病先生曰積貯民命也吾能墨守舊制坐視民餓死耶倉米絀則勸邑紳捐助牒買鄰境米鬻至全活者多南昌西北濱彭蠡秋潦爲災先生力請賑親履勘散給晝夜駐墟上凡六閱月動帑十二萬有奇邑人建生祠祀之豫章諸水循城下勢甚急潦則衝齧爲患城內有湖恆氾濫唐觀察使韋丹築捍江堤疏爲斗門以洩內外水曰十門九津宋時開長溝甃以甎石曰豫章溝明甯藩奪民地爲苑囿溝盡塞後爲豪猾所踞水患益鉅先生屢請疏濬新城陳君守訓願捐私財修復先生喜曰此百世利也而豪猾輩百口阻撓當事幾搖動先生以十二利九便議抗爭於臺使者卒賴其力成鉅工在保昌時有希大吏指爲民蠹者先生擒治之同官惴惴先生不爲動既罷職徧遊嵩洛偃鞏閎舉生平磊落抑塞之氣一洩之於詩先生詩文宏博浩瀚縱其力之所至而一軌於正畢制

軍沅重其名迎至節署集名流爲東坡生日修祀酒再巡先生援筆爲長歌四座歎服著陶園文集八卷詩集二十二卷詩餘二卷歷代詩話四卷峽江志偃師志鞏縣志永甯志晉南隨筆若干卷俱梓行先生七歲遊南嶽毘盧洞寺寺僧以其貌類先師出句曰心通白藕先生應聲曰舌湧青蓮僧大駭言其師示寂時留此句云有對者卽其後身因鳴鐘集衆膜拜焉卒年八十有三易簀時口占有前身南嶽一枯僧之句蓋脗合云同堂弟九鍵字石園乾隆辛酉舉人官隆平知縣亦工詩著潄石園詩集九鎰字橘洲丁巳進士官至川東道性伉直嘗發夔州守某侵蝕關稅狀尋引疾歸築園曰退谷著有退谷詩鈔詩在諸張中能拔戟自成一隊九鐔字竹南號蓉湖乾隆己酉進士官編修著有笙雅堂集其詩春容名貴尤邃於經學於羣經多所辨證

鐵冶亭先生事略 夢麟 李鍇 朱孝純

國家文治軼前古 列朝御製如日月之經天朱邸親藩類皆揚風扢雅至八旗士大夫能詩者尤衆特未有薈萃一編以導揚美盛者嘉慶中鐵冶亭先

生手輯八旗詩上溯崇德至乾隆六十年止得詩數百家表上之 詔錫嘉名曰熙朝雅頌集 睿廟親爲製序洵足彰右文之 盛治矣先生名鐵保字冶亭號梅菴滿洲正白旗人乾隆三十七年進士由編修官至兩江總督少與百菊溪制軍法時帆學士並稱三才子館選後偕其弟閬峯並以詩名菊溪稱其詩如王子晉向月吹笙聲在雲外至其氣韻宏深如河流之發源天上其推挹至此所著曰梅菴集尤工書法北人論書者以劉石菴相國翁覃溪閣學與先生鼎足而三生平敬賢禮士推人倫冰鑑爲鄂文端後一人長白詩家年輩在先生前者有夢文子侍郎李豸青山人朱子穎都轉

夢麟字文子蒙古人乾隆十年進士官至工部侍郎工詩樂府宗漢人五言古宗三謝七言古詩宗杜韓皆能具體一時臺閣中無出其右者惜早世未竟其才李鍇字鐵君號豸青山人隸漢軍本勳臣後當得官不就其婦翁爲太傅索額圖當索氏枋用時聲勢隆赫山人遠避之盡以先世產業屬二昆偕其配隱於盤山買田豸峯下構草舍雜山甿以耕其尤貧者授之田而無所取蔬材果

實與衆共賢聲遠聞嗜茗飲遇山谷幽邃處輒埽葉煑泉竟日忘返見者曰此李山人茶煙也嘗舉鴻詞科未遇既老歲一至京師然一二日卽歸人罕見其面詩古奧峭削自闢門徑高者胎源杜陵次亦近孟東野著有含中集及尙史橐朱孝純字子穎漢軍旗人父倫瀚官副都統工詩子穎由進士官知縣累擢泰安知府再遷兩淮鹽運使其詩才力雄放姚姬傳王夢樓咸推服之著有寶扇樓詩集

秦小峴先生事略　管世銘　路德

秦先生瀛字淩滄一字小峴號邃菴江蘇無錫人高祖松齡康熙中舉鴻詞科官諭德先生負異稟讀書能兼人爲詩古文千言立就乾隆丙申　高宗巡幸山東以舉人獻賦行在列一等　賜內閣中書直軍機處擢侍讀遷郎中癸丑授溫處道擢浙江按察使調湖南壬戌引疾歸嘉慶九年補廣東按察使擢浙江布政使入　覲乞內用補光祿少卿遷太常卿尹順天府擢刑部侍郎左遷光祿卿擢左副都御史戶部右侍郎總督倉場尋　命爲副都御史遷內閣

學士晉兵部右侍郎調刑部以目疾乞歸卒年七十有九先生少以文名而勇
於任事且勤其職直樞垣雖不爲和珅所喜仍以簡缺道府薦其特畀以繁劇
者　純皇帝知公深也在温處時除永嘉數十年以生監充莊長之弊民既
免役而賦亦無逋提刑浙江甯紹台大水歲饑甚有司匿不請賑公力言於巡
撫乃得請及調湖南先一年衡州歉收有司匿不報至是陝西奏撥兵米其派
及湖南者衡州與焉公言災傷如是柰何不議賑而議餉力請於撫軍得截留
他縣兵米而減價平糶民乃定提刑廣東擒治亂民梁修平而以功讓總督治
吳鍜喜之結黨於順德者撫黎民之爲亂於瓊州者懲賭博之號稱白鴿標者
在浙江平反定海難民蔡長與十二人之非盜兩上書巡撫得釋又海盜江文
五誣其族與某通實則某嘗首文五於縣有縣牘可證巡撫旣以入告而卒聽
公言以釋某人尤以爲難又嘗促水師提督援定海普陀之盜警巡撫難之而
總督卒用公策以戢盜其貳司寇屢有平反而糧船運丁盜米事發有謂用藥
置米中米立溢者公試之不驗以入告則　仁宗已手試其藥不驗知其枉

因益器公蓋知公之仁恕耿直能任事也生平於詩文皆力追古作者而能有
所自得少爲齊次風杭董甫所知旣得舉見重於竇東臯居京師與姚姬傳王
惕甫魯山木陳碩士以文字相質證著小硯山人集三十六卷己未詞科錄十
卷無錫金匱縣志四十卷淮海公年譜六卷
同州管君世銘字緘若號韞山武進人乾隆戊戌進士由戶部主事充軍機章
京累遷郎中授御史君會試出于公敏中門于好士所援引或數年陟卿貳君
未嘗獨求見于公卒和珅寖用事君憂憤形詞色和珅微聞之而阿文成方倚
公如右臂莫能中傷旣擢御史搆疏稾未成得　旨留軍機君自言愧負此官
文成慰之曰報稱有日何必急以言自見耶蓋期君大用不欲君以擊奸獲譴
也嘉慶己未　朝廷行大賞罰君已先一年卒矣君工制舉文居京師從游之
士凡數百多發名成業以去尤精詩古文深於經術特爲時文所掩耳著有韞
山堂詩文集行世自韞山後以制舉業課士稱極盛者推關中路先生德字潤
生盩厔人少工詩古文嘉慶二十四年進士選庶吉士改戶部主事入直軍機

處遷郎中以目眚歸主關中各書院數年後目忽明弟子著錄二三千人每抉摘疵纇排俗體必極言其所以然風氣一變其評騭改竄皆閉目口授侍書者腕欲脫而汩汩不能休秦士掇甲乙科者皆其及門或私淑弟子也著有樫花館集及仁在堂十數種

法時帆先生事略　王芑孫　何道生

先生名法式善字開文號時帆原名運昌奉　旨改今名蒙古正黃旗人乾隆四十五年進士官侍讀自登仕版即以研求文獻宏獎風流爲己任在詞館著清祕述聞槐廳筆記在成均著備遺錄其未刻者尚多皆有資於掌故所居在厚載門北明西涯李文正公畏吾村舊址也背城面市一畝之宮有詩龕及梧門書屋藏書數萬卷閉以法書名畫蒔竹數百本寒聲疏影翛然如在巖壑閉生平以詩文爲性命士有一藝之長莫不被其容接主壇坫幾三十年人以爲西涯後身不愧也其爲詩質而不腥清而能綺論詩用漁洋三昧之說主王孟韋柳尤工五言與王鐵夫交最善嘗自刻詠物詩一種鐵夫偶弗之善遂止不

行其莫逆如此所著曰存素堂稾
鐵夫王姓名芑孫字念豐一字惕甫嘗欲買田築室於楞伽山又號楞伽山人江蘇長洲人也乾隆五十三年　召試舉人官華亭教諭客京師館董文恭家六年客睿邸又六年中閒往來梁文定王文端劉文清彭文勤諸家爲諸公代削草居淀園每歲出關居熱河雖未挂朝籍而　朝廷有大典禮文章之事未嘗不操筆與其閑性簡傲不肯從諛一介不苟取遇公卿若平交或病其狂實狷也其詩癯然以瘦戛然以清與法時帆張船山何蘭士諸君相唱和爲南北時望所推尤工書婦曹氏字墨琴能詩以翰墨聞有十三行臨本行世鐵夫論古文謂必極其才而後可以裁於法必無所不有而後可以爲大家自非馳騖於東京六朝沈博絕麗之塗則無以極其才而所謂法者徒法而已以徒法而語於文犬羊之鞹耳宋以後歐曾虞范數公之文非不古也以視韓柳則其氣質之厚薄材境之廣狹區以別矣蓋韓柳皆嘗從事於東京六朝韓有六朝之學一埽而空之融其液而遺其滓遂以夐絕千古柳有其學而不能空然亦與

韓爲輔望溪方氏宗法昌黎心獨不愜於柳亦由方氏所涉於東京六朝者淺故不足以知之今雖謂歐曾數公之文勝於柳可也使歐曾數公執筆爲柳氏之文吾知諸公謝不能也所著曰淵雅堂集墨琴之寫韻軒集附焉

何蘭士名道生字立之山西靈石人乾隆二十五年進士與兄元琅同時爲部曹相代爲御史蘭士官至九江府知府有方雪齋集其詩疏爽雄健出入昌黎劍南閑尤善鐵夫有所譏彈輒應時改定山右自澤州相國以來若蓮洋居士清妙則有餘排奡則不及也元琅字硯農進士以詩文鳴著有硯農集

惲子居先生事略　李兆洛　湯貽汾

先生姓惲氏諱敬字子居號簡堂江蘇武進人幼負異才持論好出獨見長老皆驚異焉舉乾隆四十八年鄉試充官學教習居京師與同州張惠言皋文友商榷經義治古文五十九年授富陽知縣銳欲以能自効矯然不肯隨羣輩俯仰大吏憚其風節欲裁抑之令督解黔餉先生曰王事也怡然就道返役調江山縣父憂去官嘉慶五年補江西新喻縣新喻吏素橫黠先生痛懲之人疑其

治過猛也已乃進其士之秀異者與講論文藝士民懷德憎威俗大變十年調瑞金縣諸生楊儀招倚富逼姦佃戶女事發願進重金求脫罪峻拒之至以萬金相啗先生曰吾自作令以來苞苴未嘗及門今若此吾豈有遺行耶卒論如律舉卓異十七年守南昌府吳城同知逾年以奸民誣告家奴得贓失察罷先生爲人負氣矜尚名節所至輒與上官忤上官以其才高每優容之而忌者益衆既免官士大夫之賢者咸惋惜先生一不以綴意益務爲文自壯張皋文之歿京師也先生聞之慨然曰古文自元明以來漸失其傳吾向不多作者以有皋文在也今皋文死吾當併力爲之先是皋文與湯文端金釗講宋儒之學時先生方究心於黃梨洲之明儒學案有所見輒筆記之未及與皋文辨論往復也及是始致書湯公其略曰濂洛關閩之說至明而變至　本朝康熙閒而復其變也多歧其復也多仍多歧之說足以眩天下之耳目姚江諸儒是也多仍之說足以束縛天下之耳目平湖諸儒是也二者如揭竿於市以奔走天下之人故自乾隆以來多慭置之慭置者非也揭竿於市者亦非也且如彼此之相

晉前後之相搏益非也夫所謂濂洛關閩者其是耶其揆之聖人猶有非是者耶其變之仍之者是非其孰多耶蓋先生嘗自言其學非漢非宋不主故常於陰陽名法儒墨道德之書既無所不讀又兼通禪理皋文嘗稱其亦狂亦狷亦隘亦不恭其治古文得力於韓非李斯與蘇明允相上下近法家言敘事似班孟堅陳承祚而先生自謂吾文皆自司馬子長出子長以下無北面者卒於嘉慶二十二年年六十有一著大雲山房文集八卷書事二卷其治獄別有子居決事四卷同縣李君兆洛字申耆嘉慶乙丑進士選庶吉士改官鳳臺知縣工詩古文精考證著書甚富尤精輿地之學罷官後主講暨陽諸書院成就人才甚衆著有養一齋文集又湯君貽汾字雨生亦武進人祖若父殉節臺灣襲雲騎尉官至樂清副將工詩善畫視曹景宗李思訓有其過之居金陵葺精舍焚香鼓琴翛然出塵外海內名宿皆從其遊著有畫梅樓詩集咸豐三年粵逆陷江甯作絕命詞死之事聞 賜祭葬諡貞愍

舒鐵雲先生事略 王曇 孫源湘

舒先生位字立人號鐵雲直隸大興人祖大成康熙壬辰進士官檢討先生幼承家學工詩古文丰神散朗如魏晉閒人逾冠舉乾隆五十三年鄉試屢試禮部不第客黔西王觀察朝梧所會狆苗反威勤侯勒保檄觀察從征先生爲治文書侯大賞異之數召至軍中與計事侯移督四川邀先生同行以母老辭既歸貧無以養仍幕遊近地歲歸省母母壽至八十八而終先生年已五十以毀卒距母喪兩月餘耳生之夕母沈夢一僧執桂花自峨嵋來故小字犀禪云當乾嘉之際海內詩人相望歸愚守宗法隨園主性靈先生以奇博閎恣之才橫絶一世法時帆祭酒嘗以先生及王曇仲瞿孫源湘子瀟並稱爲三君作三君詠云龍么妹者貴州土司龍躍妹也勒侯征狆苗檄調土兵適躍病命么妹帥兵馳抵軍門妹年十八長身白皙結束上馬出入矢石閒所戰必捷秦良玉不是過也事平侯爲么妹執柯將以歸先生先生婉辭之復爲詩紀其事時傳爲佳話先生所著曰瓶水齋詩集身後揚州巴光誥爲梓以行世曇字仲瞿一名良士浙江秀水人乾隆五十九年舉人好游俠通兵家言善弓矢上馬如飛慷

慨悲歌不可一世著有煙霞萬古樓集寶東臯評所撰西楚霸王廟碑曰二千年來無此手筆矣吳侍郎省欽仲瞿座師也館和珅家時和方怙勢仲瞿三上書於侍郎請劾和珅書具存集中張南山嘗曰漢有建安七子唐初有四家余欲選王仲則詩王仲瞿文合刻之題曰乾隆二仲孫子瀟名源湘江蘇昭文人嘉慶十年進士官編修有天真閣集年十五隨父任出山海關登醫巫閭援筆賦詩已有驚人句丙辰會試下第歸途與舒鐵雲王仲瞿兩孝廉同行三人者才相若唱和無閒詩名若鼎足焉子瀟詩沈鬱不及船山卻無其叫囂敏贍不及隨園卻無其游戲婦席氏名佩蘭亦工詩著有長真閣稾

國朝先正事略卷四十三

平江李元度次青纂

文苑

張船山先生事略 彭端淑 李調元

船山先生張姓問陶名字仲冶四川遂甯人相國文端公鵬翮曾孫也生於山東之館陶幼有異稟工詩有青蓮再世之目其存詩自十五歲始乾隆五十五年庚戌成進士尋授檢討 詔選翰詹三十人各書扇五柄又選十二人分書養心殿屏幅先生皆與焉庚申秋分校順天鄉試明年教習庶吉士乙丑改御史巡視南城己巳分校會試未幾改吏部郎中明年七月授萊州知府與上官齟齬鬱鬱不自得逾年病免歸時年四十九罷官後僑寓吳門顏所居曰樂天天隨鄰屋時往來大江南北未幾卒於客舍先生狀似猿自號蜀山老猿亦稱老船其詩生氣湧出沈鬱空靈於從前諸名家外又闢一境其寶雞題壁十八首指陳軍事得老杜諸將之遺傳誦殆徧書法險勁畫近徐青藤不經意處皆

有天趣其婦亦能詩有句云修到人閒才子婦不辭清瘦似梅花先生和之有夜窗同夢筆生花句佳話也著有船山詩草　國朝二百年來蜀中詩人以船山爲最有彭樂齋者以詩古文名蜀中年輩在船山前名相埒樂齋詩近體不及船山五古蒼健沈鬱有杜意論者謂在船山之右云樂齋彭姓名端淑丹棱人雍正十一年進士官吏部澹無好也獨肆力爲古文詞自文選司郎中出爲肇羅道未幾歸主錦江書院有白鶴堂詩文集其詩質實厚重不爲鞶帨之習文亦如之又李君調元字雨村號墨莊緜州人乾隆二十八年進士官潼商道著有童山詩集雨村詩話藏書數萬卷愛才若渴嘗輯函海一書多至二百餘種表彰楊升菴著作爲多又選刻朝鮮四家詩四家者李書九洛瑞柳得恭惠風樸齊家次修李德懋懋官也而樸齊家之名尤著

黃仲則先生事略　楊芳燦　楊揆

黃君景仁字漢鏞一字仲則江蘇武進人生四歲而孤八歲試爲文援筆立就爲諸生冠其儕君風儀玉立慕與交者爭趨就君君或上視不顧人多以爲狂

未冠遇洪稚存逆旅中始共學爲詩同游邵編修齊燾門下旋客湖南提刑王君太岳所是時君已攬九華陟匡廬泛彭蠡泝洞庭每獨遊名山經日不出値大風雨或瞑坐大樹下牧豎見者皆以爲異人自湖南歸詩益奇肆後稍變其體爲王李高岑又出入北宋諸家卒其所詣與青蓮爲近大興朱竹君督學安徽延君及稚存入幕三月上巳會於采石之太白樓授簡賦詩者十數人君年最少著白袷立日影中頃刻數百言徧眎坐客客爲之閣筆居半歲與同事者議不合徑出使院質衣買輕舟訪秀水鄭編修虎文於徽州追之已不及矣嘗自憾其詩無幽并豪士氣遂遊京師翁學士方綱紀學士昀王廉訪昶馮吉士敏昌皆奇君與定交他貴人招之不往也乙未 高廟東巡 召試入二等在武英殿書簽例得主簿入貲爲縣丞先是陝撫畢公沅奇君才厚資之至是爲債家所迫復抱病踰太行出雁門將復遊陝次解州卒於河東運使沈君業富官署年三十有五畢公厚賻之稚存奔其喪所著曰兩當山房集同時楊君蓉裳名芳燦無錫人母顧夢五色雀集庭樹而生君詩文少卽華贍學使彭文

勤大異之字以兄女由拔貢應廷試得知縣補甘肅之伏羌回民田五爲亂起石峯堡縣民馬稱驥應之未發君先期募鄉勇設防會馬映龍以賊謀告君立捕殺稱驥賊遽至與映龍等登陴守五日圍解映龍稱驥甥也君治縣温温若不任事者坐堂皇訊事罷卽手一編就几讀人笑之而其應變敏決乃若是初蘇四十三之亂獄詞連伏羌人大恐君力請於提刑得末減及石峯堡事平賊首張文慶子泰憾映龍洩其謀曰映龍故與吾父通其助守城欲於五日後獻城也阿文成逮映龍至靜甯君曰映龍果欲獻城曷爲以謀告且伏羌無兵勇皆烏合衆亦無俟五日後力始竭文成悟立出之獄君以功擢知靈州嘗單騎諭散奪米飢民請借口糧設粥廠以安衆大府才之君顧不樂外吏入貲爲員外郎居戸部與修會典公餘攤書縱讀益務記覽爲詞章詩出入義山昌谷間而自成其體又工儷體文驚才絶豔世謂盈川復生嘗曰色不欲其耀氣不欲其縱沈博奥衍斯儷體之能事也守伏羌時王蘭泉廉使統師長武嘉其偉節賦詩飛達圍城君立和之幷上伏羌紀事百韻其整暇如此丁母憂貧甚鬻書

以歸主衢杭及關中書院數年入蜀修四川通志主錦江書院弟授知安縣往省之卒於其署年六十有三著有吟翠軒初稾授字荔裳乾隆庚子召試舉人少擅風雅與其兄蓉裳齊名由中書從嘉勇福公征衞藏所歷熊耳山星宿海諸勝異境天開詩格與之俱進累官四川布政使著有藤華吟館集

黎二樵先生事略

張錦芳 馮敏昌 温汝适 趙希璜 胡亦常 黄丹書 呂堅

嶺南自三家後風雅寥寥繼起者爲張太史錦芳馮戶部敏昌温侍郎汝适趙大令希璜而必以黎二樵先生爲冠先生名簡字簡民號二樵順德人十歲能詩峻拔新峭李南澗令潮陽一見奇之曰必傳之作也乾隆己酉充選貢生父憂未赴廷試足跡不逾嶺海詩名日起鉅公來粵者咸折節下之性好山水屢入朱明洞天窮其幽勝朋儕罕當意者惟與德清許周生無錫孫平叔友所居曰百花村亭曰衆香閣曰藥煙生平擅詩書畫三絕其詩由山谷入杜而取鍊於大謝取勁於昌黎取幽於長吉取豔於玉溪取僻於閬仙取瘦於東野鎚鑿鍛鍊自成一家言書得晉人意畫直造元四家堂奧著有五百四峯草堂詩鈔

藥煙閣詞鈔芙蓉亭樂府注莊等書
張君錦芳字粲夫號藥房順德人乾隆五十四年進士官編修初以優貢入都錢竹汀紀曉嵐見之目爲奇士性孝友淹貫羣籍通說文分隸得漢人法兼工繪事而於詩所詣尤深與欽州馮敏昌同縣胡亦常稱嶺南三子又與黎簡黄丹書呂堅號嶺南四家著有逃虚閣詩鈔南雪軒文鈔馮君敏昌字伯求號魚山欽州人乾隆戊戌進士由庶吉士改戶部主事生平徧遊五嶽凡名山巨川煙雲變滅波濤起伏之狀盤礴胸次一發之於詩其詩由昌黎山谷以上追李杜又穿穴諸家自闢面目所著羅浮草堂集巋然爲嶺南一大宗温君汝适號篔坡順德人乾隆四十九年進士由編修直上書房累官兵部右侍郎歷典廣西四川山東鄉試督陝甘學政其詩詞氣和平肖其人品著攜雪齋詩文鈔及曲江年譜咫聞錄韻學紀聞日下紀游等書趙君希璜字渭川長甯人乾隆己亥舉人官安陽知縣著有四百三十二峯草堂詩少讀書羅浮山嘘吸雲烟灑瀹肌骨詩絕無塵俗氣又嘗爲黄仲則刻全集風義尤篤胡君亦常字同謙一

字务甫順德人年二十五卽以詩鳴舉乾隆辛卯鄉試早逝著賜書樓集黃君丹書字虛舟順德人天姿秀穎書過目不忘學使李調元拔之充優貢廷試歸築聽雨樓隱居養親乾隆乙卯舉於鄉下第朝貴爭延之不就嘗曰貧與富交則損名賤與貴交則損節朱文正公撫粤時尤加器重工書善畫與其詩並稱三絕詩出入唐宋於蘇尤近呂君堅字介卿號石帆番禺人歲貢生有遲刪集入嶺南四家詩鈔

宋芷灣先生事略 張維屏

宋先生湘字煥襄號芷灣廣東嘉應人九歲見諸伯叔爲文會卽取片紙學爲文下筆有奇氣乾隆壬子舉鄉試第一嘉慶己未進士選庶吉士授編修丁卯典四川試戊辰典貴州試癸酉授曲靖府知府所屬馬龍州地瘠民貧先生捐俸購木棉教婦女紡績尋署廣南府城內地高飲水艱爲度地鑿東西二塘權迤西道所屬大饑爲捐俸賑恤署永昌府練鄉兵除暴郡有書院久廢先生與復之捐廉千七百兩有奇灣甸者所屬土州也土知州某死無嗣有景在東者

遠族也乘間奪其印專殺自恣不附己者死如是五六年當事怯不敢發賊謀襲土職招匪黨千餘將攻保山縣先生慮爲前明二莽續誓除之商之營不濟請諸鎮帥又不濟賊偵知益猖獗民夷皆赴愬先生曰爾等能爲我殺賊乎衆曰能先生曰果爾芻糧我任之患難我同之遂懸重賞練鄉兵殺賊民夷踴躍於是江有防隘有備又以計散其黨羽賊懼宵遁擣其巢大索七日獲在東斬之自捐軍需銀八千兩不費公家斗粟邊陲以靖郡人建生祠祀之道光五年遷湖北糧道明年卒年七十有一先生襟抱豪邁下筆具倜儻雄奇之槩詩磊磊落落從真性情坌涌而出自成一家言著有不易居齋集豐湖漫草燕臺滇蹄諸集性伉爽見人一藝之工稱譽不容口與番禺張子樹稱莫逆嘗索觀已刻詩良久掀髯笑曰一唱三嘆入人心脾我不如子哀樂無端飛行絕迹子不如我

子樹姓張氏名維屏一字南山父炳文嘉慶辛酉舉人官四會訓導事節母以孝聞南山舉道光二年進士官黃梅知縣遇大水小舟勘災急溜衝去得樹免

於溺與歌有官要救民神救官之句調廣濟漕務非折色規費無所出先生曰
理不直則氣不壯吾寧舍官以伸氣引疾去汪文端語人曰縣官不願收漕世
所罕見也外艱歸援例改同知權南康知府公暇至白鹿洞與諸生講藝建蘇
李二公祠於廬山祀太白東坡未幾罷郡歸少負才名以風雅飾吏治爲蔣礪
堂翁覃溪馮魚山吳山尊及芷灣先生所激賞與楊春譚康侯香山黃子實稱
粵東三子性愛松自號松心子既歸寓居花埭閉戸著書自號珠海老漁有聽
松廬文鈔詩話及松心日錄松軒隨筆老漁閒話諸書行世而所輯國朝詩
人徵略尤有功於文獻云

鮑覺生先生事略　程恩澤

鮑先生桂星字雙五一字覺生安徽歙人八歲能詩文十五補諸生嘉慶己未
進士選庶吉士授編修　御試高等遷中允每撰進奉文字輒拜文綺之　賜
甲子典試河南遂督河南學政擢洗馬晉侍讀戊辰典試山西庚午擢侍講學
士督湖北學政還少詹事癸未晉詹事除內閣學士既受代聞林清之變疏陳

十事馳入京　仁宗亟稱之且曰已次第施行矣丙戌擢工部右侍郎充武英殿總裁條奏武英殿事劾提調及副管不職狀提調撫先生平日語中之遂落職令閉門思過越五年復官編修　宣宗即位以編修　召對　諭之曰汝所劾者朕今褫其職矣既由侍講擢通政司副使　上召見復　諭曰欲爾習練諸事也甲申擢詹事　召對詢年齒甚悉明年卒於位先生邃於文學質厚性直有明斷才敢任事少從吳澹泉定學詩古文因以溯劉海峯後師姚姬傳於爲詩力守師說姬傳稱之曰是能合唐宋之體而自成一家者也著進奉文鈔二卷詩八卷詠史懷人詩十卷又嘗用司空表聖說輯唐詩品八十五卷同縣程春海侍郎稍晚出與齊名

程先生恩澤字雲芬春海其號也父昌期乾隆庚子進士官侍讀學士春海幼穎異毀齒經傳皆成誦尤好讀古書剖析疑義同縣曹文敏公金輔之殿撰皆語學士曰此子非凡才也嘉慶辛未成進士選庶吉士授編修道光元年　命直南書房　諭曰汝父蘭翹先生朕昔年最敬其品學汝之聲名朕亦知之宜

更勵素行同列皆榮之旋奉　敕校刻養正書屋集是年典四川鄉試還中允
校刻　御製詩文初集三年督貴州學政擢侍講再遷侍講學士六年調湖南
學政回京還祭酒母憂服闋仍直南書房十二年典試廣東時以候補祭酒未
與開列異數也是年冬　命在上書房行走課惠親王讀王敬禮師傅詩古文
書法皆日有進甚相益　上與王論先生爲人有和而不同之目十三年擢
內閣學士明年授工部右侍郎調戸部十七年充經筵講官卒於位遺疏入
上嗟悼久之　詔優卹　賞其子德威爲舉人先生學識超時俗六藝九流
皆深思而得其意工篆法熟精許氏學督學貴州時勸士民育蠶其利大行於
民又重刻岳珂五經以訓士及奉　詔纂修春秋左氏傳推本賈服不專守杜
氏一家言所著述惟國策地名考二十卷已定本餘多未成書不自料其年不
永也詩文雄深博雅於金石書畫考訂尤精審嘗謂近人治算法由九章以通
四元可謂發明絕學而儀器罕有傳者乃與鄭君復光約修復古儀器所撰國
策地名考謂孟津在河北非今孟津縣亦非古河陽縣蒲坂非舜都乃衞蒲邑

以嘗入秦仍歸故謂之蒲坂諸條皆確不可易阮文達校毛詩有椒其馨謂椒當作馥其訛久在六朝已然先生曰詩苾芬孝祀韓詩作馥芬孝祀馥字毛詩兩見形聲不謬於六書尤確證也卒年五十有三

許周生先生事略

許君宗彥字積卿又字周生浙江德清人父祖京乾隆戊子省元己丑進士官廣東布政使先生生有異質九歲能屬文劉文正公謂他日必爲名儒費文恪公譚古愚中丞皆異其才王侍郎昶作積卿字說贈之嘉慶己未成進士授兵部主事是科得人最盛幾與康熙己未乾隆丙辰兩詞科相埒朱文正曰經學則有張惠言等小學則有王引之等詞章則有吳鼒等兼之者其許生宗彥乎先生性孝友不忍離其親觀政兩月卽假歸體素羸兩執親喪哀毀過情氣彌弱遂絕意進取顏其齋曰鑑止水以見志杜門著書垂二十年先是君以葬親故隆冬周歷穹山感寒疾戊寅冬益劇至臘月不能穀食日飲水食瓜果神明不亂力疾爲汪家禧楊鳳苞嚴元照作三文學合傳已爲絕筆詩坐而逝年五

十有一生平寡嗜好惟喜購異書不惜重值於書無所不窺旁及道藏釋典名物象數必躋其奧而後已獨不取考訂以爲無裨實學尤精天文得西洋推步秘法自製渾金球別具神解所著鑑止水齋文集十二卷詩八卷集多說經之文其學說能持漢宋儒者之平其周廟祧考世室考能發韋元成劉歆鄭康成王肅所未能明其他如日行諸解能辨王寅旭戴震之誤禮論治論諸篇皆獨具神識未經前人道及阮文達目爲通儒而陳恭甫謂足躪梨洲而跨董甫蓋非阿好云配梁氏字楚生相國文莊公孫女少司空敦書女工詩著有古春軒詩鈔

鄧湘皋先生事略

歐陽輅　魏源　湯鵬

鄧先生顯鶴字子立一字湘皋湖南新化人八歲能詩舉嘉慶甲子鄉試屢試禮部不第遂絕意進取博究羣書足跡半天下凡海內薦紳大夫才俊士多慕與爲友晚授甯鄉訓導尋乞病歸時因事至長沙治旁舍舍客造請詩文者日相踵悉能副其所求翕然稱楚南文獻者垂三十年先生嗜善其天性自幼時

聞長老稱述鄉邦巨人長德輒欣然聽之比其長也搜討楚故尤不遺餘力楚南值鼎革之際其毅然殉白刃蹈溝壑者不可勝數迨殊世久遠尺牋寸楮多隨水火劫奪以佚若滅若沒委同草莽　國朝風教日盛士尤爭以文術志節相高往往抱幽守獨至老死且窖其書牖下不求名於時先生網羅散失每得殘縑斷簡如獲異珍驚喜狂拜不自已所纂沅湘耆舊集千七百人詩萬五千六百八十首各爲小傳以詩存人復搜刻蔡忠烈遺集王船山遺書增輯周聖楷楚寶重修寶慶府志編校歐陽文公圭齋集重訂周子全書至議建會城前後五忠祠及邵州前後五忠祠尤欲舉貞臣烈士爲邦人勸俾各勤其忠義之心用意尤深且遠焉先生內行醕篤事其兄顯鵾極友愛嘗作聽雨圖及南村耦耕圖以見志撫兄子勤於己子尤篤風義喜振拔孤寒所爲古文詳贍演迤壹意表章先哲凡予奪失實者必力爲昭雪時以比全謝山之鮚埼亭集其爲詩也覃精竭慮與同里歐陽磵東切劘辨析不少假咸豐元年八月卒年七十有五郡人祀之邵州十先生祠著南村草堂詩鈔二十四卷文鈔二十卷資江

耆舊集六十四卷沅湘耆舊集二百卷楚寶增輯考異四十五卷武岡州志三十四卷寶慶府志百五十七卷朱子五忠祠傳略考正一卷五忠祠續傳一卷明季湖南殉節諸人傳略二卷易述八卷次子琮字小皋以拔貢舉於鄉詩文皆有家法纂沅湘耆舊集前編極精審後先生一月以毀卒

歐陽磵東初名紹洛易名輅字念祖博學多通書過目不忘少孤貧非其力不食有梁伯鸞徐孺子風乾隆甲寅舉人屢試春官不遇南走粵北爲薊代之遊與法時帆錢裴山曾賓谷諸人唱和其湮鬱剛介嚴凝之氣一寓於詩其詩初從義山窺少陵戛而爲昌黎滉而爲東坡晚乃跌宕昭彰自出一隊然不多作嘗言作詩當自寫胸中之天不期而與古人合陶文毅嘗刻其詩集於吳中湘皐之輯耆舊集也　本朝二百年閱其稱詩老者惟張陶園及磵東二先生云

同郡魏先生源字默深邵陽人嘉慶癸酉拔貢己卯及道光辛巳兩中副榜壬午舉順天鄉試冠南籍試卷進呈　宣廟手批嘉賞名藉甚入貲爲內閣中書改知州甲辰第進士發江蘇以知州用權東臺興化縣事己酉大水河帥將

啓閩先生力爭不能得則躬赴制府擊鼓陞制軍建瀛聞報立往勘始得免啓
七州縣士民皆德之未幾補高郵州坐驛遞遲誤免尋以緝獲梟匪功經袁副
憲甲三奏復其官咸豐六年卒先生文筆奧衍熟於掌故尤悉心時務精輿地
之學其論河務謂宜改復北行故道咸豐五年銅瓦廂之決河復北流由大清
河入海適與所論相合蓋猶及見之云所著有曾子章句二卷　聖武記十四
卷海國圖志六十卷詩古微十卷書古微十卷公羊微十卷春秋繁露注十二
卷清夜齋文集二十卷選　皇朝經世文編及論學文選如干卷方先生之舉
京兆也文譽飆起典會試者爭欲羅致之得一卷文筆絕類先生揭曉則同年
生益陽湯海秋也海秋名鵬豪於文道光癸未進士所爲制舉藝列市肆中士
擬取科第者相踵而君於是時已專力爲詩歌古文詩凡三千餘首初由禮部
主事直軍機處遷戶部員外郎晉御史意氣踔厲所慕惟李文饒張太岳一流
於是勇言事未逾月章三上以劾宗室尚書某被議罷御史仍回戶部循資遷
郎中屢校禮部試英夷擾海疆求通市君已黜不得建言猶條上夷務三十事

乞尚書轉奏皆　報聞其後米利堅求改關市約有奏中不可許者數事人以是服其精非空言無實者比也君既負才不試則益務著書以自暴白於天下所作浮邱子立一意爲幹幹分爲支支之中又有支焉則支復爲幹支幹相演以遞於無窮大抵言軍國利病吏治要最人事情僞凡九十餘篇最四十餘萬言每遇人輒曰能過我一閱浮邱子乎而其友魏默深則曰是書可傳也甲辰七月卒年四十有四

陳章侯先生事略　崔子忠　羅聘

陳先生洪綬字章侯浙江諸暨人年四歲就塾婦翁家翁方治室以粉堊壁先生累案登其上畫漢前將軍關侯像長十尺餘拱而立翁見之大驚下拜遂以室奉侯既長師事劉念臺先生講性命之學已而縱酒挾妓自放頭面或經月不沐客有求畫者雖罄折足恭勿與至酒閒召妓輒自索筆墨小夫稚子無弗應也嘗客杭州友人招飲西湖先生赴之遇他舟徑登其席坐上座飲主人徐察之知爲章侯也亟稱其畫先生大駭曰子與我不相識也拂袖去崇禎壬午

充國子監生明年還里旣遭亂混跡浮屠閉自稱老遲亦稱悔遲亦稱老蓮縱酒挾妓如故語及身世亂離輒慟哭不已後數年以疾卒先生能詩爲畫名所掩著有寶綸堂集時有崔青蚓者與齊名京師號南陳北崔

崔先生名子忠字開予一名丹別字青蚓明末補順天府學生負才名尤善畫董尚書其昌異之謂非近代所有也益自重凡以金帛請者概不應有友人官吏部屬選人以千金爲壽先生投之地曰乃以選人金污我耶史忠正公家居過其舍見先生方絕食乃留所騎馬徒步歸先生售馬得十數金呼其友與痛飲曰此酒自史道鄰來非盜泉也一日而金盡絕食如故好讀書通大戴禮發爲詩古文奧博奇崛非近世所有流賊陷京師先生出奔鬱鬱不自得會人有觸其意者走入土室中匿不出遂餓而死先生二女皆善畫而章侯妾胡淨鬘亦能畫花卉云

羅君聘字遯夫號兩峯歙縣布衣寓江都爲金冬心弟子畫入高格尤喜畫鬼有鬼趣圖爲時所重詩亦超然物外重寧寺爲 純廟祝釐地畫壁至今存

蓋鹺商持數百金倩兩峯所作也王述庵謂其畫大阿羅漢及摩訶薩像足與陳章侯崔青蚓相上下洵不誣云

王石谷先生事略　黃鼎

國初畫家有三王之稱三王者太常卿時敏字煙客廉州太守鑑字元照而其一爲石谷先生其後又稱二王謂先生與麓臺侍郎原祁也先生名翬字石谷別號耕煙宋忠臣堅之後世爲常熟人童時無嗜好常引荻畫壁作山水即生動會廉州過虞山於壁間見小幅驚喜甚問誰作知爲王氏子年甫冠也歸語太常具舟迎之館於西田盡出唐以後名畫俾坐臥游泳其中盡得古人秘奧而一以靈心運之垂二十年遂成大家先是館西田時倣古入神品廉州推服曰此非吾弟子也三百年罕覯此人矣而一時耆宿若錢牧齋吳梅村周櫟園王阮亭宋漫堂諸公爭作詩古文張之推爲大家無異辭有　詔徵召以布衣供奉　內廷嘗繪　南巡圖天下能手駢集咸逡巡莫敢下筆先生至口講指畫咫尺千里令衆分繪而已總其成圖成　上覽之稱善欲授官以不能任

職辭出都日公卿祖餞多賦詩贈行先生篤孝友慎交遊尤敦風義太常康州
歿歲必省其墓乞畫者必擇人而與否則巧取豪奪不能得晚歲煙雲供養外
吟風弄月終其身康熙丁酉卒年八十有六武進惲壽平少寫山水見先生畫
歎曰吾讓子爲一人矣遂專工花卉稱絕藝同縣有黃尊古先生者稍晚出名
與先生齊
尊古名鼎號曠亭世居常熟之唐墅鎮生平好遊覽嘗之齊魯登岱歷燕趙韓
魏入秦登太行終南太華諸山又出塞垣數千里經于闐近身毒國乃還後居
黃山遊匡廬羅浮九疑陟嵩衡升峩嵋巔攀岷山窮長江之源已乃入天台鴈
蕩武夷諸勝凡詭奇怪偉之狀一寄之於畫論者謂石谷看盡古今名畫下筆
具有淵源尊古看盡九州山水下筆具有生氣並稱大家焉尊古客京師時有
故相延之與均禮然見其傾軋者多恐將及難堅辭去及故相罹禍時尊古在
粵中走六千餘里入都相與哭別晚歲有制府係舊識具書幣招往秦中既至
聞其縱恣無度遂策馬還竟不往見途中惟寫終南雲氣武功太白諸圖以壯

行色聞者高之性孝友獨力葬大父母父母兄子貧無歸分產給之養姊妹之寡者四方餽遺隨手盡不爲後日毫髮計少從邱高士嶼雪學畫後師麓臺然每與人言必曰我邱先生弟子也卒於雍正八年年七十有一

鄧完白先生事略

先生姓鄧氏字石如其名以恭避　仁宗廟諱故遂以字行而更字頑伯安徽淮甯人居皖公山下又號完白山人少讀書好刻石仿漢人印篆甚工弱冠孤露即以刻石遊性廉介無所合客壽州適梁大令巘主壽春書院以工李邕書名天下先生爲其門下生刻印又以小篆書諸生箑梁見之歎曰此子未諳古法耳其筆勢渾鷙余所不能充其才力可獨步一時矣因爲治裝而致之江甯梅孝廉鏐孝廉爲文穆公季子梅氏自北宋以來爲江左甲族弆藏甚富文穆又受　聖祖殊遇得內府珍祕尤多秦漢以來金石善本備在焉先生既得縱觀推索其意窮雅俗之分好石鼓文李斯嶧山碑太山刻石漢開母石闕燉煌太守碑蘇建國山碑及皇象天發神讖碑李陽冰城隍廟碑三墳記臨摹

各百本又苦篆體不備手寫說文解字二十本復旁搜三代鐘鼎及秦漢瓦當碑額以縱其勢博其趣窮日夜忘寒暑五年篆書成乃學漢分臨史晨前後碑華山碑白石神君張遷等碑各五十本三年分書成嘗自謂吾篆未及陽冰而分不減梁鵠蓋篤論也先生客梅氏八年學既成徧遊名山水仍以書刻自給遊黃山至歙鬻篆於賈肆武進張編修惠言方授經金修撰榜家編修故深究秦篆見先生書語修撰曰今日得見上蔡真跡修撰驚問語以故遂冒雨偕詣先生於古寺修撰延爲上客金氏家廟甚壯麗其楹皆貞石而刻聯及懸額修撰精心寫作蓋百易而後定謂莫能加也及見先生書卽鳩工斵其額而石楹既豎不便磨治乃架屋而臥楹屬先生書之刻成乃重建其傾服至此編修從先生受篆法一年修撰稱之於曹文敏公文埴文敏屬先生作四體千文橫卷一日而成文敏歎絕具白金五百爲壽未幾文敏入都強之同往先生獨戴草笠鞹芒鞵策驢後文敏三日行文敏次山東相值於開山時巡撫以下命吏郊迎文敏先生策蹇過轅門門者呵止之文敏遙見先生趨延入讓上座徧贊於

諸公曰此江南高士鄧先生也其四體書皆爲　國朝第一諸公乃大驚爲具車從先生卒辭不肯同行時都中工書者推劉文清而鑒別則推陸副憲錫熊見先生書皆大驚踵門求識面且曰千數百年無此作矣先生遂留都門未幾文清左遷副憲暴卒而翁閣學方剛夙擅篆分以先生不至其門乃力詆之耳食者和其說先生尋出都文敏爲治裝致之於畢制軍沅時吳中知名士多集節署裘馬都麗先生獨布衣徒步居三年辭歸留之不可乃爲置田宅爲終老計後文敏病篤語其子曰吾卽逝鄧山人必有挽聯至卽以勒吾墓華表及專祠前楹足矣涇人包世臣愼伯推先生篆書爲神品嘉定錢坫獻之自負其篆爲直接少溫與愼伯同遊焦山見壁間篆書曰此非少溫不能作而楮墨似百年物世間豈有此人耶此人而在吾不復搦管矣旣知爲先生二十年前作乃撫其不合六書處以相詆陽湖錢伯坰魯斯故服先生篆分推爲絕業復見其行草歎曰楊少師神境也遂因愼伯見先生及與論運腕法不合助獻之詆先生甚力而陽湖李兆洛申耆獨以愼伯所推爲當先生卒於嘉慶十年年六十

有三子傳密能承其學申耆藏先生各體書爲勒石以傳之

國朝先正事略卷四十四

國朝先正事略卷四十五

平江李元度次青纂

遺逸

徐俟齋先生事略 戴易　巢鳴盛　沈壽民

先生姓徐氏名枋字昭法江蘇長洲人俟齋其別字也父忠節公汧崇禎戊辰進士官諭德南都立遷少詹事屢疏詆馬阮爲所齕乞病歸乙酉六月蘇州破正衣冠投虎邱新塘橋下死之事具明史先生弱冠舉崇禎壬午鄉試忠節公將徇國先生號泣欲從死忠節曰吾不可以不死若長爲農夫以沒世可也自是隱居終其身足不入城市初避地汾湖已遷蘆區遷金墅往來靈巖支硎閒終於澗上草堂地當天平山麓後人就草堂立祠祀焉先生與宣城沈壽民嘉興巢鳴盛稱海內三遺民性峻潔鍵戶不與人接書法孫過庭畫宗巨然閒法倪黃自署秦餘山人海內得其遺墨爭寶之蔡制軍毓榮慕其名具書幣屬其友人通意卻之湯文正撫吳屏騶從徒步造門者再卒不見嘆息而返所往來

惟壽民及萊陽姜實節崑山朱用純同里楊无咎山陰戴易甯都魏禧門弟子吳江潘耒暨南嶽僧洪儲數人而已黃岡杜濬於並世人獨重先生及壽民自愧不如先生耐寒飢不納人一絲一粟惟洪儲時急而周之曰此世外清淨食也嘗絕糧數日黃九煙造之出畫箑俾鬻於市無售者則曰此黃九煙詩畫也乃得銀數錢歸而先生及九煙皆怒以爲洩九煙名趣返其值先生豢一驢甚馴通人意日用閒有所需則以所作書畫卷置簏於驢背驅之驢獨行及城闉而止不闌出一步見者爭趣之曰高士驢至矣亟取卷以日用所需物如其指備而納諸簏以爲常康熙三十三年卒年七十有三遺命不受弔商邱宋犖時撫吳以不得一致賻襚於先生爲憾所著居易堂集二十卷文辭健拔意在扶值世教無一諛墓酬應之作又有二十一史文彙通鑑記事類聚讀史稗語讀史雜鈔建元同文錄管見等書子文止文行有父風早卒戴易字南枝山陰人少從劉念臺先生學游吳門年七十餘矣與先生一見相得稱老友先生歿僅一孫饘粥不繼謀葬諸祖塋不獲南枝曰吾爲俟齋任此事相度經年得地於

鄧尉之西真如塢謂潘耒曰地在梅花深處與高士宜第索直三十金耒先以十金成券會有黃山之游南枝募於人無應者迺矢願賣字以給之南枝故善八分書非其人不可得至是榜於門每幅銀一錢貲遂集又相旁地并買之南枝貧無隔宿炊冬月常衣袷其貿字也銖積寸絫不妄費一錢一蒼頭飢不能忍輒逃去己則寄食僧舍中語及徐先生必流涕云巢鳴盛字端明號崆峒幼孤事母至孝崇禎丙子舉於鄉甲申明亡母亦殁卽築室於墓顏其草堂曰永思閣曰止閣而自號止園三十七年跬步不離墓次康熙十九年卒年七十俟齋爲定私謚曰貞孝先生洪儲字退翁與化李氏子出家住靈巖最久南都覆吳越與義旅退公實左右之辛卯被逮諸義士爭救之久而免好事如故或戒之曰憂患得其宜湯火亦樂國也俟齋先生曰每歲三月十九日退翁必素服焚香北嚮揮涕拜蓋二十八年如一日耳退公嗣法弟子滿天下其最曰正志故大學士嘉魚熊公開元也初入山執爨事退公一見輒知爲非常人其次曰宣城沈麐生故監司壽嶽子壽嶽死國事麐生抱王裒之痛遂祝髮事退公後

沈耕巖先生事略

耕巖姓沈氏諱壽民字眉生世爲宣城人性孤峭不妄言笑爲文好深湛之思江右艾千子至宛陵盛稱之一時聲華之盛江上二沈遂與吳中二張埒二張謂天如受先二沈謂崑銅及先生不以名位爲甲乙也明崇禎丙子詔行保舉法巡撫張國維以先生應詔時流寇躪中原特起楊嗣昌於苫塊倚以辦賊而嗣昌以熊文燦之招撫爲嘗試逍遙司馬堂先生伏闕上疏謂綱常正而後可以正世風金革奪情乃陋儒之曲說卽嗣昌迫於君命亦應躬歷戎行枕戈衽革而乃支吾旦夕安坐京師軍旅之寄一付諸文燦以招撫爲上策天下有不殺人而能生人者乎有授柄於賊而可懾賊者乎將來釀禍誤國嗣昌之肉其不足食矣疏爲通政所格再上留中不報黃忠端公道周歎曰此何等事朝臣不言而草野言之乎吾輩媿死矣於是臺臣何楷錢增林蘭友詞臣劉同升趙士春相繼劾嗣昌最後忠端有廷辨之事皆先生發其端也先生上書報罷遂

棄經生業與周鹿溪鑣掩關求佐王之學從游者數百人無何而黨禍作阮大鋮者魏閹義兒也以新聲高會招來天下士冀復起先生於劾嗣昌疏中及之於是顧杲吳應箕等推先生之意作留都防亂揭以攻之大鋮恨甚及得志按揭中姓名將盡戮之而以先生爲首先生變姓名入金華山中南都亡遂匿跡深山採藜藿以自食有知而餉之者皆峻卻曰士不窮無以見義不奇窮無以明操郡守朱元錫致十金辭不獲庋置壁中三年未嘗一發視也溧陽陳名夏雅善先生旣入相將特疏薦之遣使寓書先生不發函對使焚之溧陽意猶未已先生遺書曰龔勝謝枋得智非不若皐羽所南也而卒殞軀者由多此物色耳今之薦僕者直欲死僕也溧陽歎息止自是避人愈堅足不履城市者三十年當事或邀之及半道望望然去康熙乙卯五月卒年六十九疾革命門人劉堯枝施閏章載筆曰以此心還天地此身還父母此學還孔孟語畢而瞑生平重然諾友人周梅骨死海外子幼先生渡海葬之鹿溪之沒也藐孤爲逋負所逼先生鬻田以償始有完卵與黃梨洲交最篤別四十餘年矣臨歿爲書永訣

去易簀十有三日耳遺集若干卷閑道錄若干卷

汪魏美先生事略

汪先生諱渢字魏美浙江錢塘人少孤貧力學與人落落寡諧人號曰汪冷舉崇禎己卯鄉試與同縣陸公培齊名太守錢君以女妻之初盛飾入門先生誡之乃屏侍婢以疏布躬操作明亡遂棄科舉姻黨欲強之試禮部出千金賕其妻俾勸駕妻曰吾夫子不可勸吾亦不屑此金也嗣因兵亂奉母入天台海上師起羣盜滿山谷始反錢塘僑寓北郭外室如懸磬處之晏如當是時湖上有三高士之目先生其一也當事皆重之監司盧高尤下士一日遇先生於僧舍問汪孝廉何在先生應曰適在此今已去矣盧悵然不知應者即先生也盧嘗遣人通殷勤於三高士約置酒湖船以世外禮相見其二人幅巾抗禮盧相得甚歡惟先生不至爲恨事已知其在孤山放船就之終排牆遁去先生不入城市有司或以俸金爲壽不得卻埋之里貴人請墓銘饋百金拒弗納始居孤山遷大慈菴又遷寶名院匡牀布被外殘書數卷鍵戶出或返或不返莫可蹤跡

遇好友飲酒一斗不醉氣象灑灑塵事了不關懷然夜觀乾象書習壬遁知其耿耿者猶未下也康熙丁酉黃先生梨洲遇之於孤山頗講龍溪調息法各賦詩三章明年同至葛仙祠又明年笑魯菴中坐月至三更是夜寒甚菴中止布被一先生與梨洲兩背相摩得少煖氣明日梨洲入雲居訪仁菴先生矢不入城至清波門別去魏叔子自江西來訪先生謝弗見叔子留書曰魏美足下吾甯都魏禧也欲與子握手一痛哭耳足下以尋常游客拒之則可謂失人先生省書大驚一見若平生歡臨別執手涕下先生嘗從愚菴和尙究出世法叔子曰君事愚菴謹豈有意爲其弟子耶先生曰吾甚敬愚菴然今之志士多爲釋氏牽去此吾所以不肯也乙巳七月三十日終於寶石僧舍年四十有八臨歿舉書卷焚之詩文無一存者起視日影曰可矣書五言詩一章投筆就寢而逝詩曰大化無停晷道術久殊轍住世守頑形間途猶未徹至人本神運可會不可說冰泮水還清雲開月方潔一旦破樊籠逍遙從此別

郭些菴先生事略 陶汝鼐 郭金臺

些菴先生姓郭氏名都賢字天門湖南益陽人父讜以鄉貢知開縣夙有志於道學從吉州鄒先生守益游最久先生幼穎異天啓二年進士授行人嘗冊封閩藩七年分校順天鄉試得史可法等六人歷官員外郎出爲四川參議督江西學政分守嶺北道崇禎十五年巡撫江西黜貪墨獎循吏汲汲如不及時張獻忠已逼境賊騎充斥先生晝夜繕守禦兵餉無措乃大會屬僚凡官司一應供給皆捐以助餉左良玉屯兵九江驕蹇觀望先生惡其淫掠檄歸之而自募士兵爲戍語見明史良玉傳會有尼之者遂乞病棄官入廬山逾年北京陷悲憤不食南都建號史公開閫揚州薦授南京操江辭不赴桂王立肇慶以兵部尚書召而先生已祝髮爲僧矣先是洪承疇坐事落職先生奏請起用至是承疇入　本朝經略西南以故舊謁先生於山中旣得見餽以金不受奏擢其子監軍亦堅辭先生見承疇時故作目眯狀承疇驚問何時得目疾先生曰始吾識公時目故有疾洪默然甯都魏禧先生撫江西時所得士也禧嘗上書曰先生抱道履德二十年閟所著述之文與所交游造就之士必有偉論奇人足以

振天下之聾瞶開後世之太平者其推重如此論者謂先生門下史忠正之節義經濟魏叔子之文章得一已足不朽可想見師友淵源之盛矣先生篤至性哀樂過人嚴而介風骨嶄然博學強識工詩文書法瘦硬兼善繪事寫竹尤入妙人得其片紙隻字爭珍弆之祝髮後號頑石又號些菴茹苦無定居初依熊魚山開元尹洞庭民與於嘉魚住梅熟菴已流寓沔陽築補山堂前後十九年歸結草廬桃花江復以詩累客死江甯承天寺有女名純貞許字黔國公沐氏國變後音問梗絕遂終於家純貞能詩自署曰郭貞女先生所著有衡嶽集止菴集秋聲吟西山片石集破草鞵集補山堂集些菴雜著等書時有陶密菴者與齊名

陶先生汝鼐字仲調一字燮友甯鄉人也少奇慧甫齔應童子試督學徐亮生驚喜得異才拔冠湖南數郡崇禎九年充拔貢生會上幸太學羣臣請復高皇積分法祭酒顧九疇奏薦先生才莊烈帝特賜第一詔題名勒石太學除五品官不拜乞留監肄業癸酉舉於鄉兩中會試副榜南渡後由翰林待詔改職方

郎任監軍復授檢討南都覆先生薙髮溈山號忍頭陀生平內行篤父歿哀慕終身事母曲盡孝養處族黨多厚德嘗爲人雪奇寃冒險難活千餘人然不自言也詩古文有奇氣書法險勁名動海內有楚陶三絕之目所與遊皆天下名士而與些菴先生尤篤著有廣西涯樂府嚏古集寄雲樓集褐玉堂集嘉樹堂集若干卷些菴爲序之有生同里長同學出處患難同時同志之語楚南遺獻以些菴密菴兩先生爲最著云

同時郭金臺字幼隗湘潭人本姓陳氏恪勤公之祖也年十二遭家難匿中表郭氏得脫郭初無子遂子之生而狀貌奇偉見者目爲異人弱冠有聲黌序居家孝友淵默至慷慨談天下事議論風生諸監司郡縣旌幣踵至吉藩延至邸館置醴賦詩常爲倒屣崇禎己卯壬午兩中副榜會舉行積分法屢薦不起例授官亦不就隆武南渡登鄉舉督師何公騰蛟巡撫堵公允錫先後論薦授職方郎中再起監司僉事皆以母老辭時獻賊既陷湖湘闖賊潰卒復相繼蹂躪縣百里無人烟乃請於督師命偏裨練鄉兵爲守禦全活以萬計晚歸隱衡山

著書授徒口不談世事惟論列當時殉難諸人輒欷歔流涕及卒自題其阡曰遺民郭金臺之墓

何仲淵先生事略

先生名宏仁字仲淵浙江山陰人陶文簡公望齡甥也幼習外家教復從念臺劉忠正公游明崇禎丁丑進士官建平令有異政歲久旱大江以南飛蝗食禾殆盡獨不入建平界未幾以憂去蝗遽入北鄉民益神之尋任高要縣興水利清關榷方銳欲有所施設復以父艱歸隨遭甲申之亂浙東事起強以御史召不得已就職建白數萬言或行或不行而事勢已不可支矣丙戌五月江上師潰公棄官至剡之白峯自恨不及從亡作詩投崖而絕久之復甦土人守之得不死隨披薙從方外游入陶介山事山主雲藏禪師隨衆樵汲晝夜作苦同事者爲先生難之先生曰吾視出沒風濤閃眴息生死者何如而敢言勞苦哉然先生猶謂去人境不遠復瓢笠往來縉雲義烏諸山與樵翁衲子侶行歌獨哭從此遊益遠入山益深崎嶇崖塹醯鹽並絕所過皆留詩紀歲月遇高僧郭蓮

峯徵君李秘霞結塵外之交館留崇聖寺藜牀風雨三人者相對嘿語終日人不測其所以居數月而病作先是己丑四月先生謂李徵君曰居此久幸稍安顧此中常有戚戚者行別子飛錫白雲之鄉耳今留一函與家人訣遲其來則示之至是病困令出所緘書讀之曰吾茹荼齎志忝厥所生毀傷莫贖於國爲不忠於家爲不孝死後勿棺殮我當暴野三日以彰不忠之罪三日後火化入塔勿祔葬先壠以彰不孝之罪讀竟而絕推先生之心蓋無日不以爲可悲而得死之足樂也然其家仍返葬會稽玉几之祖阡以先生本非出世者從初志也癸未進士余公增遠者字若水志節士亂後躬耕山中自匿跡不與人接先生之葬玉几山也公子拜求其題主余公卽許諾至期以舟迎之來不赴頃之自棹一小艇徑詣墓側取舊衣冠拜墓上事訖下山賓主不交一辭主人使客延之懇留飲則舟中已庋粥一盂虀菜一豆取啜畢急解維去會葬者百餘人皆目送歎息謂非先生高節余公且不易致云

李礐園先生事略 鄭學垣　劉永錫　陸元泓

李因仲諱天植學者稱蜃園先生浙江平湖人先世多隱德崇禎癸酉舉於鄉性蕭散自得視世事泊如也嘗曰無欲則心清心清則識朗識朗則力堅時時以誨學者癸未子諸生觀卒先生自以有隱慝痛自刻責遂絕意仕進改名確字潛夫國變後家具蕩然遂與妻別隱陳山絕跡不入城市訓山中童子自給自署曰邨學究老頭陀居山十年有僧開堂以避喧始返其蜃園賣文自食不足則與其妻爲櫻繫竹筥以佐之好事者約月供薪米力辭不受有司慕其高往訪之輒踰垣避所著詩文皆弔甲申以來殉節者蜃園者乍浦勝地可望見海市者也又十年家益困不復能有其園寄身僧舍戚友贖蜃園歸之始復與妻居時年七十矣子震亦棄諸生非義一介不取二老相對時絕食則歎曰吾生本贅耳待盡而已有餽食者非其人終不受或問以身後曰楊王孫之葬何必棺也又十年蜃園僅存二楹兩耳聾又苦下墜終日仰臥客至以粉版書相問甯魏叔子來自江西造其廬先生視姓字則強起張目視之泣叔子亦泣時方絕糧叔子探囊得銀半兩贈之五反不受固以請曰此非盜跖物也始納之

買米爲炊共食而别叔子屬周布衣篔曹侍郎溶糾同志爲之繼粟且謀其身後事吳門徐昭法聞之曰李先生不食人食聽其以餓死可也已而先生果堅拒未幾卒叔子聞之曰吾淺之乎爲丈夫已乍浦有鄭嬰垣者孤介絶俗與先生稱金石交先二年凍死雪中至是先生以餓死臨殁曰吾無愧於老友矣時康熙十一年也年八十有二葬牛橋所著蝨園集佚惟續修乍浦九山志世有傳本又有劉牘菴者名永錫字欽爾魏縣人亦先生友也崇禎丙子舉人授長洲教諭署崇明縣事庭無留獄未幾遭鼎革隱居相城有大吏造其廬欲強之出牘菴袒裼疾視曰我中州男子年二十渡漳河登大伾躍馬鳴鞘兩河豪傑誰不知我乃以此相逼將謂我畏死邪取壁上劍將自刎門人抱持之得解尋移居陽城湖之濱率妻女織席以食累日不舉火有遺之粟者非其人不受老奴從魏縣來勸之歸曰室廬故在也牘菴曰吾非不欲歸奉君命來此君亡義不可歸耳乃命其子偕老奴歸時歲荒得食愈艱雜糠籺作食妻病不能下咽竟餓死一女許字同邑某氏子某氏宦於粵音問阻絶十餘年至是請於父曰

兒不辰遭家國之變翁家存亡不可知留此身以累大人無爲也遂自經死而其子之歸中途亦死於盜是日凶問適至賸菴旣無家乃買破船一往來江湖閒時從諸遺老遊嘗泛舟中流鼓枻而歌曰白日墮兮野荒荒逐鳧雁兮侶牛羊壯士何心兮歸故鄉風水蕩激歌聲伊鬱聞者哀之錢牧齋念其窮招之往賸菴曰彼爲黨魁受主眷枚卜時天子以伊傅期待今豈忘之邪卒不往後數年以窮餓死友人陸元泓葬諸虎邱之山塘元泓字秋玉常熟人以志節自勵無家圖己像於水墨尺幅中自號水墨中人

邵得魯先生事略　張廷賓

邵先生名以貫字得魯餘姚人性狷潔明季石梁陶文覺公之學盛行姚中沈求如史子虛其高弟也顧頗參以禪悟先生亦從之遊獨講求有用之學歲饑糾同志爲義倉桑梓德之已而國難作先生欲死之以母老不果遂祝髮爲頭陀狂走入雪竇山中妙高臺僧道巖者故鄞廣文張廷賓亦姚產而沈史講會中人也先生依之苦身持力不與人接鄞故都御史高公斗樞物色得之曰異

人也遺其二弟從之遊周公囊雲亦以僧服居白坑時時過從尋以省母返居潭上園黄忠端公仲子澤望志節夙與先生近至是來居園中夜共讀謝皋羽遊録而慕之曰方今豺虎滿天下五嶽之志不可期矣四明二百八十峯近在臥榻峯峯有吾兩人屐齒於是始偏走山中然山寨方不靖所在多邏卒而二公冠服奇古頻遭詰難顧不以爲苦亡何入絶谷不知所向方茫然求故道不可得俄而峯回路轉松竹梧桐甚盛有雞犬聲趣就之茅舍一椽中有幅巾者出問客何來則語之以里宅笑曰吾亦姚人避世居此不虞君之涉吾地也乃止宿則告曰是爲石屋山僕故孫公碩膚監軍陳從之也孫公死海上吾無所依來此山中遂與人世絶因相顧歎曰是真桃源矣澤望嘗曰得魯自甲申後輔頰閑無日不有淚痕其稍開口笑者則遊山耳未幾澤望卒先生無所向自是益卞急棄家投四明山之楊菴時尚有一妾先生去亦爲尼菴中每日晨昏各上堂禮佛此外雖茗粥不相通久之皆卒於菴先生詩文甚富散佚無存者

余若水先生事略　周齊曾

余先生諱增遠字謙貞一字若水會稽人明崇禎癸未進士除寶應知縣劉澤清開府淮南凌轢郡縣吏先生投牒棄官歸畫江之役補禮部主事遷郎中事去逃之山中郡縣逼之出見乃輿疾城南以死拒久之事得解草屋三間不蔽風雨以鱉甲承漏聚村童五六人授以三字經臥榻之下牛宮雞塒無下足處晨則秉耒出與老農雜作未嘗因其貴人而讓畔也同年生王天錫爲海防道欲與話舊先生以疾辭天錫披帷直入先生擁衾不起曰不幸有狗馬疾不得與故人爲禮天錫執手勞苦出門未數武則已與一婢子擔糞灌園矣天錫遙望見之歎息去冬夏一阜帽雖至昵者不見其科頭先生慨世路偪仄遂疑荀卿性惡之說爲確至欲著論以非孟康熙己酉十月卒年六十有五蓋二十有四年不出城南一步也疾革黃先生梨洲造其榻前欲爲切脉先生笑曰某祈死二十年以前反祈生二十年之後乎梨洲泫然而別同時有周唯一先生者名齊曾字思沂鄞人先生同年進士也知廣東順德縣事變社倉爲義田而以社倉之法行之又倣西北弓箭社法修僕區沈命之術盜一發無脫者國變後

棄官歸遯入剡源盡去其髮爲髮冢架險立瓢榜曰囊雲自稱無髮居士剡源
饒水石與山僧樵子出沒瀑聲虹影閒王天錫求見拒之曰咫尺清輝舉目有
山河之異不願見也爲詩文機鋒雷激汪洋自恣寓言十九然清苦自立胸中
兀然有所不可與若水先生無二也梨洲嘗倣葉水心誌陳同甫王道甫之例
爲兩先生合誌其墓云

國朝先正事略卷四十五

國朝先正事略卷四十六

平江李元度次青纂

遺逸

惲遜菴先生事略 子壽平

先生諱日初字仲升號遜菴武進人也舉崇禎六年鄉試副榜久留京師十六年應詔上備邊五策不報知時事不可爲乃歸擕書三千卷隱天台山中三年而兩京亡唐王立福州魯王亦監國紹興吏部侍郎姜垓薦先生知兵魯王遣使聘之先生意以監國爲不然固辭不起　大清兵下浙避走福州福州破走廣州廣州復破乃祝髮爲浮圖曰明曇已復至建陽是時　大兵席卷浙閩粵三行省唐王被執死魯王亦敗走海外湖廣何騰蛟江西楊廷麟等皆前後破滅而明遺臣民尚擁殘旅遙奉永明王金壇人王祈聚衆入建甯屬縣多響應於是建陽士民數百人譟於先生之門固請不得至建甯見王祈非初志也先生曰建甯入閩門戶能守則諸郡安然不扼仙霞關建甯終不守也欲取仙霞

宜先取浦城乃遣長子楨隨副將謝南雲先趨浦城失利皆死而御史徐雲兵連入數州縣鋭甚先生說令夜襲浦城自督兵繼進會大雷雨人馬衝泥淖行不能速將至城下已黎明軍遂潰　大清總督陳錦李率泰統重兵來圍建甯永明王使兵部尚書揭重熙赴援先生上書揭公請逕取浦城斷仙霞嶺餉道徐與圍中諸將夾擊之揭公至邵武不能進建甯遂破王祈力戰死先生收散卒走廣信尋入封禁山中數月糧盡喟然曰天下事壞散已數十年不可救正然莊烈帝殉社稷薄海茹痛小臣愚妄謂即此可延天命今迺至此徒毒百姓何益遂散衆獨行歸常州久之張煌言與鄭成功軍薄江甯敗走訛傳張公弟鳳翼乃先生門人從師匿縣官將收捕先生色如常曰吾當死久矣既而事解卒年七十有八康熙十七年戊午也先生少與楊廷樞錢禧交爲文章縱麗於百氏無所不窺尤喜宋儒書及從劉念臺先生遊學益進嘗上書申救念臺義聲震天下丙戌以後累至山陰哭祭爲之行狀近十萬言晚歲不得已歸常州仍服浮圖服而言學者多宗之無錫高世泰忠憲公從子也重葺東林書院先

生與同志習禮其閒知常州府駱鐘泰屢求見不納去官後與一見言中庸要領喜而去曰不圖今日得聆大儒緒論也次子桓在建甯被掠而不知所終三子格惲格字壽平後以字行改字正叔自號東園草衣生又曰白雲外史旣老稱南田老人陳錦破建甯時年才十三被掠錦無子其妻愛其聰穎子之後從錦遊杭之靈隱寺遇遜菴於塗遜菴因與寺主諦暉謀俟錦妻入寺紿言此子宜出家不然且死錦妻故佞佛留之寺中泣而去自是始得歸以父兄忠於明不應舉惟攻古文詞其於畫天性也山水學王蒙旣與常熟王翬交曰君獨步矣吾不爲第二手遂兼用徐熙黃荃法畫花鳥自爲題識書之世稱南田三絕宋尙書犖曰南田畫吾暗中摸索能辨之王太常時敏遣使招至以方出遊不時至至則太常已病革喜甚榻前一握手而逝家甚貧風雨常閉門餓然非其人不與畫視百金猶土芥也所居甌香館倡酬皆一時名宿卒年五十四著有南田集

祁奕喜先生事略 魏耕

先生諱班孫字奕喜小字季郎山陰人祁忠敏公次子也忠敏諱彪佳明蘇松巡撫少從劉忠正公游南都破死節明史列傳有子二長理孫以大功兄弟次其行稱祁五公子而呼先生爲六公子初忠敏夫人商氏嘗夢老衲入室生公子美姿容白如瓠而雙足重趼頗惡劣日能行數百里又時時喜趺跏娶朱氏故少師忠定公燮元女孫也忠敏靖節之月東江兵起恩卹諸忠而忠敏贈兵部尚書祁氏羣從之長曰鴻孫故嘗與忠敏同受業戢山至是將兵江上思以申忠敏之志而先生兄弟罄家餉之事去先生之婦翁戒曰勿更從事於焦原矣不聽祁氏自夷度先生以來藏書甲江南其諸子尤豪喜結客講求食經四方轡履麕集及先生兄弟以故國喬木自任屠沽負販之流兼收並蓄家居山陰之梅墅其園亭在寓山柳車踵至登其堂複壁大隧莫能詰也慈谿布衣魏耕者狂走四方思得一當爲亳社計桑榆先生兄弟則與之誓天稱莫逆耕之談兵也有奇癖非酒不甘非妓不飲禮法之士莫之許先生獨以忠義故曲奉之時其至則盛陳越酒呼若耶溪娃以侑觴又發淡生堂壬遁劍術諸書供採

擇又徧約同里諸遺民如朱士稚張宗道輩以疏附之或告變於浙之幕府刊
章四道捕耕有首者曰苕上乃其婦家山陰之梅墅乃其死友所嘯聚大帥急
發兵果得之縛先生兄弟去旣讞兄弟爭承祁氏客謀曰二人倂命不更慘乎
乃納賂而宥其兄先生遣戍遼左其後理孫竟以痛弟鬱鬱死而祁氏家爲之
破然君子則曰是不愧忠敏子也當是時禁網尙疏甯古塔將軍得賂則弛約
束康熙丁巳先生脫身遁歸里社中漸物色之乃祝髮於吳之堯峯尋主毗陵
馬鞍山寺所稱呪林明大師者也好議論古今不談佛法每及先朝則掩面哭
然終莫有知之者癸丑十一月十一日忽沐浴曳杖繞堂曰我將西歸入暮端
坐逝發其篋有東行風俗記紫芝軒集且得其遺教欲歸祔乃知爲山陰祁六
公子自關外來者遂得返葬先生性好奇其東歸也留一妾焉披緇時亦累東
游東人或與談禪受其法稱弟子嘗曰甯古塔蘑菇天下第一吾妾所居籬下
出者又爲甯古塔第一令人思之不置東人至今誦其風流婦朱最工詩其來
歸也與君姑商夫人娰張氏小姑湘君時相唱和商夫人字冢婦曰楚纕字介

婦曰趙璧以志閨門之盛先生被難朱尚盛年孤燈緇帳數十年未嘗一出廳屏自先生兄弟殉淡生堂書星散論者謂江東文獻大厄運也

沈斯菴先生事略　張士楙

烏虖滄桑改革之際貞臣遺老有託而逃者衆矣而蹤迹莫奇於四明沈先生先生名光文字文開一字斯菴鄞人也少以明經貢太學乙酉豫於畫江之師授太常博士丙戌浮海至長垣再豫琅江諸軍務晉工部郎戊子閩師潰而北扈從不及聞粵中方建號乃走肇慶累遷太僕卿辛卯由潮陽航海至金門閩督李率泰方招徠故國遺臣密遣使以書幣招之先生焚其書返其幣時粵事不可支先生遂留閩思卜居於泉州之海口浮家泛宅忽颶風大作舟人失維飄泊至臺灣時鄭成功尚未至而臺灣爲荷蘭所據先生從之受一廛以居極旅人之困弗恤也遂與中土音耗絶海上亦無知先生生死者辛丑成功克臺灣知先生在大喜以客禮見時海上諸遺老多依成功入臺亦以得見先生爲喜握手相勞苦成功令麾下致餼且以田宅贍之亡何成功卒子錦嗣頗改父

之臣與政軍亦日削先生作賦有所諷或譏之幾至不測乃變服爲浮屠逃入臺之北鄙結茅羅漢門山中以居或以好言解之於錦得免山旁有伽溜灣者番社也先生於其閒教授生徒不足則濟以醫歎曰吾廿載飄零絕島棄墳墓不顧者不過欲完髮以見先皇帝於地下耳而卒不克命也夫已而錦卒諸鄭復禮先生如故癸丑　王師下臺灣諸遺臣皆物故先生亦老矣閩督姚啓聖招之先生辭姚公貽書問訊曰管甯無恙因許遣人送先生歸鄞會姚公卒不果而諸羅令李麟光賢者也爲粟肉之繼旬日一候門下時耆宿已盡而寓公漸集乃與宛陵韓文琦關中趙行可無錫華袞鄭廷桂榕城林奕丹山陽宗城螺陽王際慧等結詩社所稱福臺新詠者也尋卒於諸羅葬焉後人遂居臺蕃衍成族先生居臺三十餘年目見鄭氏三世盛衰前此諸公述作多佚於兵燹惟先生得保天年於承平後海東文獻推爲初祖所著花木雜記臺灣賦東海賦檨賦桐花賦古今體詩志臺灣者皆取資焉邑子全謝山嘗令遊臺者訪先生文集竟得之以歸凡十卷錄入甬上耆舊詩爲虖先生依依故國與蔡子英

之在漢北同然以子英之才豈無述作卒委棄於絕域識者惜焉先生靈光巋然得以其集重見於世爲臺人破荒亦少慰虞淵之恨矣同時有張先生士椰者惠安人崇禎癸酉副榜明亡遯跡臺灣居東安坊杜門不出日以書史自娛辟穀三年惟食茶果壽至九十九乃終

陸周明先生事略

先生姓陸氏名宇爀字周明浙之鄞人也父世科明大理卿先生少與錢忠介公肅樂共學忼慨有大志忠介江上之師先生實左右之祥興航海風帆浪楫得棲遲金鼇牡蠣閒皆一時遺臣烈士出死力奉之以終賸水殘山之局雖側踵焦原糜軀湛族不計也方事之殷餘姚黃先生梨洲昆弟亦嘗戮力共事先生嘗偕其客十數人過梨洲與共計畫客皆四方知名士梨洲亦閒至其城西田舍複壁柳車雜賓死友每食咄嗟立辦仰視天俛畫地耿耿者未嘗一日忘其後梨洲知事不濟自屏於窮山先生亦不相聞閒然喜事乃益甚江湖閒多傳其姓名以爲異人康熙癸卯先生爲降卒所誣捕入省獄獄具先生竟得脫

歸未至寓而卒先生既以好事罄其家產室中所有惟草薦敗絮及故書數百卷訃聞家人掃除其室得布囊於亂書之下發之則人頭也其弟春明識其面目捧之而泣曰此故少司馬篤菴王公頭也初司馬兵敗懸首於甬之城闕先生思收瘞之每徘徊其下一日見暗中有頓首而去者迹之走入破屋先生曰子何人對曰吾漁人也先生曰子必有異無吾隱其人曰余毛明山會以卒伍事司馬今不勝故主之感耳先生相與流涕共詣江子雲計所以收其頭者江子雲者故嘗與先生共學又錢忠介部將也失勢家居會端陽競渡遊人雜沓子雲紅笠握刀從十餘人登城遊嬉至梟頭所問守卒曰誰戴此頭也者卒以司馬對子雲佯怒曰嘻吾怨家也亦有今日邪拔刀擊之繩絕墮地先生及明山已豫立城下方是時龍舟噪甚人無回面易視者先生以身蔽明山拾頭雜稠人而去先生得頭祀之書室蓋十有二年矣而家人無知者至是春明始瘞之昔李固死汝南郭亮左提章鉞右秉鈇鑕詣闕上書乞收其屍南陽董班亦往哭固殉屍不肯去欒布奏事彭越頭下祠而哭之彼皆門生故吏故冒死不

復顧先生於司馬非有是也徒感其忠義遂不惜捍當世之文網豈不尤賢乎哉始先生讀書時有弟子訟其師師不直先生詣文廟伐鼓慟哭卒直其師而後止歸震川嘗敘唐欽堯爭同舍生之獄以爲苟生兩漢時卽此可以顯名當世在先生視之尋常瑣節耳先生卒後梨洲先生誌墓石其文固不後震川也先生有子二女適同邑萬斯大

周德林先生事略

周先生諱元懋字柱礎別字德林鄞縣人尚書文穆公應賓猶子也以文穆任累官南京屯部郎中榷揚關奉使蜀中歸出知貴州思南府母憂未赴任而國難作先生跌宕自喜初欲以文章發名成業及受門資之寵非其好也都御史廖大亨曰門資豈足屈人在人自主耳李衛公非起家任子者乎唐中葉宰相無其匹矣先生乃大喜魯王建國東江先生服未闋錢忠介公招之固辭不出而破家輸餉無少吝丙戌六月家人自江上告失守先生慟哭自沈於水以救得甦乃祝髮入灌頂山中先生故善飲至是益縱酒又不喜獨酌呼山僧不問

其能飲與否強斟之夜以達旦山僧爲所苦皆逃匿則呼樵者與飲樵者以日暮長跪乞去固持之尋亦逃先生無與共則斟其侍者已而侍者醉臥乃呼月酹之月落呼雲酹之灌頂去先生家且百里酒不時至又穹山難覓酒徒乃返其城西枝隱軒每晨起輒呼子弟飲子弟去則呼他人或其人他去則呼酒極之於所往斟之不遇則執途之人斟之於是環所居浮石十里閒望見先生者相率引避不得已乃獨酌先生既積飲且病勸止酒者無算輒張目不答或叱去之惟江湖俠客以事投止者雖酣醉時輒蹶然起接之無失詞罄所有輸之惟恐後也以是盡毀其家庚寅嘔血不可止竟卒年四十妻俞亦以毀卒前太常博士王公玉書哭之曰德林兀然狂放於麴蘖閒箕踞叫號俾晝作夜幾不知身在何世身外有何天地舍此且不知吾身置於何所昔人詩云酒無通夜力事滿五更心德林爛然長醉蓋期於無復醒時以自全也先生不死於水而死於酒其宋皇甫東生之流歟浮石周氏國變後披緇者三人通城佯狂以死所謂顛和尚者也順德苦身持力畢生不入城市所謂苦和尚者也而先生獨

以醉和尚稱

傳青主先生事略

陽曲傅先生山字青竹改字青主別署公之宅亦曰朱衣道人又字嗇廬六歲啖黃精不樂穀食強之乃復飯少與孫公傳庭共學讀書過目成誦明季天下將亂諸號爲搢紳先生者多腐惡不足道憤之乃堅苦持氣節不少媕婴提學袁公繼咸爲巡按張孫振所誣孫振閹黨也先生約同學曹良直等詣通政使三上書訟之不得達乃伏闕陳情時巡撫吳公甡亦直袁竟得雪先生以此名聞天下馬文忠世奇爲作傳以謂裴瑜魏劭復出旣曹公任兵科先生貽書曰諫官當言天下第一等事以不負故人之期曹公瞿然即疏劾首輔周延儒錦衣衛駱養性直聲震一時先生家世以學行師表晉中得其山川雄深之氣思見諸實用時蔡忠襄懋德撫晉寇已亟講學三立書院亦及軍政軍器之屬先生往聽之曰迂哉公言非可起而行者也甲申國變夢天帝錫之黃冠乃衣朱衣居土穴養母明年袁公自九江羈燕邸以難中詩遺先生曰不敢愧友生也

先生省書慟哭曰嗚呼吾亦安敢負公哉甲午以牽連被逮抗詞不屈絕粒九日幾死門人有以奇計救之者得免然先生深自咤恨謂不若速死爲安而其仰視天俯畫地者未嘗一日止如是者二十年天下大定始以黃冠自放稍稍出土穴與客接有問學者則告之曰老夫學莊列者也仁義禮樂卽強言之亦不工又雅不喜歐公以後之文曰是所謂江南之文也平定張濟者亦遺民以不謹得疾死先生撫其尸哭之曰今世之醇酒婦人以求必死者有幾人哉嗚呼張生是與沙場之痛等也又自歎曰彎彊躍駿之骨而以佔畢朽之是則埋吾血千年而碧不可滅者矣或強以宋諸儒之學則曰必不得已吾取同甫先生工篆隸書畫弱冠學晉唐人不能肖得松雪墨蹟稍習之遂亂真矣已乃愧之曰是如學正人君子輒苦其難近降與匪人遊不覺日親於是復學顏太師謂書甯拙毋巧甯醜毋媚甯支離毋輕滑甯真率毋安排君子謂先生非止言書也趙秋谷推先生書爲　本朝第一顧深自愛惜不輕爲人寫毋喪貴官致聘作數行謝之貴者喜曰此一字千金也吾求之三年矣先生既絕世事而家

傳故有禁方乃資以自活子曰眉字壽髦能養志每日樵山中置書擔上休擔
則取書讀之中州有吏部郎者故名士訪先生問郎君安在先生曰少需之且
至矣俄有負薪歸者先生呼曰孺子來前肅客吏部頗驚抵暮先生令伴客寢
則與敘中州文獻滔滔不置吏部或不能盡答也詰朝謝先生曰吾甚慚於郎
君先生喜苦酒自稱老蘗禪眉乃自稱小蘗禪或時出遊眉與子共挽車暮宿
逆旅仍篝鐙課讀經史騷選諸書詰旦必成誦乃行否則予杖故先生家學大
河以北莫有窺其籓者嘗批集古錄曰吾今乃知此老真不讀書也康熙戊午
詔舉博學鴻儒給事中李宗孔以先生薦時年七十有四矣眉已前卒固辭
不可乃稱疾有司令役夫舁其牀以行二孫侍將至京師三十里以死拒不入
城於是馮相國溥首過之公卿畢至先生臥牀不具迎送禮魏公象樞乃以其
老病上聞　詔免試放還山先生與杜徵君越尤篤老　命各加中書舍人以
寵之馮公乃詰先生曰　恩命逾常格其強入一謝先生不可馮公令賓客百
輩說之遂稱疾篤乃使人舁以入望見午門淚涔涔下馮公強掖之使謝則仆

於地魏公進曰止止是卽謝矣翼日歸相國以下皆出城送之先生歎曰今而後其脫然無累哉旣而曰使後世或妄以劉因輩賢我且死不瞑目矣聞者咋舌自京師歸大吏咸造廬請謁先生自稱曰民冬夏著一布衣帽以氈或曰君非舍人乎不應也及卒以朱衣黃冠殮所著霜紅龕集十二卷眉詩附焉先生嘗走平定山中爲人視疾失足墮崩巖僕大驚哭曰死矣先生旁皇四顧見有風峪甚深中通天光百二十六石柱林立則高齊所書佛經也摩娑終日出欣然忘食其嗜奇如此顧甯人嘗曰蕭然物外自得天機吾不如傅青主

張白雲先生事略

張先生怡字瑤星初名鹿徵上元人父可大明季總兵登萊死國難先生以諸生授錦衣衛千戸甲申流賊陷京師遇賊將不屈械繫將肆掠其黨或義而逸之久之始歸故里其妻已前死獨身寄攝山僧舍足不入城市鄉人稱白雲先生當是時三楚吳越耆舊多立名義以文行相高惟吳中徐昭法宣城沈眉生躬耕窮鄉雖賢士大夫不得一見其面然尙有楮墨流傳人閒先生則躬樵汲

口不言詩書學士詞人無所求取四方冠蓋往來日至玆山而不知山中有是人也方處士仲舒余處士公佩歲時問起居入其室架上書數十百卷皆所著經說及論述史事請貳之弗許曰吾以盡吾年耳已市二甕下棺則併藏焉卒年八十有八平生親故夙市良材爲具棺槨疾革聞而歎曰昔先將軍致命危城無親屬視含殮雖改葬親身之櫬未能易也吾忍乎顧從孫某趣易棺定附身衾衣乃卒乾隆初　詔修三禮求遺書從孫某以書詣郡太守命學官集諸生寫之久之未就書遂無傳者

李向若先生事略　甯浤

先生名灌字向若陝西郃陽人幼警敏讀書日盡數千言明崇禎癸酉舉人甲申之難痛哭北上與呂孝廉得璜約同死王事渡河如晉其父以書止之乃不果棄家東渡至角北寺遂薙髮爲僧放浪太華黃河間入山采藥或累歲不知所向或黃冠緇衣行哭都市識者曰此必李子向若也跡之果然已翩然遁矣國初徵書累下皆引疾不起行蹤奇誕多寄跡僧房梵宇與田夫牧豎伍又自

結茅菴於河滸終歲屢空晏如也性至孝負經濟才博極祕緯詩文清雄奇宕自成一家與人言閎衍浩渺一歸本於忠孝長吏求一見不可得晚歲於乳羅山鑿石室以居得田數十畝名小桃花源居數月遁去嘗遊華山至落雁峯方移目有異人飛空而至與語久之且曰要知未來但觀已往語似有道者先生卒雲中郭君匡廬爲題碣曰逸民李向若先生之墓路徵君振飛書也同時甯柏岩者名浤字季騰自號甯鳩山人與先生同邑少補諸生性古執木強言動不苟邑賢令范公器之招入西河書院日與講學論文雅好古工考證發明四禮於喪祭尤篤國變後盡室入山家臥虎岡之北谷爲土室終歲尸居其中閉或登梁山臨清泉鳴琴寫歌非其人卽避去足跡不入城市者垂五十年

國朝先正事略卷四十六

國朝先正事略卷四十七

平江李元度次青纂

遺逸

夏叔直先生事略 郭履躔

夏先生汝弼字叔直號蓮峯一號蓮冠道人湖南衡陽人也生有異稟明季爲諸生剛介負氣鼎革後佯狂高蹈無定蹤歲丁亥衡湘兵亂忽有稱蓮冠道人者攜一童子囊琴至湘鄉之車架山倣僧樓而止焉日就古木鳴泉閒藉危石彈琴舒嘯已登白石峯銅梁山觀瀑布輒數日不返問其姓字不對人亦莫能測也邑士蕭常賡見而識之延至家或歌或哭與語及時事卽閉目不答居月餘辭去莫知所往後聞其挈家入九嶷山絕粒死先生與王船山交最摯有遺詩曰車架山同夕堂作夕堂船山自號也船山集中與先生唱和詩尤多車架山在湘鄉西南九十里其對峙者曰白石峯先生嘗與船山同遊峯巔爲之記其略曰夫以是峯之特立出於羣山之表而其上蒼蒼無窮者且如彼是果有

所謂天耶抑無所復名之而姑謂之天耶天者果有所懤與則亦宜有所不懤者存何居乎其必懤之荒遠而始以爲大乎則吾未知其定有天焉者否也於是兩人者選石而坐不能去不能留歌無聲言無謂相視久之不得名其故曰已晚矣乃遵所登之路而返讀者謂不減楚騷天問云同縣有郭季林先生者名履躚崇禎壬午舉人國變後隱居石獅嶺下足不入城市竹塢藥欄日吟嘯其中自樂所著涉園草王船山南牕漫記中盛稱之今不傳

唐汲庵先生事略　瞿龍躍

唐先生訪字周之號汲庵湖南武陵人以桂林籍中崇禎壬午鄉試第一瞿忠宣公式耜見所對五策詫爲異人永明時特疏奏授庶吉士掌制誥備顧問上六代中興法戒書奉敕入楚南聯絡勳鎮既知事不可爲乃痛哭祝髮築食苦庵以終號食苦和尚自爲之記其略云和尚早遭荼苦十歲遭父冤中遭刖已伸復蹶今蹶已甚和尚所遭尚未有艾也和尚三遊燕四入雒一過秦再歷吳越晉趙閩粵乃反楚賦帝京記華山訪侯嬴豫讓墓弔姑蘇之臺問五湖之棹

漁舟不返屆宋同歸每入名山喜獨遊夜遊雨遊雷遊雪遊石喜蠢僧喜瘦喜
然炬夜坐大石上喜臥佛閣反鎖鬼叩門飢鼠竄瓦喜與古人遇牽其裾平反
其獄不受古人欺和尚喜築庵凡遇山水佳處誅茅葺竹負土洗石扶石起對
立如人與揖與詠語與默坐然後置庵庵成居十餘日卽厭棄別徙如前庵前
高竹數本短竹百數十本庵側水高二尺來自二溪至庵合去復分野草無算
白鴨一足跛庵後峻嶺無人跡有木客有大猨時似老翁咳竊奇貓貘甝虪彀
玃猩猩狒狒元兔白麑之屬無算和尚每早起白飯二盂苦茶十二椀酒無算
詩或一二首或數十首喜怒笑罵發狂無聊往來唱和益無算和尚以有明萬
歷四十五年丁巳十月朔二日生行年三十又一歲又八十八日爲戊子元旦
築食苦庵成乃告母兄及妻妾曁友人自今以往呼我食苦和尚以戊子元旦
始元旦後六十九日寒食前一日記又瞿天門先生者名龍躍汲菴同縣人也
崇禎時拔貢性嗜遊兀傲自喜鼎革後常出亡不歸所至有題詠自鐫絕壁上
納橐瓢中自號一杓行脚道人詩有奇氣多棘塞之音與汲庵相近

張命士先生事略 申涵光 殷岳

張先生蓋字覆輿一字命士直隸永年人少敦氣節以能詩聞工草書甲申之變謝去學官弟子悲吟侘傺遂成狂疾嘗遊齊晉楚豫閒歸自閉土室中飲酒獨酌醉輒痛哭雖妻子不得見惟同里申涵光雞澤殷岳至則延入土室談甚洽其爲詩哀憤過情恆自毀其稿或作狂草累百過至不可辨識乃已久之狂益甚竟死涵光輯其遺稿僅得百篇其五言詩尤高簡力詣古人涵光字和孟一字鳧盟父節愍公佳允死國難事詳明史鳧盟少以詩名河朔閒與殷岳張蓋稱畿南三才子以理學訓其兩弟皆能立身揚名明亡後絕意進取晚年名益高著有聰山集荆園小語諸書岳字宗山雞澤舉人父太白明末官陝西副使忤楊嗣昌坐法死獄中宗山上疏爲父乞骸骨比歸而京師陷遂入西山與其弟淵謀舉義事洩淵被害宗山匿鳧盟家得免順治初吏部按舊籍除知睢甯縣甫之任鳧盟勸之歸慨然曰吾豈肯以一官易吾友哉遂投劾歸與鳧盟晨夕唱和相樂也其能詩自魏晉以下屏不觀尤不喜律詩所作惟古體莽莽

然肖其爲人

李元仲先生事略

先生姓李勝國諸生也福建甯化人名世熊字元仲自號寒支子少豪宕不羈自經史子集及秦漢唐宋近代百家無所不覽獨好韓非屈原韓愈之書故其爲文沈深峭刻奧博離奇如悲如憤如哭如笑雖非盛世和平之音蓋自稱其所遇也當天啓崇禎閒金甌未缺若預知有甲申以後事者每論古今與士儒生出處及江南北利害備兵屯田水利諸大政輒慷慨欷歔惓惓有所屬望爲諸生時九試冠同列典閩試者爭欲物色李生爲重竟不可得我　朝定鼎閩中尙擁唐王未歸命故大學士黃公道周何公楷並薦先生徵拜翰林博士辭不赴嘗上書劉念臺先生悲憤時事及念臺靖節走福州請褒卹時問其孤嫠丁亥　王師入閩序應歲貢辭自是杜門居絕迹塵市有齮齕於郡帥者帥遣某生移書逼入郡先生復之曰天下人無官者十九豈盡高尙來書謂不出山慮有不測禍夫死生有命豈遂懸於要津且某年四十八矣諸葛瘁躬之日僅

少一年文山盡節之辰已多一歲何能抑情違性重取羞辱哉時蜚語騰沸先生矢死不爲動疑謗亦釋先生旣以文章氣節著一時名大震辛卯壬辰閒建昌潰賊黃希孕剽掠過甯化有卒摘先生園中二橘希孕立鞭之駐馬園側視卒盡過乃行粵寇至燔民屋火及先生園其魁劉大勝遣卒撲救曰奈何壞李公居當是時雖盜賊亦知有寒支先生矣先生積壘塊胸中每放浪山水以寫其牢騷不平之概嘗詣西江交魏叔子彭躬庵諸君相與泛彭蠡登廬山絕頂追維闖賊橫行時事太息流涕不自知其所以然也乙卯耿精忠反遣僞使敦聘先生嚴拒之自春徂冬堅臥不起乃得免先生自國變後山居四十餘年鄉人宗之有爲不善者曰無使李公知也晚自號媿庵顏其齋曰但月所著寒支集甯化縣志錢神志史感物感本行錄經正錄各如干卷年八十有五卒於家

董月函先生事略

董先生名說字兩若號俟庵又字月函浙江烏程人前明尚書份曾孫也負異才年十七爲諸生撰夕惕篇以自厲嘗受三易之學於石齋黃子國變後祝髮

爲僧號南潛從繼起大師受佛戒盡焚其少作繼起者與化理宏儲退翁也本李氏父嘉兆恥與賊自成同姓命之曰吾祖臯陶爲大理氏所由出也其復氏理退翁遭國變出家浙東起事諸亡命者多主之爲畫策連染幾及禍於是徒衆皆走而先生獨從不去先生所與共事繼起者爲蘗庵大瓢蘗庵者明大學士嘉魚熊公開元大瓢者宣城沈公麟生其父壽嶽以故監司死節者也先生雖遁於僧顧癖嗜文字老益篤相與賞析者若江夏黃周星九烟吳徐枋昭法金俊民孝章顧苓云美吳江顧有孝茂倫徐崧松之烏程韓曾駒人穀嘉興巢鳴盛端明桐鄉張履祥考夫皆遺老遁世无悶而皆與先生善先生所著書有易發八卷河圖掛版詩律表各一卷周禮緯律呂攷歲差攷分野發六書發甲申野語補船長語夢史殘雪錄掃葉錄西荒詩拂烟集豐草庵寶雲諸集凡三十餘種合題曰補樵書補樵亦先生自號也先生往來潯溪堯峯閱不常住持述退翁之言欲其無所繫而道行教立也其詩清淡荒遠草書尤奇逸其首陽詠曰草笠古鬢眉首陽一樵子擔柴入都城閒話青峯裏云有兩男兒飢死西

山趾白髮齊太公淚滴青蘋水還顧召公言采薇人已矣讀者可以知其寄託焉

芮巖尹先生事略　湯泰亨　戴笠　徐白

芮先生城字巖尹江蘇溧陽人少負異才博極羣書文行爲一時冠陳名夏馬世俊皆師事之及明亡棄諸生躬耕窮山中高隱杜門足不履城市者四十年名夏以大學士歸鄉求一見卒不可得貽書候問亦不發視曰山澤之臞一與貴人接便喪所守矣時人目爲真隱順治十七年海寇犯江甯重先生名禮聘之先生峻謝不往所著有易象傳解四詩正言禮記通識綱目分注拾遺滄浪吟等書與同縣湯泰亨善析疑問義無虛日泰亨亦高士隱白盤山歲遇君親子卯日輒屏食堅臥不起年八十五自知死期別親友手題墓志沐浴而逝又有戴先生笠徐先生白皆吳江人同以高逸著笠字耘野明諸生國變後入秀峯山爲僧旋反初服隱居朱家港教授生徒土屋三間炊煙有時絶而編纂不輟潘檢討耒實出其門白字介白亦棄諸生隱靈巖山之上沙種蔬蓺果挶摭

以自給詩畫蕭疏無俗韻故舊至掃葉烹泉而已三十年未嘗出山一步也

李篘叟先生事略

李先生魁春字元英晚號篘叟長洲人故明諸生與潛忠先生許玉重以舅甥爲莫逆交當是時流寇披猖中原板蕩先生與潛忠論古今節義事皆裂髮豎恨不能以諸生效死疆場閱甲申之變莊烈帝凶問至北向號哭家人知其有死志日夕環守不得死後聞潛忠死嘆曰玉重死我何顏獨生既生而無以妥玉重魄我益滋戾乃收其骨葬白公堤畔撫卹其家福王南渡與同學白當路贈翰林典籍私謚曰潛忠不負同志也先生死志未遂故身雖存而心實等於死方袍角巾屏跡郊野時直指李某按吳重先生名微服過訪相見道姓名知前進士赫然爲達官者也直指示勸駕意先生曰昔堯稱則天不屈潁陽之高武稱盡美能全孤竹之潔揚子雲曰鴻飛冥冥弋人何篡焉今鴻已冥矣弋人猶不忘篡耶願全薛方逢萌之節拜賜實多否則有死而已且君子愛人以德既已自誤又復誤人知公不爲也直指慚謝去繼以高隱鴻儒額相贈先生笑

而裂之遂甯李石如先生實令長洲棄官後僑寓吳門往來無閒時沈君欽圻亦棄諸生與劉剩庵學博及先生善三人者或終日相對默坐或慷慨歌泣外人莫能測也先生愛佳山水一瓢一杖逍遙林壑閒喜種竹方曲屏障悉畫竹名其齋曰竹隱蓋別有寄託非山濤王戎意也生平纂述甚富鼎革後委諸燼今存春秋三傳訂疑行於世卒於康熙丁巳年八十

陳狂農先生事略 弟覲

陳先生名南箕字狂農江西安福人舉崇禎丙子副榜甲申之變欲以身殉國不果遂棄妻子入歐公山山界江楚閒懸崖峭壁人跡所不到先生與弟覲偕隱其中二十餘年幾與人世隔性奇癖厭俗嘗不語有所欲則弟視其顧盼指畫輒喻意閒有來訪者與之言不應拱揖而已或貽以書不發視即焚之偶有題詠亦未嘗存稿衣垢敝不澣濯糜粥不充恬如也覲字二止丙子舉人偕兄隱兄歿慟甚仍獨處萬山中手一編不輟人罕見其面邑令張召南心慕之淩晨徒步往訪以一役自隨入門闃無人問奚僮以深入窮巖對召南喟然曰固

知爾主不我見也但得一登堂足矣先生弱冠時卽與弟同營墓域爲左右穴中通以櫺冀死後得時相見暇則攜書挈壺讀且飲於穴中其曠達如此

國朝先正事略卷四十七

國朝先正事略卷四十八

平江李元度次青纂

遺逸

鄧起西先生事略

先生名大臨字起西一號丹邱常熟人曾祖瓛明嘉靖中舉於鄉以母老不上春官及母服除仍不上曰吾向以母在不往今往是利母之歿也時稱爲真孝廉先生幼孤稍長能力學受業江陰黃介子繁禎之門順治乙酉江陰城堅守不下介子與其門人起兵竹塘應之先生募兵崇明事敗介子亡命淮南以官印𢁉所往來書爲人告變捕入金陵獄先生職納槖饘獄急介子以其所著小遊仙詩圖中草授先生坐化而逝當事戮其尸先生號泣守喪贖其首並棺殮送歸當時稱介子之門有徐趨鄧大臨趨則抗節而死者也先生自師死後徧走江湖欲得奇才劍客而友之卒無所遇歲辛丑餘姚黃太沖先生讀書雙瀑院先生忽造訪雙瀑在萬山中人跡殆絕太沖問子何以知之笑不答問其所

自曰甬東視其行勝作道士裝曰吾已竄身爲黃冠矣唱和句日與偕至武林
先生上玉皇山去甲辰太沖至虞山先生以精舍館之道侶數人曰張雪崖顧
石賓皆遺民也隨訪熊先生魚山於烏目李先生膚公於赤岸皆先生導之比
太沖返棹先生送至城西楊忠烈祠下揮涕别後遂獨游名山卒侘傺而死論
者謂桑海之交逃於禪者多矣黃冠中絕少先生在元門苦身持力心耿耿者
未嘗一日下可謂無愧師門矣崑山顧景范嘗爲作傳太沖志其墓而銘之以
比西漢楊匡云

張蒼巒先生事略 弟若仲

張先生若化字兩玉號蒼巒福建漳浦之丹山人弱冠師事黃忠端公得聞明
誠之學崇禎丙子舉於鄉兩上公車不第而弟若仲以庚辰捷南宮因留京師
時忠端公以言事下北寺獄先生微服雜廝役中時時進獄問起居左右之燕
都陷唐王入閩徵拜御史數月乞歸事父母以志養食貧茹苦嘗搗柏葉代園
蔬諸孫嘗之喀喀不下咽先生茹而甘之山居四十年足不及城市未嘗以姓

名通有司勵志獨行不標講學名疾惡守義懍不可犯雖骨肉至親不少假而惻隱所周悉力於人者不少靳時值兵荒盜賊蜂起羣相戒曰愼勿犯張公廬終其身盜不入境鄉人多依以避難丹山在羣山中巉巖阻絕日夕雲霧往來茅茨數椽上漏下溼豺虎交橫時曳杖登陟徜徉泉石閒嘯歌自得年六十六正襟危坐無疾而終子士楷能繼父志隱居不仕潛心性命之學稱儒宗焉

若仲字聲玉號次巒其學以不欺爲本一嚬笑不苟作止語默持以敬若性成焉崇禎丙子與兄蒼巒同舉於鄉庚辰成進士例選州牧性廉靜不願任煩劇改授益府長史居官清儉骾貴益藩敬禮之以母病乞休歸母歿廬墓三年鼎革後山居五十年清修獨善藝圃一區菓蔬薯蕷度給賓祭餘悉種梅竹栽蒔灌溉身自爲之時簑笠牽犢飯隴畝與野夫雜處晚歲益務爲敦篤飲人以和遇鄉里有爭訟勸之以誠久而化焉邑濱海有蝗起羣飛蔽天觸禾稼草木葉噉立盡民多聚泣或泥首禳之獨先生所居數里外無蝗患里賴以安時康熙二十九年也丁卯秋夜風雨大作所居屋盡拔先生獨寢地上黎明人視之毛

髮爲悚年八十四以壽終鄉人稱其兄弟爲丹山二先生同祀鄉賢祠

夏元真先生事略 李孔昭 張翼星 杜越

夏先生道一字元真直隸大名人明崇禎中舉人性高潔兩上春官不第輒隱居自放甲申後絕意仕進率子躬耕削迹不入城市食不給每操斤斧作紡車自鬻或攜婦績線易薪米市人利其精細爭購之口不言值得錢入懷袖輒短衣行歌旁若無人家居自爲詩文寫赫蹏紙寸許有窺之者即投之水火諸子皆不令讀書鞭牛負薪而已同時畿輔間以高逸著者曰李潛夫孔昭張三明翼星杜紫峯越孔昭字潛夫薊州人性孤峭前崇禎癸未進士見時事日非不赴廷對以所給牌坊銀百二十兩留助軍需去隱盤山甲申都城陷白衣冠哭田間者三載入 本朝貞隱不出會 詔求遺賢巡撫列名以薦得 旨召用謝不赴事母至孝嘗刲股愈母疾妻王氏於薊州城陷時殉節義不再娶平居教授生徒所成就者衆及卒門人私諡安節先生翼星姓張氏字三明左衛人崇禎末舉人精理學尤長於易家貧不仕隱於卜肆日獲百錢以自給衣履常

不完戚夏猶峨冠氈笠晏如也從弟元錫官總制屢迎不一往有所遺擇其小且劣者受之其孤介類此杜越字君異號紫峯容城人邑諸生為同郡鹿忠節公高弟與孫夏峯徵君友互相砥礪學成不求聞達毅然以繼往開來為任家貧布衣蔬食授徒自給一時才俊士無近遠咸師事之康熙十七年　詔舉博學宏詞科有薦先生者徵至都以老疾乞歸

杜茶村先生事略 弟岕

杜先生濬字于皇號茶村湖北黃岡人明季為諸生避亂居金陵少倜儻嘗欲赫然著奇節既不得有所試遂刻意為詩以此聞天下然不欲以詩人自名也於並世人獨重宣城沈眉生吳中徐昭法自媿不如其在金陵與方君仲舒善旦晚過從非甚雨疾風無間仲舒望溪先生父也金陵為冠蓋輻輳之衝諸公貴人求詩名者踵至先生多謝絕錢牧齋嘗造訪至閉門不與通惟故舊或守土吏徒步到門則偶接焉門內為竹關先生午睡或治事則外鍵之關外設坐約客至視鍵閉則坐而待不得叩關雖大府至亦然及功令有排門之役有司

注籍優免先生曰是吾所服也躬雜廝輿夜巡綽衆莫能止嗜茗飲嘗言吾有
絕糧無絕茶既有花冢因拾殘茗聚封之謂之茶邱年七十有七卒於揚州喪
歸故人謀卜兆子世濟曰吾有親而以葬事辱二三君子是謂我非人也亡何
世濟亦卒又數年陳公滄洲來守金陵始葬諸蔣山北梅花村先生詩最富世
所傳不及十一手定者四十七冊吳梅村嘗云吾五言律得茶村焦山詩而始
進閻百詩於時賢多所訾謷獨許先生五律稱爲詩聖已刻者曰變雅堂集
弟芥字蒼略號些山明季諸生與兄茶村避亂同居金陵二先生行身略同而
趣各異茶村峻廉隅孤特自遂遇名貴人必以氣折之於衆人未嘗接語言用
此叢忌嫉然名在天下詩每出遠近爭傳誦之先生則退然自同於衆人所著
詩歌古文雖子弟弗示也方壯喪偶遂不復娶所居室漏且穿木榻敝帷數十
年未嘗易室中終歲不掃除每日中不得食兒女啼號客至無酒漿意色閒無
幾微不自適者行於途嘗避人不中道與人言雖兒童廝輿惟恐或傷之也後
茶村七年卒年亦七十有七有些山集

王倫表先生事略

王先生大經字倫表江蘇東臺人好學勵名節明季嘗應童子試鼎革後授徒養親不復出康熙閒巡鹽御史魏雙鳳見先生文曰當世軼才也薦諸　朝辭不起會　詔舉博學鴻詞科太僕卿郝君浴將薦先生力辭乃得免嘗爲巢父許由論曰天下何爲而亂也王子曰亂生於求求生於欲多所欲則多所求強者求之以兵戈弱者求之以色笑人求之以智力詐僞物求之以爪牙角毒於是有敗倫壞紀寡廉鮮恥傷類圮族剝膚橫噬伏屍流血之事而天下乃馴至於大亂堯舜治亂之聖人也其爲道孜孜皇皇己飢己溺誠恐天下後世有急功利騖聲華者必藉口堯舜以陰濟其欲而明騁其求天於是生許由巢父使與堯舜並世而處有堯舜而養人之欲給人之求使天下安然各得其所欲各遂其所求而天下之亂以治有許由巢父而一無所欲一無所求使天下之貪者廉躁者靜競者讓澹焉各懷一無欲無求之意以去泰去甚而天下之亂又以治然則堯舜巢許者皆治亂之聖人也孔子之贊堯舜也曰巍巍不與曰蕩

蕩無名彼堯舜者絕不以天下介其中而不翦不斵監門臣虜堯舜之心曠然一巢許之心也其所異特用耳雖然堯舜以有用爲用而許由巢父以無用爲用終不可謂堯舜有巢許之心巢許遂無堯舜之用也是故堯舜巢許者皆治亂之聖人也嗟乎大庭栗陸之世其民沕沕穆穆老死不相往來人人皆許由巢父也自世道漸降大樸漸漓而嗜欲日開營求日甚膺時遘會者乘便邀利而無真事功授徒講學者希榮稽古而無真學術砥飭高行者世味實深而無真名節則皆巢許之罪人也不觀南陽之臥龍乎澹泊明志甯靜致遠方其躬耕隴畝若將終身及應聘而出卒能輔昭烈定漢室稱王佐才繼而託孤寄命鞠躬盡瘁推古今臣節第一嗚呼孔明天下奇才吾不難其才而難其用才之心然則孔明者有巢許之心而出爲堯舜之用者也使無其心縱有才亦不可用國家尚何賴有才臣哉故吾謂學堯舜者必先自學巢許始先生所著有周易釋箋毛詩備攷三禮折衷四書逢源錄史論字書正譌醫學集要諸書皆佚惟文集八卷存又嘗輯泰州中十場志十卷重修靖江縣志十八卷卒年七十

二

吳野翁先生事略

先生姓吳氏名光字與巖武進人十齡喪母哀毀如成人幾滅性比就傅日誦數千言有文名久之厭帖括究心經濟務爲有用之學所論著自成一家言甲申之變慟哭求死不得取所擬時務策並雜著火之自是絕意人事結廬於滆東僻壤日閉門讀易倦則徐步隴畝與田夫畬叟較量晴雨話桑麻嗒焉自放於山水間大吏物色之堅謝弗出作野翁傳以見志其略曰野翁無姓氏問其年亦不記甲子性不喜城市雖居城市胸中自謂有邱壑也故自號曰野翁翁爲人少可而多怪落落然寡諧然實平易近情雖樵夫牧豎未嘗有所忤少讀書得古人大意晚年一切東高閣編茅插籬廬於中田桑柘間將終身焉不復問人間世亦不復知有人間世或訝其作苦翁笑曰吾自樂此不疲也暇則把壺自傾不覺歌呼烏烏而翁更未嘗以詩酒問世所最適意者荊扉晝掩抱膝靜坐曰吾今日猶能置身羲皇以上也摽技野鹿庶未遠乎既自號野翁人亦

稱之曰野翁野翁云先生所著有弄丸吟一卷大學格致辨一卷論孟合參一卷中庸說一卷讀書錄鈔二卷五頤齋文集耕娛集遂初集野翁記共若干卷而易粕十箋兼窮象數義理所得尤深與螯厔李二曲先生善二曲爲作傳以比吳康齋所述之龍潭老人焉

陳逸子先生事略 朱之宣 李嘗之

陳先生名五簋字逸子湖南攸縣人父來學兄弟罵賊死甚烈逸子終身痛之性兀傲意所不可雖貴人必面折其非少補弟子員國變後痛君親之難遂祝髮號南雲行腳一號衲拾殘錢受之宗伯吳梅村宮詹與先生結方外交相唱和工詩廣致書畫古玩嘗遊吳越行笈一肩瓶缽外皆經史書籍意氣伉慨有古俠士風其胸中浩浩落落嬉笑怒罵皆別有故人莫能測也年五十五卒於西冷湘潭王山長爲之傳同時有朱子昭者與齊名

子昭名之宣湘陰人少有學行負氣節鼎革後隱於樵自號砍柴行者戊子義師之役楚人多與其謀事後因之成大獄湖湘遺老株連繫累者三百餘人子

昭與焉獄數年始解集中有釋繫奉別陶密菴年丈詩指其事也　本朝棄巾

李先生嘗之字百艱湖南平江人家天岳山之麓明季爲諸生入

服躬耕讀書生負異才有智略兼精壬遁術綏遠將軍蔡毓榮耳其名敦聘入

幕府削平黔滇先生謀居多功成擬奏授官力辭歸見親知貧窶者立解裝周

之隨手盡遂徧遊衡岳九疑武當天台武夷諸名山居武夷最久與高僧遺老

結方外交工詩古文書得晉人神韻人爭寶之著有百艱詩文集及布帆集破

草鞵等集

八大山人事略

八大山人者逸其名故明宗室也爲諸生世居南昌弱冠遭國變棄家遁奉新

山中祝髮爲僧住山二十年從學者常百餘人臨川令胡君亦堂聞其名延之

官舍年餘意忽忽不自得遂發狂疾忽大笑忽痛哭竟日一夕裂其浮屠服焚

之還走會城獨身徉狂市肆閒嘗戴布帽曳長領袍履穿踵決拂袖蹁躚行市

中兒隨觀譁笑人莫識也其姪某留止其家久之疾良已山人工書法行楷學

大令魯公狂草頗怪偉亦喜畫水墨芭蕉怪石花竹及蘆雁汀鳧翛然無俗韻人爭寶之飲酒不能盡二升然喜飲貧士或市人屠沽邀之飲輒往往飲輒醉醉後墨瀋淋漓不甚自愛惜數往城外僧舍雛僧爭嬲之索畫至牽袂捉衿不拒也士友餽遺之亦不辭然貴顯人欲以數金易一石不可得或持綾絹至直受之舉懷素語謂將以爲韈以故貴顯人求山人書畫乃反從貧士山僧屠沽兒購之一日忽大書啞字署其門自是對人不交一言然善笑而喜飲益甚或招之飲則縮項撫掌笑聲啞啞然又喜爲藏鉤拇陣之戲賭酒勝則笑啞啞數負則拳勝者背笑愈啞啞不可止醉則往往泣下邵青門客南昌見山人於北蘭寺握手熟視大笑夜宿寺中翦燭談索筆書几上相酬答山人有詩數卷藏篋中祕不令人見題跋尤古雅間雜以幽澀語不盡可解嘗與北蘭寺僧澹公數札不減晉人語也山人面微頳豐下而少鬚初爲僧號雪箇更號曰人屋曰驢漢最後號八大山人云山人負重名世多知之然竟無知山人者山人胸次汩浡鬱結別有不能自解之故如巨石窒泉溼絮之遏火無可如何乃忽狂忽

瘖隱約玩世假令山人遇方鳳謝翺吳思齊輩其搤掔痛哭當何如也而世乃目之曰狂士曰高人淺之乎知山人矣悲夫

一壺先生事略

一壺先生者不知其姓名亦不知何許人蓋前明遺老若雪庵和尚補鍋匠之流亞也衣破衣戴角巾徉狂自放常往來登萊間愛勞山之勝居數載去久之復來莫可得而跡也好飲酒每行以酒一壺自隨人稱之曰一壺先生知之者飲以酒卽留宿其家閒一讀書輒欷歔流涕而罷不能竟讀也與卽墨黃生萊陽李生善兩生知其非常人皆敬事之或就先生宿或延先生主其家然先生對兩生每瞠目無語輒曰行酒來余爲生痛飮兩生度其胸中有不平之思而外自放於酒嘗從容叩之不答一日李生策蹇山行望見桃花數十株盛開臨深溪一人獨坐樹下心異之曰其一壺先生乎比至果先生也方提壺下馬與先生共飮醉別去先生蹤跡既無定或留久之乃去去不知所之已而又來康熙二十一年去卽墨久矣忽又來居一僧舍視其容貌蕉萃神氣惝怳異前時

問其所自來不答每夜半即放聲哭哭竟夜閱數日自經死時年垂七十

國朝先正事略卷四十八

國朝先正事略卷四十九

平江李元度次青纂

循良

駱挺生太守事略 崔宗泰

駱君鍾麟字挺生號蓮浦浙江臨安人順治四年中進士副榜官吉州學正遷陝西盩厔知縣爲政先教化臨事裁決如流察微洞隱若家至戶覿人畏之如神渭水決壞城郭廬舍君齋沐臨禱請以身當其衝河卒他徙每春秋大會明倫堂進諸生迪以仁義忠信之道增刪藍田呂氏士約頒諸學舍朔望詣里社講聖諭十六條訪耆年有德孝弟著聞者召使見與均禮歲時勞以粟肉立社學擇民閒子弟授以小學孝經飭保伍修社倉百廢具舉民有爭訟後悔願寢事者令兩造得自言慰遣之所案治即豪右居閒莫能奪俗多錮婢女至老不嫁君下令禁止里婦有拒姦自裁者爲具棺殮葬率僚屬爲文祭之李中孚先生縣人也君數造其廬事以師禮攝與平鄠兩縣俱就理與平豪右分四門

爲部黨健鬬訟持吏短長前令不能制君按治主者黨皆散擢兵馬司指揮歷西安同知遷常州知府常州緜賦重科條繁多吏緣爲姦前官屢以積逋去君立法鉤校清積逋吏受成事而已漕運官常歲餽金三千君曰利若金如吾民何卻之諸漕卒皆斂手奉法郡延陵書院迎李先生於盩厔講學其中率諸僚屬及薦紳學士北面聽講問爲治之要李先生曰天下之治亂在人心人心之邪正在學術公能大明此學人心正風俗移治道畢矣君書其言名曰匡時要務終身誦之已而靖江江陰無錫諸有司爭迎李先生會講明倫堂李先生爲發明性善之旨格物致知之說遠近士烝然向風吏治亦丕變康熙九年大水發倉廩勸富人出粟賑民無流亡明年夏復旱君蔬食葛衣草屨步禱二旬不雨則詰獄長跪責躬籲天就獄中引見屬吏耆老言太守不德累吾民涕淚幷下雨大至尋丁母憂去官數千人號哭乞留不可至罷市既歸連遭父喪勞毀卒年五十有三士民咸爲位尸祝之繼君而起者有崔太守宗泰遼東人由松江郡丞遷守常州性明察嚴毅有幹略始至會征閩大軍十餘萬駐郡牧馬數

旬人情恇擾君先期儲偫供張立辦嘗令獄囚丸泥數斛左右莫解忽將軍馳騎郊外索彈丸君立取以應其纖悉豫備皆此類也有游騎十人入村落逐婦女二人溺河死君聞之夜叩營門白將軍戮一人貫七人耳鞭隊伍長十餘人一軍肅然又時單騎按行城外遇小有剽敓遺隸傳呼曰崔太守來則皆引避去然有求輒應將卒亦以是德君令甲郡漕以推官監兌時推官懦而衞弁橫甚君以法繩之卒聚而譁會兵備道缺臺檄君攝理弁令監兌弁惶恐謝君貰其罪命急兌漕無病民竟事無譁者未幾左遷去民奔號罷市願詣闕請留者萬人不得後再過毘陵父老爭餽蔬米隻雞君慰謝之爲受一二皆泣叩頭去論者以駱君治行類黃霸而君比之趙廣漢張敞云

白林九刺史事略

白君登明字林九遼東蓋平人隸漢軍鑲白旗順治二年以貢生受柘城令禽諸盜渠按以法設條教勸民耕讀攷最遷知江南太倉州釐賦稅除秏羨雪諸冤獄時海壖民居因亂蕩析君召民開墾復成聚落十年海寇犯劉河堡闌入

內地君備禦甚力寇遁十六年夏海寇破鎮江犯江甯敗走急攻崇明火礮聲三晝夜不絕巡撫蔣國柱治兵策應欲先遣一人往以師期告莫敢前君乃駕一艘夜半渡絙城入衆知援兵將至守益力寇遂遁州有劉河久塞君按劉河北支有朱涇者宋范文正新塘遺迹在焉請於院司開鑿五十里巡按李森先知其能令大開劉河六十里復故道於是震澤東北諸水並得入海居民賴之崇明民田舊有加征蘆課銀萬三千餘兩力請於院司以免有大吏按州索賄弗予先是寇棘時需餉無出以雲南協餉應之卒爲大吏所糾落職州人列治狀上院司乞爲申請弗得遂立祠生祀之坐廢二十餘年會臺灣用兵許入貲贖註誤福建總督姚公啓聖巡撫吳公興祚素知君代爲入貲復任高郵州值湖決築清水隄君設法授食禁吏胥剋減役人踴躍隄成命曰永安歲荒請蠲賑勸富民分食明年復大水再請蠲賑溺者拯之病者拊之以勞疾卒官高郵人醵金以殮哭聲震野太倉人聞之亦巷哭設祭於生祠康熙二十六年入祀名宦祠其鄉鎮諸民各肖像立生祠凡四處

宋其在刺史事略

宋君必達字其在湖北黃州人順治八年進士知甯都時經寇亂民多遷徙地不治乃語諭逋以來之貸以牛穀甫二歲田盡闢縣瀕河夏雨水暴漲城且沒君禱於神水落乃按故道濬之自是無水患康熙十三年耿精忠反自福建出攻江西羣盜多響應甯都故有二城南民北兵君曰古有團練保甲義勇弓弩社民皆可兵也王文成破宸濠嘗用之矣遂以其法訓練得義勇八千及盜前鋒薄城下營將劉某邀君計事曰人衆食乏奈何君曰人臣之義有死無二賊本烏合掩其始至可一鼓破也劉遂率所部進少卻君以義勇橫擊之盜奔已復率衆來攻君嬰城守會援軍至圍解或謂巡撫縣砦堡多從賊請擊之巡撫已發兵君刺血上書爭之乃止事定尋以詿誤去道出豫章爲盜所得脅之降大罵不屈縶旬餘夜半有甯都民數十人持兵逾垣入擁以去得脫既歸里時江督董衛國已移鎮湖廣見之歎曰是死守孤城者邪吾爲若咨部還故職且以軍功敘君遜謝再三既而語人曰故吏如棄婦忍自媒乎褐衣蔬食終其身

甯都民歲時祀之

趙天羽給諫事略

趙君吉士字天羽安徽休甯人寄籍杭州補諸生順治八年舉鄉試康熙七年選山西交城知縣縣北有交山者巖谷阻邃與靜樂永甯所隸諸山相屬袤延八百里自明季爲盜窟順治二年巡撫馬國柱招降諸賊渠盜稍戢五年禁民閑養馬交山故產馬千總路時運奉檄巡山索有馬者金不訾士人憤之殺時運以作亂於是靜樂永甯諸盜並起巡撫祝世昌遣兵三千討之殲其渠且盡而大同總兵姜瓌反撤兵去餘盜復熾六年春交山盜與瓌黨姜建雄合兵破交城文水汾州清源徐溝太谷數州縣官兵敗之復諸州縣瓌誅建雄走餘盜匿山中招納亡命與靜樂永甯諸盜相糾結潛出劫掠日滋蔓官兵不能制君性忼慨喜立事又沈深善謀其將之官也或問若何靖盜君曰百年逋寇猝難盡除其必先撫後勦乎不先撫無以攜其黨不終勦無以絕其根到官日輿從甚盛及旬山民投撫者數十人人給一示令招徠其黨大閱於南門外分鄉營

兵列左右士民願與校者聽得技優者百人賞錢萬退而喜曰民可用也其年
饑錄山中貧民七十人完廨舍使家人與雜處日狎詢羣盜陰事悉白遂申警
備集鄉大夫於明倫堂諭以城守不嚴俾家出一丁與民均役分夕巡每夕得
百二十人設城總督之怠者罰城中肅然遂行保甲團練法十家爲甲設牌遞
輪輪者爲甲長十甲爲保保有練總百家以上聯爲鄉鄉有督有犯法者甲長
告練總練總告鄉督達於縣匿者連坐不入甲者以姦民論法既行鄰盜相戒
毋入交境交賦額二萬二千山賦居大半率抗官不償有河北都賦倍諸都是
年旱雨雹傷麥豆君從數十騎入河北都道險始易輿而騎已而步行山中聞
官至出餅酒爲供君爲陳　朝廷威德當力耕保妻子愼勿爲盜取族滅聞者
竦息日暮宿土窰中有告訐者平其曲直時左右給侍多賊黨君若弗知明日
復深入陰察地勢險易與民情順逆至木欒窰把總蘇成民率兵迎之乃偕出
就輿歸是歲山中民無逋賦者交山饒材木異時居民歲采伐設廠山口通商
販康熙初爲文水民所訟禁不得立廠商人多趨文水山民重困益去爲盜君

白大吏復聽民立廠交易如故不一月流民復業者數百家是年八月充鄉試
同考官而蘇家崖礦盜起衆至二千君還縣或請急發兵捕之君曰此饑民逐
利非有劫殺人罪也吾當計散之但發票數紙令廣買糧草賊謂官兵且大舉
尋散去捕得數人置之法未幾交山賊楊芳林芳清等劫汾陽劉氏傷數人火
其居官兵至乃卻九年正月君入山勸農有惠崇德者故從姜瓖反瓖敗亡命
至是跪馬前自首願效死君好語撫之爲易名重生明日至惠家莊宿重生家
詢二楊所在得實又明日大饗山中民命二卒立禽二楊至杖二十繫之而密
遣數卒從閒道械二楊入城時山民數百皆賊黨愕視不知所爲徐命酒徧飲
山中民度二楊行既遠乃整伍出山去及暮行八十里賊渠任國鉉鍾斗等糾
衆尾君聲言欲奪二楊君整伍反賊懼還走入山頃之有陝西叛弁黃某部衆
二百餘入葫蘆川與任國鉉鍾斗合葫蘆川者有東西兩川四山環之最險隘
賊分踞其中黃弁至共劫汾陽朱氏羊萬頭日殺羊饗衆圖起事君欲以計閒
之遣山民持書一函時其會飲付斗國鉉黃弁得書先發視則大驚遽起立大

罵斗國鉉率衆馳馬西出山去先是君請於太原副將朱龍調守備祖光顯率兵三百屯交城東關至是將入山搜盜城中父老請緩師先往說之時國鉉已失黃弁則恐率屬千餘詣縣自訴無反狀願就撫乃罷兵還太原靜樂李宗盛者踞周洪山爲盜主畜兵馬糧草甚盛九年春遣其黨趙應龍等劫清源温氏遇教官李開秀殺之君聞令練總率鄉兵要其歸困之馬鞍山已而逸去復劫汾陽劉氏爲官兵所敗於是君購賊葫蘆川獲三人訊之得應龍劫汾陽狀乃遣惠重生入山說國鉉等謂官兵且勦葫蘆川若能得趙應龍以獻者可脫罪國鉉信之致書李宗盛紿應龍至縛之付重生詣縣獄應龍恨爲宅盜所賣乃盡發諸盜陰謀謂欲靖盜非先除宗盛不可且爲君畫計君乃械應龍赴太原而自往勦宗盛期甯武協兵三百自北入而太原協兵聲言自東入令把總蘇成甫率兵自南入駐兵惠家莊君繼之別遣重生往說國鉉等俾毋動羣盜見官兵勢盛皆兇懼又聞所購止宗盛率自保莫爲用宗盛窮感挾數十騎西南走成甫追及之縛以獻宗盛既禽賊黨益渙兩葫蘆賊日夜爲備且謀劫縣城

君乃從容治文書行鄉飲酒禮與諸僚友登山燕飲泛舟城南湖爲歡樂賊備少弛以城中民多爲賊耳目禁不得入山兩葫蘆去縣治百六十里近葫蘆口三十里有廢堡曰靖安崇禎閒築以屯兵者也順治初廢君言於大吏復之十年秋鳩工興築會總督奏 廷旨以交山盜屢發宜酌調官兵勦殺淨盡君至太原言於上官曰交山有名劇盜不過十餘人其宅率烏合一聞勦殺淨盡之語竊恐山中向化之民畏罪自疑反甘爲賊用今靖安堡初復但請協兵三百統以守備以駐防爲名刻期入山賊可一戰禽也從之冬十月君自太原偕守備姚順率兵至縣期十三日進屯初八日大閱明日大享賓夜半席未散君起上馬出南門則姚順蘇成甫已統兵集門外矣旣會師令疾驅之未五鼓行四十里至水泉灘飲犒畢始語順等曰此行也奉 詔討交山賊非爲駐防來少遲且得罪遂令百總王國振率騎兵五十步兵百由西冶川進襲東葫蘆蘇成甫統兵二百襲西葫蘆君偕順率兵四百進駐東坡底語順等曰賊謂吾由堡進兵近堡以東必設備今由閒道得至此此地爲兩葫蘆要道據此則東西之

援絕矣國鉉等初聞姚順克期進堡各戒嚴計分其黨僞就撫以餌順及期遣賊至堡迎順既至寂然賊大驚疾走還大呼官兵入山矣兩葫蘆賊聞兵至皆走上三座崖三座崖者居兩葫蘆中閌勢陡削賊傳語山中民官兵至且屠山急上崖可免從之者千餘人君帥兵進前鋒報曰滿山皆盜君令安營止宿明日令人至崖下語崖上人曰官謂汝等皆良民毋爲賊脅官且按戶稽丁不在者卽以賊論至日中衆稍稍去及暮在者約二百餘人君曰此真賊矣然賊踞險吾兵仰攻必多傷賊乏食且走禽之易矣乃分兵爲四要賊去路君收軍駐橫嶺已而崖上賊果走伏兵起禽獲頗衆君復益兵進獨石河入爛園山而乘竊盜馮養成知葫蘆賊勢不敵糾衆來援官兵大敗之餘賊多逃入鄰境君馳報太原府發諸縣兵夾勦而已收兵駐獨石縱諸降賊質其妻子俾捕宅盜以自贖已而宅盜先後俱就獲生得者二十二人其餘或降或自剄入山旬有六日交山盜悉平乃召山中民始終不作賊者三十七家賚以羊酒立爲約正其素不與徭役者千四百三十家編其籍入都圖自後交山無賊患初君患山中

路深阻命山中民都具一圖圖列山溝徑遂鱗比爲大圖曰召山中父老詢其曲折注圖閒以次及永甯靜樂所隸諸山較若指掌每得賊善遇之詰以諸賊去來蹤跡益悉以故所向輒得賊其在上官前預設方略無不酬而太原知府周令樹策君必能辦賊上官深倚之未嘗拘以文法卒能成功居官廉軍中賞賚悉出私財班師日鄉大夫斂金五百爲犒卻之治交城五年百廢具舉論平賊功徵入爲戶部主事以母憂歸服除補故官復以父喪歸再起爲戶部主事二十五年擢戶科給事中有忌者劾君父子異籍下吏議被黜旋補國子監丞四十五年卒官年八十交城祀之名宦祠著有文集及寄園寄所寄諸書

李伯若明府事略

李君名爵字伯若湖北孝感人順治九年以貢生知將樂縣始至拜龜山先生於書院新其祠刻先生遺書召諸生肄業院中嘗曰禮讓不興國何由理每朔望率僚佐詣觀化亭爲縣人講鄉約春秋行鄉飲酒禮時至邨落閭閻民所疾苦牧豎婦女皆環集導之以善肫然如家人期月縣人悉向化境內無賊盜訟

庭稀鞭扑聲初至官與家人約曰在官俸金外皆贓也不可以絲毫累我官廨有桂二株方花開君指之曰此亦官物也擅折者必治之自是家人不敢簪桂花嘗出郭省斂從僕摘道傍一橘顧見之責曰豈可壞法自汝始立下馬杖之命償其直居三年上官有索餽者無以應遂去官歸縣中人數萬焚香攔馬首行至境上皆號哭返家繪像以祀之君性和易未嘗厲聲色與僮僕語款款惟恐傷其意家居時策蹇驢過戚友家飲酒微醉嬉笑而返宅前有柳數株時坐其下與田父角樗蒲爲樂及卒貧不能具棺戚友醵金以殮子孫累日不舉火至采藜藿以食云

任千之寺丞事略

任君辰旦字千之浙江蕭山人順治十三年進士康熙初授上海知縣清苦自勵敏於聽斷月必書所行事告城隍神有疑獄禱於神神輒以夢告以意推驗悉得實民家失火方大風君至拜伏泥中祝曰天欲吾長是方耶請滅火不然吾有謝去耳頃之風愈甚而火遽熄異時縣徵漕追逮纍纍敲扑無虛日君削

木爲版有應逮者書其姓名使都亭長召之卽應期至於是爭先輸納嘗詰倉隸人曳箠者徒手至呼杖則寄箠中途酒家知其不常用也吳淞江黃龍浦爲入海要道去浦口三里先建閘貯蓄泄尋圮巡撫慕天顏檄縣修治故事修閘必築壩竭水費不貲君募浙匠倣浙地爲梁法度基廣狹約丈尺伐石識石甲乙下之水使善泅者厝之悉中程卽故址疊石爲門廣左右護隄束水就閘十月而工成民不病役上海沒水田六千餘畝賦額未除輸者卒破家前官屢勘虛實貿亂至是以慕公請得 旨覆勘君喜曰是吾志也日往來泥沙中蓬首垢足按魚鱗舊冊履畝丈量釐其荒者閱二月悉白費皆自辦俸不足銀釧棉布償之籍上得減除額征有差康熙十八年舉博學鴻儒放還故官復以良吏薦入爲工科給事中論事切直改大理寺丞母憂歸以前廷推事詿誤落職老於家

楊匡齋太守事略

楊朝正字匡齋漢軍鑲白旗人由侍衞出知東昌府既至訪民閒利病銳意與

革臨清舊有額外銀米稅君白巡撫聞於　朝減歸正賦東昌漕河向有額夫率憚役求免至是改爲均役有訟者輒自剖決未嘗委屬吏民憚其嚴明獄事日損月朔望宣講　上諭春秋徧歷郊野課農桑歲暮訪高年者賚之其賢者尤尊異焉東阿教諭王璜事繼母孝歲荒救飢民數百監生崔允璧建橋通濟閘設兩渡船君請於布政司並旌其門民有蠲金治道者置酒勞之由是人爭向義府治西南地窪下遇大雨泛溢五六十里溺者衆君自蠲金八百兩刱大石橋三治道六十丈益增隄禦水水患息康熙二十四年旱君宿齋戒除壇與妻磨麥爲麪作供具然香籲天曰若知府有罪願身受譴無累百姓伏壇前自子及亥大雨徧四境明年復旱發倉平糶復蠲金煮粥以食餓人王璜崔允璧等各蠲米數百石爲助民得不害卒祀名宦祠子宗仁仕至湖廣總督宗義至河南巡撫語在名臣傳

陸蔚文明府事略

陸君在新字蔚文江南長洲人爲人磊落尚氣節刻苦自厲順治初爲諸生躬

耕彭山之下雞鳴起然薪爲燭屬文畢仰天而嘯向晨荷鋤出暮歸讀書康熙五年　詔以策論取士君故以經濟自豪遂得舉尋除松江教授教諸生以質行爲先具以金贄者卻之用不足知府魯君時分俸助之湯文正公爲巡撫察其廉勤以卓異薦是歲江南七府一州諸長吏被薦者獨君一人人以此服湯公知人也　詔賜蟒服遷盧陵知縣單車就道始至誓於城隍神不以一錢自污晨起設香案令贊禮生誦戒石銘四句已跪而聽之四拜起然後治事以爲常錢穀秏羨革除殆盡傍水設五倉便民輸納建閔苦亭於衙西朔望坐亭中訪求民隱時裹糧攜供具歷山谷閔勞苦百姓軫其災患而導之於善修學校進諸生考論德藝如爲教官時設四門義學刻孝經小學頒行之二十六年江水泛溢民多溺者君急出錢募民船往救身爲倡率出入洪濤中全活無算君之始受事也前官虧帑盈萬大吏謂曰第受之我等行相助君以爲信受之已而奏銷無所抵憂甚遂得咯血疾臨終北向謝　恩手書教條示民反寢而卒初君將赴官子孔奐在京師蹙然曰吾父此行必殉是官矣亟從之君數諭使

還涕泣請留乃止卒之日惟孔奐在鬻書數篋以殮廬陵人爲罷市三日會哭
者萬餘人孔奐猶以前事被羈閱五年始以喪歸而生產盡沒爲官物矣廬陵
合辭請於官祀吉州名宦祠長洲人亦以鄉賢祀之

國朝先正事略卷四十九

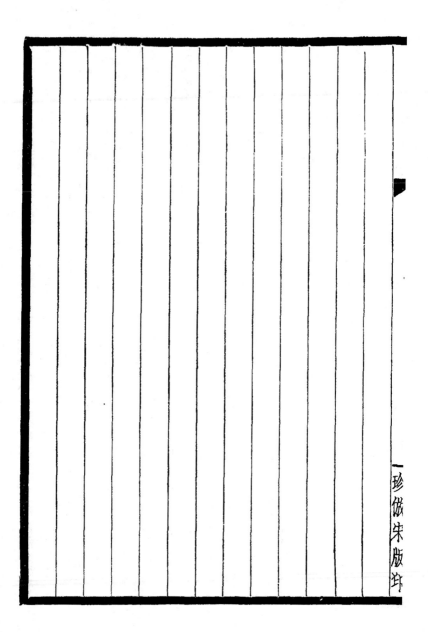

國朝先正事略卷五十

平江李元度次青纂

循良

張牖如通守事略

張君名壎字牖如江蘇長洲人以官學教習需次縣令選河南登封縣爲人耐清苦練世故愷悌積中見義勃發登封自明季遭寇亂入　本朝比歲不登民多失業君至誓於嶽神革除私斂招流亡督之耕種相土宜分種木棉及諸果實莅官甫五月大修學宮會諸生明倫堂深言萬物一體之義以爲在天曰元在人曰仁天人混合生化絪緼誠能廓推蔽障蕩乎無垠覺性周流恫瘝乃身達天之要於是焉存矣故其爲政一以敬恕爲基期於使民各得其所復嵩陽書院延耿先生介爲之師導諸生以程朱之學自縣治達郊鄙立學舍二十一所課諸童子以時巡閱正句讀導以揖讓進退之禮月再集民讀法置善惡簿爲勸懲閱策蹇驢歷民舍問所苦恤其煢獨有小爭訟輒從阡陌閱決之進父

老子弟教以孝弟忠信廉恥禮義之節聞者莫不灑然易慮也縣西境有呂店者俗好訟難治君察里長張文約者善士也舉爲鄉約禮遇之俾行化導俗爲一變及文約將終語其子曰張公厚我謂我好人又能勸人作好人也爾其勉之甲長申爾瑞負稅且受杖路拾遺金二兩視其封則輸稅金也疾走衙前俟失金者反之君聞詰爾瑞曰爾旣拾遺盍充稅可免責而乃反人爲對曰小人安命甯受責終不敢利人之財君曰義哉此奇男子也舉爲鄉約旌其門其後有王進寶魏光大秦瓚者皆拾遺金而反失者焉高鵬舉死妻孟氏年少舅欲彊嫁之孟氏哭夫墓將自縊君微行遇之問其故勸還家給之銀布免其徭歲時存問敕其舅養之終身縣故多衙胥時獄訟日滋姦僞無所容諸胥稍稍自引去其在者更番執事退則操耒耜爲農氓以在官無所得錢也開蕁嶺二百里復古轘轅路建古賢令祠修鄢公墓繚以垣歲三月率民致祭鄢公名廷誨崇禎末爲登封令守城抗賊死者也歲飢煑粥以賑復移粟四鄉分給老弱仍輸麥數百石俾及時種焉康熙二十一年自春徂夏不雨君囚服繫頸暴日中

拜表引罪步登少室東峽冒夜行達旦汲泉水反嶽廟叩頭呼籲慘切俄而雨大注山有虎鄉長郭九合者將赴縣輸稅夜夢父告曰爾有虎厄明當避之時方緩征且過限九合念不往是負張公也路出金星廟果一虎當道九合叱曰畜生我不懼死獨慮違張公限耳虎俯首避道俄大吼向山南逝自此境內無虎患在官五年民知向方生聚日盛家設位旦夕尸祝大書官清民樂於門耿先生稱之曰年來嵩穎闊別一世界矣其程張二子晉城雲巖之匹亞乎二十二年以卓異薦遷廣西南甯通判去之日民遮道痛哭既去立四祠於四鄉肖像以祀榜曰天下清官第一至南甯未幾乞歸旋遭母喪服除赴京師卒旅館年五十有六

董任庵都憲事略

董君宏毅字士超號任庵奉天人隸漢軍正紅旗康熙甲寅由監督授奉新知縣時耿逆倡亂閩中新昌甯州所在盜蜂起十月新昌賊大至君集兵弁約曰吾雖文吏今賊臨城下當冒矢石與諸君共生死乃戎服率臧獲二十餘人各

挽强弩登敵樓把總胡來朝率營兵武舉王顯先領鄉勇防禦甚固時賊衆新集利速戰君堅守圍數日不得下民情洶洶君意城內必有應賊者夜半下偵之老僕楊天爵執火從至儒學門有飛刀來斫者君大驚辟易走天爵揮刃斷賊左臂賊怒隻手鬭天爵益奮君繞學宮踰後垣出刺賊背天爵斬之賊失內應有退心十一月朔君出民兵與賊前鋒戰發一矢斃僞左將軍某賊潰追奔數里斬馘亡算擒賊將六人還初賊之至也僕盧大成私計曰城破主人必殉柰何斬忠臣嗣乃陰變服爲道士負君幼子國瑛遁塗遇賊欲殺之卒以黃冠免同時安義靖安皆陷賊惟奉新勦殺聲最著無何賊復合靖安甯州諸盜掠及縣境君捍禦益力乙卯冬賊衆萬餘來犯君與分巡道李世昌領兵大破賊於寒漊嶺招降僞參將劉應連等七十九人賊兵六百六十九人安集流亡男婦萬四百餘人一城安堵如故時兵荒後民苦輸餉君力請蠲豁民困始蘇越五年以循良擢莊浪同知去之日民閧號泣走送聲震數十里繪董公殺賊圖以獻既歷官四十餘年仕至左都御史卒年八十有二祀奉新名宦祠

劉衍泗明府事略

劉君繼聖字衍泗山東濰人以歲貢生授廣崇訓導遷蠡縣教諭正己率人士習丕變遷知湖廣慈利縣初滇賊反慈利被兵尤劇賊既平人民彫敝君以寬爲政不輕用刑與民語常呼爲兒有罪人被杖而呼君蹙然曰兒再忍一板慈利人皆相傳戒毋犯法戚我爺也尋病癰將告上官求去民聞擁使者數輩皆不許往乃使其子僞他適者竟得告慈利民數萬詣上官乞留上官遣人視之實病乃謝罷民民謁君流涕爲吮癰曰信也柰何時流亡新集方編審戶口民請君畢是役乃行慮代者之擾也及行費不給慈利民人出一錢以饋之凡數萬康熙四十三年卒於家

衛慎之太守事略

衛君立鼎字慎之山西陽城人康熙中官盧龍知縣地當兩京孔道驛使旁午君悉自營辦一不以擾民先是縣中徵糧勺杪以下皆用升合量徵草以銀代仍買草民閟而低昂其直君令輸戶合奇零統歸斗斛及額而止納草者不用

代民甚便之會　聖祖命魏敏果公偕吏部侍郎科爾坤巡察畿內至盧龍已治具不食但啜茶一甌曰令飲盧龍一杯水吾亦飲令一杯水諸大獄悉以咨之君引經準律敏果大稱善格文清公爲直隸巡撫以事至其縣謂之曰令之苦無異秀才時然做秀才自苦耳今自苦而百姓樂非苦中之樂乎疏薦盧龍治行第一靈壽令陸君隴其次之內遷戶部郎中秩滿選福建知府以年老致仕歸

遲餰堂明府事略

遲君維坤字餰堂漢軍正白旗人康熙中任山東聊城知縣月以三八日召諸生課文禮其賢者能者問政事得失歲以三七月巡行畎畝視田之荒易加賞罰焉額征冊有逋稅八百兩以問吏故無田主歲雜取他戶代之君言於大吏以新墾荒地補稅額代者悉免故事縣有役按戶徵夫吏因緣爲姦君令履畝出錢二一改爲僱役上官下其法於他州縣御史嚴有犯必痛治之縣常多賊陰倚捕役爲主君杖殺其桀黠者一人賊皆遠竄設櫃徵銀令納者自投其中秏

羨無所取官府興作必如直給工匠錢又人與之食買器物一從市價商民頌之卒祀名宦祠

張拗齋太守事略

張君克嶷字偉公自號拗齋山西聞喜人敦質行邃於經學康熙十八年進士選庶吉士改刑部主事累遷郎中有獄連執政族人諸司莫敢任君請獨任之內務府以其人出使爲辭君鉤提益急牒問奉使何地歸何期至再三不答力請於長官謂宜入告事雖格聞者肅然尋出守廣西平樂府猺獞雜居盜不可詰君至浹月以信義服苗酋獲巨盜二人斃其一宥其一責令偵緝終君任盜不敢窺改知潮州府屬縣賊蜂起或稱明裔聚衆千餘人君聞即日馳至其地命吏士速據白葉祁山設疑兵嚴守而張軍聲賊不敢偪會夜半大風起簡健卒二百斫其營呼曰大兵至矣城中鼓譟出兵以助之賊奔祁山要擊之斬巨魁三人衆敗散乞降巡撫將上其功君曰此盜耳而稱明裔與大獄株連多轉恐生變乃以盜案結潮有大豪戕親迎者於路而奪其妻拒捕經年君微行迹

而得之獄成當大辟監司銜大府命爲之請且曰稍遼緩之當以黃金四百鎰濳至君家君曰吾官可罷獄不可鬻也卒寘諸法或假親王命以開礦大府不敢詰君縛執之其人出龍牌衆色然駭君命繫之獄以牌申大府情既得立杖殺之丁父憂遂不出或勸之曰吾性拗幸而得歸畏途可復即乎年七十有六卒於家子在堪有學行能立名義從方望溪先生遊

王慎夫廉訪事略

王君諱繻字慎夫河南睢州人少警敏年十六補弟子員康熙丙寅起家東明知縣未一年母憂歸庚午補獲鹿縣尋入爲戶部員外郎遷郎中己卯授江南糧儲道辛巳晉江蘇按察使以疾告歸其在東明也縣錢糧多欺隱居民流亡君至易甲長法大戶用其族長催之於是兼併不行流亡者復業縣分四十里里養馬一匹以備官用民苦其累君勒石禁之賈五雲梁進者盜魁也君至諭之曰吾知若名素矣五雲汝爲練總進汝爲保長邑有盜汝緝不用命即斃汝盜自是絕跡有馮化者句逃人誣其鄰某君密令鄰匿他所別令一人跽堂下

召逃者謂曰汝識某可執以出逃實不識也見一人跽堂下執之衆皆譁逃技窮乃曰馮化給我衆中有欲遁者君曰必化也追之果然重杖遣之安某客於外繼妻高氏與前妻之女在室高通於劉某忌女圖弃亂之女不從共戕女以滅口君曰高母道已絕應照故殺妻前夫之子律論斬庶足戒爲繼母而淫兇者巡撫難其議具題報可著爲例東明距睢州百八十里君奉諱歸縣人赴睢弔奠白衣冠數千人城巷塡塞觀者嘆異獲鹿爲山陝衝衢君治驛有法民不知有供億苦時有陝西寡婦兵還京頗驛騷井陘令巽懦巡撫檄君併料理兵戢不譁歲歉出穀以活飢人值編審戶口鱗次面訊里長不得上下爲姦利在戶部時吏弊不得行尚書陳公廷敬倚任之特薦其才其爲糧道也所屬舊有倉規銀鉅萬並虐取之民監司利其入百姓疾苦弗問歲遣一役馳一檄塞巡漕故事而已君至皆謝絕轉漕時扁舟巡察懲其濫收者宜興僻處萬山中一夕忽至百姓訝曰吾民不見糧道四十年矣今乃飛至耶因號曰飛糧道道庫歲收銀八十五萬兩爲修船及弁丁運費前運丁預支行糧例扣月息丁益困

君悉除之丁立碑頌德仲雍墓在虞山久不修城隍廟瀆祀者衆演劇享神歲
糜金錢數萬君曰教化監司責也乃葺墓而封閉廟門其遷按察使也十五衛
四十九幫官丁咸請留不遂去之日泣且拜以送與其鄉先正湯文正公撫蘇
內召時略同胥門外有坊曰民不能忘爲湯公建也民鐫公姓氏於其次蓋公
少學於湯公公深契之其政事有本末非偶然者爲按察時宿州某生攜妻子
授徒某氏家其妻臨產妻兄之女來眎數日妻子皆中毒死館人曰若與妻兄
有隙乎曰有之曰是矣必令其女致毒也生控於州女不勝刑遂誣服獄具君
疑之問館中來往者何人女曰止一十二歲某徒耳召而曲誘之曰師抶我急
因致砒麪中生之妻兄乃得釋無錫民某與攻皮之匠毆已而匠死有僧故與
某仇證爲傷重致死令據僧言擬抵君察鬭毆月日在保辜限外因詰曰傷久
何得不醫具言醫矣檢所用方則匠死傷寒耳僧乃伏罪所平反多類此癸未
聖祖南巡君力疾迎覲　上顧巡撫宋公犖云朕聞王綸督糧儲時甚
好隨遣太醫臨視賜藥一器次日　賜御詩一幅　溫旨再下教以調攝甚備

君叩謝感泣謂臣受 國恩今疾無以圖報塞 上因書世恩堂額 賜之
尋告歸家居十有八年集州士爲文課延處士田先生蘭芳主之士風日盛又
設祭田百五十畝以羨餘助昏葬及窶艱者卒年六十有八子澄思舉人澄慧
癸未進士官郎中

劉跂子方伯事略 陳玉璧

劉君諱棨字跂子山東諸城人父必顯官戶部員外郎乞歸遂不出君年十一
補諸生康熙二十四年登進士三十四年出知長沙縣居官廉惠見義奮發尤
善應變時城中誤傳將裁兵撫標千餘人皆震恐環轅門而噪君謁巡撫出爲
好語解之即令齊赴縣倉預給三月糧示必無裁意衆乃帖然居三年遷知甯
羌州是歲關中大饑君至餓莩滿野而州倉無見糧即入府謁監司丁珩請假
廳倉粟以活州民許之府州相距三百里募州民能運斗粟者予之三升不十
日而三千粟盡入州倉悉以賑明年春復詣府監司謂曰吾欲依君法以賑一
府而洋縣地廣人衆令年老恐以累君君曰方春民困已急必欲見委者請假

以重權乃可監司卽授以檄役數十人從君卽持檄發粟從水運令役持檄分
調數縣丞簿而已單騎至洋先徧歷郊野驗戶口多寡已入城語洋令曰吾發
官粟至此必春貸秋還倘秋不熟我兩人可代任之縱以此破家所獲多矣令
曰諾遂分遣丞簿按戶發粟數日而畢將去闔縣老稚持香擁馬首塞路越三
日乃得行及秋洋民曰劉爺活我我忍負劉爺乎爭赴廳倉納粟贏故額百石
甯羌民貧多逋稅遂聽民便鬻粟筍蕨悉充稅而自賣家中田代之輸下車之
日居民僅七家期年而輻輳矣一日出郭見山多槲樹宜蠶乃募里中善蠶者
載繭種數萬至教民蠶繭成復教之織州人利之名曰劉公綢其後桂林陳文
恭爲陝撫請下其法於他州縣由是陝人之蠶者益衆立義學購買人載書賣
之親爲正句讀釋其大義甯羌士始有得第者四十年還甯夏中路同知未行
丁母憂負債不能歸致書其弟令亟賣所遺田弟曰兄田已去大半所餘瘠土
直幾何吾不忍袖手視乃益以己田擇其腴者易金致兄所甯羌人聞之爭輸
金爲助君示以家書曰吾田已去矣無及也乃止居三年服闋　召見授平陽

知府四十八年九卿奉　詔舉才守具足者知府中舉君及陳公鵬年以對卽擢君天津道副使累遷四川布政使每治事暇喜讀宋儒書曰吾晚讀此等書轉益有味五十七年有疾語諸子曰吾夜誦屯之三爻易象告我矣爲我具奏乞休勿誤國事居數日移榻中堂就寢而逝年六十二子統勳孫墉官皆至大學士語在名臣傳

又陳君玉璧山東歷城人進士乾隆三年任遵義知府郡故多槲樹以不中屋材第供薪爨君出巡見之曰吾得以利吾民矣乃遣人歸歷城取山蠶繭種且以蠶師來行抵沅湘蛹出不克就六年復遣人往取期歲前到蛹得不出明年治繭於郡治側西小邱大獲乃遣蠶師分教四鄉授以種且給工作費民爭趨若取異寶至八年秋民閒所獲繭至八百萬自是郡善養蠶而遵紬之名遂與吳綾蜀錦爭價乾隆十三年正安州吏目徐君階平亦自浙江購繭種來教民蠶至今皆食其利云

陶子師刺史事略

陶君元淳字子師江南常熟人爲諸生能文章有經世志性忼慨喜立事以名節自厲康熙二十三年舉順天試二十七年會試主者定第一策陳會推之弊語侵執政稍抑之及殿試論西北賦輕而役重東南役均而賦重願減浮額之糧罷無益之費閱者怪其言黜置二甲部選瓊州昌化令三十三年到官定賦役均糧以畝均役以糧罷徭差革雜征自坊里供帳始度隙地刱立墟市大招流亡勸開墾予以牛穀不起征縣故與黎爲界舊設土舍制其出入官吏因緣爲姦以規物產至是撤去揭榜山峝有冤者得詣縣陳訴一權量定法度黎民樂業時步行村落閒問民疾苦煦嫗如家人縣故有田四百餘頃沒水且百年君具陳始末請免賦上官難之君因撰昌化浮糧考上之後布政使魯君許爲上請而君遽卒不果行莅昌化之明年攝知崖州游擊余虎縱屬爲暴守備黃鎮中用非刑殺人索黎人獻納無厭君至得訴詞百遂列六款上余虎以百金餽郤之因造蜚語聞於總督下瓊州總兵平之君申牘曰私揭不應發審鎮臣不應侵官卒不往方鞫鎮中獄鎮中令甲士百人帶刀突入左右駭遽欲走君

怒叱曰守備反耶吾奉命治事而敢令甲士劫持是無上官也無上官是無
天子也非反而何鎮中氣懾疾揮去獄成鎮中得罪崖人爲語曰雖有余虎不
敵陶公一怒而總督滋不悅坐君檢驗失實援赦免尋以大計當黜會巡撫蕭
公永藻新受事惜其去爲言於總督留之每以事至府總兵輒戒其下曰陶昌
化至矣無生事在官日市韭一束饔飧常不繼喜接諸生講論率至三鼓尋以
禱雨病寒泄寖劇三十七年九月卒年五十三喪歸渡海遇瓊士赴省試者百
人護柩行莫敢先過陽春有悍卒爭渡諸生並譁曰此吾師也誰敢先者卒懼
而竄

國朝先正事略卷五十

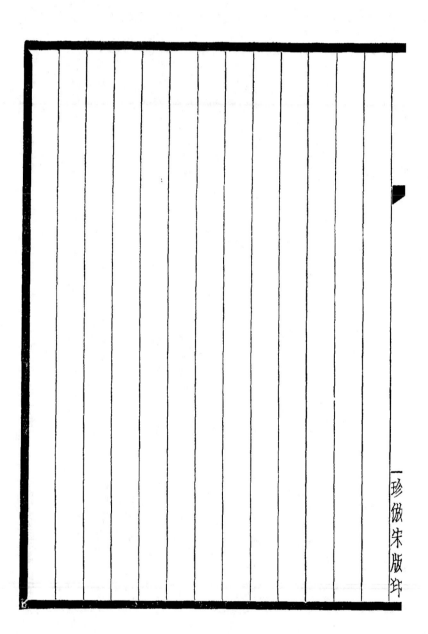

國朝先正事略卷五十一

平江李元度次青纂

循良

莊復齋副使事略

復齋莊君爲安溪李文貞公門下士舉康熙二十七年進士授山東濰縣令毋就養卒於途歸而廬墓三年自是不忍一日離其父父既卒隱居教授若將終焉乾隆元年楊文定公以大宗伯掌成均薦授國子助教相國西林鄂公海甯陳公嘗問士於方望溪望溪首言君次某某非禮先焉不可得而見也海甯徧往拜西林使人達意至再三君曰吾往見是慕勢也相國何取焉將命者以告西林瞿然曰吾非安坐而相招也顧吾非公事未嘗出内城恐時人以爲疑吾平生惡市交莊君以老諸生視我則不妨顧我矣君始入見志相得然卒未嘗再往君自助教遷吏部主事每執稾與長官爭是非或齟齬侃侃直陳無懼色其舉進士出余府丞甸謝御史濟世門二君夙以抗直著聲君能繼其武權貴

多陰憚之六年有薦君學行宜居言路者引見　上意甚相屬越日　命赴
湖廣以同知用補德安同知逾月擢知徐州府蘇松道汪某以危法中沛令某
督撫具白簡矣命君補牒公牒稱沛令不侮鰥寡不畏彊禦汪聞悛而止果毅
公訥親巡江南勢烜赫監司皆鞾袴跪迎君獨長揖訥責問曰非敢惜此膝於
公柰會典所無何訥默然徐仍歲水災君至相川澤諮耆民請廣開上游水道
以洩異漲且告石林可危狀未及措注而石林決沛縣城將隤民逃竄君立起
駕輕舠行告父老太守來與爾民同難爾民將安往親率衆堵築七日夜城完
在徐三年兩遇大荒勤賑事寢食皆廢九年遷淮海道副使嘗巡所屬邑僕隸
數人從皆自飲其馬邑令犒之則跪辭曰公視奴輩如兒子不告而受不安告
必命辭是仍虛君惠也強之皆指心誓先是大府巡屬矜嚴若神及去庫爲之
虧公至平易近人無角尖耗淮海承屢祲後凋敝不異於徐公嘗曰吾聞古循
吏精誠能反風滅火每對遺民中心愧畏夢寐中猶摽辟呼嗟也海州有鹽河
蓄水通商運雖異漲非徧告大府監司不敢開洩及得請則田禾已不可救矣

君陳於制府定議遇水漲守土吏先開洩而後報聞十年冬巡視災賑臘盡始
回徐十一年正月卒年六十有一君諱亨陽字復齋福建靖南人學行爲賢大
夫所重泰安趙公國麟撫閩請主鼇峯書院以持父喪辭家居來學者歲以百
計在太學六堂之士多宗之九年京察　詔大僚各舉一人自代李閣學清植
舉君公論大服其卒也士民罔不痛惜著有秋水堂集河防算法書妻戴氏事
舅姑以孝聞

陳莘學少卿事略

陳君汝咸字莘學浙江鄞人父錫嘏以通經有名於時官編修君幼從父學康
熙三十年會試第一成進士選庶吉士散館改知漳浦縣縣中賦役故責戶長
爲主辦點者緣爲姦利君定三百畝爲一戶令民計產爲清供自立徵戶糧多
者爲戶長以次輪催由是吏無追呼民無逋稅均保甲以三百家爲一保第其
口多寡籍以供役五年一編丁而役法平民有被訟者肖紙爲隸立期限令訟
者自召之一訊即決閩俗信鬼而賤醫病者占藥服之往往致死君爲分別病

證示以經驗方調諸藥以與病者全活甚衆月以初三十八日萃諸生於明倫堂講五經性理綱目諸書試以古今文詩賦擇其賢者才者爲義學師以教於鄉里屏天主及無爲諸異教改其堂爲育嬰堂斥城東淫祠鞭其像而毀之漳浦瀕海多盜君設方略禽獲甚衆上官以南靖盜未靖移君治之縣民列狀請留不得數百人者環而守乃夜以兩騎疾走出門縣民覺追送十里許號泣而歸歸則構祠城北門名曰月湖書院歲時祀之治南靖一年擢刑部主事晉御史論海防事宜多見采納五十一年海賊陳尚義遣黨赴兵部請就撫君素知尚義爲賊魁請身入海撫之廷議御史近臣不宜輕入海乃令郎中雅奇率君所薦阮生蔡生同往遂降尚義及其黨百餘人海患以平以左都御史趙恭毅薦擢通政司參議累遷鴻臚少卿奉　詔賑饑甘肅路見餓莩遂不御酒肉散私錢數十千給飢民疾馳至平涼發倉以賑積勞卒年五十有七

佟信侯刺史事略

佟君國瓏字信侯遼東人以祖從龍入關隸漢軍爲世族康熙三十年君由筆

帖式授山東文登知縣文俗故愚悍或勸君尚嚴峻君曰為政在誠心愛民與利除害化導之而已嚴峻非邑之福也副將某暱一妓日遣營兵為役又剋蝕軍餉合營吏甲大譟夜半斬關出屯東郭君聞變披衣出家人止之不聽吏役皆股栗莫敢從君乃單騎陟山巔厲聲曰吾與軍民同疾苦有寃當訴我何妄動至此衆猶洶洶君當礮立曰吾不忍見爾曹族誅請先試若礮衆色動曰公廉明軍何敢犯然事已至此奈何君力任保全再三覈其故得實狀疾遣吏縛妓至抶於旗鼓之閧衆泣拜而散副將尋被劾去輿論快之癸未大饑奸民所在騷動將不測公率數十人徧詣村墟曉諭捕獘凶渠旋給賑民賴以安事竣得首列薦章云邑豪宋某兄弟三鄰婦貸其錢不能償息豪殺之君廉得其實而吏役得豪金皆巧為揜覆尋倩人持千金賂君君大怒笞其人立覆驗得重傷然無確證忽有小婢倚門君鞫之得實狀遂寘三人於法一邑肅然邑故濱海閩商泊舟島嶼間副將林某縛數十人指為寇君訊之皆釋乃更捕真盜四十餘人殺之海疆敉謐而商船繼至者皆德君丁亥　聖祖南巡君二次扈

從受　優賚辛卯擢澤州知州屬歲祲大發常平倉穀借民秋成剋期輸還無爽者又爲減耗羨革陋規省徭役平物價民情大悅時太原守挾威勢能傾軋人君獨與之抗太守乃陰嗾某驛丞誣揭君坐罷任州民譁然鳴鐘鼓罷市欲詣闕留時康熙五十二年六月事也既而得　旨留原任州民歡躍會平陽民變略如君宰文登時撫軍檄君往撫許以兵從君曰兵行是速亂也請單騎往既至民皆額手曰佟公至吾屬無慮矣乃入城撫諭安堵如故州城圮捐俸千金爲倡集僚屬紳民議修築凡兩年工竣民感其德立生祠君禁之不能止也君去六七十年春秋俎豆弗衰庚子引疾去州民攀號聲震郊野亡何以舊屬高平令虧帑被逮責償萬餘金君故廉貧無所出先是君在州辦軍需數年未嘗尺寸擾民民感次骨至是憤泣公捐五千金投州庫君復竭蹶斥舊產越五年始得完項歸自是布衣蔬食終其身恬如也乾隆三年卒子四人皆爲顯官

夏存齋明府事略

夏君熙澤字爲霖號存齋江西新建人父鞠莊以進士任刑部主事曾講學於

易堂程山之閒歿時君方七歲家貧饘粥不繼母督之學或乏膏油則危坐默誦年十七奉母命遊學京師從韓慕廬孫莪山諸先生遊見聞益廣時高文良公官庶常舅氏周翁託爲擇壻晤先生喜而訂交告舅氏以女字焉康熙三十九年成進士同考官靜庵竇公更進以身心之學兼博覽史書求實用謁選得廣東增城縣時邑大水田疇成巨浸既受事報水災開倉發粟按行村落散米數千石更勸富民捐貸民以不困秋大熟民相率輸倉至冬缺二百餘石吏請追比君弗忍代還之聽訟之暇振興學校購書籍聘名師聚邑人子弟教之邑介海區有靈山復嶺層嶂僻徑逶迤潛通七邑爲諸盜逋逃藪鄰封追捕急咸嘯聚剽掠禽人民索金帛粟米出僞牒邀贖君與同城武弁計曰俟報上官往返經旬日賊糧足守險益難奪出不意攻之兵法也我領敢死士先君繼之合隊夾攻賊穴可速破武弁唯唯君戎服佩刀糾衆夜發武弁逡巡山口乃分鄉兵爲二隊直擣其巢賊聞鼓礟聲不辨衆寡奔散過半追殺十餘賊生擒其魁男女擄者悉解縛奪歸當是時武弁恐形其短不以白上官上官亦諱言用兵

功抑不敘君素以清介自持凡上官胥吏婪索絕不一應百計中傷之旋以監
斃盜犯過多被劾罷時斃者十二人臬獄四府獄三皆歸獄於縣增城老幼咸
嘆息泣下歸葺老屋居寡嫂及二兄僦數椽自居淡飯黄虀讀書不輟閒出遊
蕭然獨往歷名山川訪異人畸士至老不倦年七十餘終於家

沈覲如明府事略

沈君光榮字覲如漢軍正白旗人以歲貢試授筆帖式康熙四十年出知河南
河內縣專務德化月朔望集城中居民宣講　上諭翼日單騎歷郊野召鄉民
偏告之往復懇到聞者莫不感動徵科不用敲扑設盒酒花帛召諸里老令逋
課者跪堂前斟酒進他里長之畢輸者飲之爲簪花被帛鼓吹導出中門由是
輸者畢至有李家窪者地斥鹵多逋君爲引溝渠開稻田招流民復業給以牛
穀種改名藏富村遂成沃土民有訟令兩造要而來立剖決遣胥攝事按日給
錢絲粟不得擾民時出俸錢行諸利益事夏設茶衢路冬施棉衣病者藥之死
而裸露者棺之三年去任士民懷其德祀名宦祠

陸麟度觀察事略

陸君諱師字麟度浙江歸安人少負文名究心先儒書講求實用康熙四十年進士授河南新安知縣下車修學校集諸生說經談藝童子能應縣官試者免其徭民與於學鹽使者下縣取鹽犯四十人君曰律以人鹽並獲爲真法今勘犯止二人何濫爲縣境響馬賊季國玉者爲患久君廉得獘之杖下築菜根亭後圃拔其蔬以遺僚屬曰不可不知此味也父憂歸既成行忽前塗塵起六七騎挾弓刀驅牛車載婦女三十餘人稱某將軍家自歸德買來饑民君叱止之令官還婦女於其家白將軍收其騎卒或謂君已解職胡開罪將軍爲君曰吾一日未出境能以饑民婦女媚將軍耶服除補江蘇儀徵縣縣彫疲又淮鹽所匯奸民窟其中君一反前政每日晨起判爭訟有神明稱盜自引民某爲黨君突至某家見敗器物滿道言有凶人食此不償直因而鬭毆公詰其人狀與盜肖事遂白春徵先勸富戶輸既徵即以解秋則減其耗令自封投櫃城內外數火或言有祟公移牒城隍神欲毀廟示罰火遽熄每不雨步禱輒應疫起出俸

錢購醫藥施民故事上官往來驛夫臨時取給鋪戶倉卒滋擾君一切革去但令鋪戶日賦一錢歸驛不勞而事辦有吏以私事銜知府命來索船君曰知府至吾當腰笏引舟若吏也胡爲者幷其名紙抵之地揚州五屬饑督撫下知府各以五千金糴穀借賑符既下具舟車往則虛而歸君知知府意欲縣官藉補所虧帑也親往力爭卒得請於是五縣皆買穀以賑始至卻鹽商例餽商固請君曰然則吾以給公用耳乃立印簿登其入修學宮作明倫堂具鐘鼓尊彝樂舞祭器濬泮池植之桃李又以其餘建倉厫潔治囹圄爲別屋以居女犯縣故有文信國公祠新其宇質庫相沿書票有月無日匈論久近必取一月息君辭其歲餽令視他處月讓五日旌吳節婦門修孝婦祠以敦女教縣稅領之稅大使惟豬稅隸於縣歲贏千金君除之渡江船人多載重常易溺君爲定其程度以時察之凡所釐剔彰癉視新安之治尤詳課最奉行取部檄至民男女空一縣奔號上官請留弗得則闔城門塞牙署不聽去既去乃寫像尸祝之比入對

聖祖温諭有加試制舉文一首取第一授驗封司主事遷員外郎掌選有

要人求官君力持不可尋奉　命督視山東礦務條上開採無益疏罷其役還
擢御史又　命巡河讞獄均稱　旨未幾河督陳恪勤公奏請以君爲兖沂曹
道有　旨趣之行已得疾不起康熙六十一年三月也年五十六君性孝友以
儒者自命好讀書再充鄉會試同考官皆得士居儀徵築江寒草堂延邑士及
過客之有文者居京師與方望溪苞儲中子在文何義門焯友善尤契張清恪
公清恪過訪必手自叩門君能辨其聲云兄弟子皆少孤撫之如所生養同年
生遺孤字以弟女卒成其名著巢雲書屋采碧山堂玉屏山樵諸集祀兖州新
安儀徵名宦祠

張天申明府事略

張君士琦字天申江南嘉定人早歲舉於鄉以文學知名大學士徐公元文引
入史館與修明史康熙四十一年選江西永新知縣前令故貪縱征斂橫出君
至革除溢征銀三千餘兩米二千餘石捕逐豪右懲諸姦胥遇平民輒與溫語
不輕箠一人月置酒召諸生攷論德藝士民翕然居三年大饑君發倉以賑不

足出私錢佐之縣西鼉山有三邨者俗驍悍屢險阻爲盜前令時糾衆數百劫掠至縣城令犒以酒食散遣之而已君至爲設練長嚴約束至是復聚衆彊糴官粟格鬭有傷者君禽其渠餘黨逸去遂列狀白大吏請設兵西鄙爲鎮壓計或言長官諱盜久矣今遽以盜聞如吏議何曰拚一官絕吾民後患吾甘之矣已而部議下君果以詿誤去縣民聞其將去樹大旗城中央及四門以集衆集者數千人負土塞縣衙城門不啓罷市者半月相率詣南昌請大吏乞留君不省會

聖祖南巡復集衆詣蘇州具章欲上不得達竟罷職新令至以君前發倉粟貧民未盡償不聽去民聞設櫃醵金輸者畢集遂盡償之比歸錢送者塞衢巷或追至百里不絕五十八年復游京師得疾卒年五十六

陳密山方伯事略

陳君德榮字廷彥號密山直隸安州人祖淓字半千順治庚子舉人從孫徵君講學河漳義俠著州部當明末盜起流離相屬於道收養難婦數十人事定送歸又遍收塗閒棄兒哺之全活者衆大名史某以事繫於官拯之出一日攜女

爲謝正色辭之父鶴齡字鳴九康熙甲子舉人爲學宗陽明及鹿忠節而加以實踐父卒故舊巧奪其產弗與爭高陽李相國爵常延至京師一日念母即謝歸官正定教諭從學者數百人君少負文名與博野尹元孚爲檢身制事之學逾冠登康熙五十一年進士出趙恭毅徐文定門皆器君榜下充武英殿纂修時陳恪勤掌殿中修書事嘗語方公望溪後進中有爲有守者以君稱首初授湖北枝江令鄰省大府即思得君守嚴州劇郡既典郡即思得君爲監司故論薦者如爭其以黔西州服闋引見　世宗即命赴貴陽以牧守用其守大定以江西巡撫薦遂命補道府皆前此所罕見也君服官二十餘年勳績尤著於滇黔其爲政急民之病如其私而務以殖其衣食爲本在枝江修百里洲隄除解餉入川雜派攝饒九道剔潯陽大孤兩關錮弊辨誣獄出無辜者七人未數月經略張廣泗以貴州按察使保奏方是時羣苗交煽軍旅四出古州姑盧朱洪文叛案非君莫能定也逾年攝布政使黔地多山岨少穀兵餉半移調於鄰省民尤貧瘠君奏給工本築壩堰引山泉以治水田貴筑貴陽開州威甯餘慶

施秉閒不數年報墾升科者三萬六千餘畝遂課種桑募蠶師教民蠶出署內所登繭於大興寺繅絲織作使民豔其利開野蠶山場百餘所比戶機杼聲相聞又以其閒大修城郭壇廟學舍廣置栖流所以收行旅之病者益因食方冬寒恤老疾嫠孤之無依者躬課諸生開以立志爲己之學立義學二十四所於苗疆其始至貴陽也署威甯府事踰年威甯改州大定改府會烏蒙土司謀叛東川鎭雄附之威甯爲夷猓出入要縮地仍令馳赴威甯督州牧完守君至見城西陴頹舉步可踰乃聚民閒米桶實土石層累丈餘然後比次甃築墉堞屹然羣夷縱火牛光燭天君言笑自如日夜爲戰守計賊不敢偪會總兵哈元生兵至賊敗遁鄂文端總制滇黔君其所舉任也常以此自詡其知人方威甯危急時公慮賊兵趨大理屬州牧陳嘉會分守大理執其手曰吾死此分也但遺老母憂齎志重泉矣及君陳臬於黔苗疆初定當事遽興屯以饜扼之將吏多以刻急見能謂此異類勦絕不足惜丁巳正月望省城大火君入見張經略曰天意如此宜修省羣苗亦人類也毋恣戮經略大爲感動申戒承事者未幾遷

江南布政使徐鳳水災流民爭趨金陵君竭俸賜編棚蓋席以栖災黎重建陽明書院以實學開羣士其卒也官吏士民皆雨泣生平孝友任恤仁於故舊僚友懿行不可備書弟惠華雍正甲辰一甲一名進士授修撰子策乾隆丙辰進士筠筌皆舉人

周子振太守事略

周君諱中鋐字子振浙江山陰人康熙中起家崇明縣丞累權六合宜興上海諸縣事有惠政後九年遷知華亭縣民有被誣殺人久繫獄君立出之而坐其實殺人者提標兵庇盜前令莫敢問君捕治伏法威愛信一時後三年秋霪海水大上漂數縣君具衣糗材樺救卹之又爲請賑弛租全活甚衆明年以催科不及格罷縣民無萬數遮言上官聞於　朝得復職時高安朱公以總憲治修海塘知君賢一以事付之塘成丁內艱民復籲留而　憲皇帝先已擢君松江知府及是予假治喪還視府事明年朝議濬淞婁諸水以君攝太倉州董其役方築壩淞江一再潰與千總陸君晝夜淩險指麾倉卒覆其舟既亡而築合

是爲雍正六年二月二十九日君年四十有九　賜祭葬　贈太僕少卿當君
令華亭時奉賢猶隸境內其後析爲縣君適爲知府至是民懷其澤奉君爲奉
賢縣城隍之神歲時祈報著靈異長洲王芑孫爲廟碑紀其事

國朝先正事略卷五十一

平江李元度次青纂

循吏

施鈞瞻明府事略

施君昭庭字鈞瞻一字寄篁江蘇吳縣人康熙五十四年進士知江西萬載縣萬載地險僻山嶺緜亙有客民自閩粵來居之累數十年積三萬餘人曰棚民溫尚貴者臺灣逸盜也其黨亦散處山中爲拳勇師與棚民往來雍正元年閩中移捕盜黨急尚貴度不免謀爲變始君之至也以棚民爲慮縣人易廉野富而才君厚禮之使交於棚民而偵其所爲於是廉野大積粟貸棚民還不取息或免償如是者數年棚民大悅棚民之材者嚴林生等數從廉野遊由是盡得山中要領尚貴將舉事召棚民林生遽告廉野聞於君君集勇敢三百人即以林生統之爲要約以待而棚民多受廉野恩不忍往然往者猶數百人尙貴有衆二千大掠山村閧時三月十三日也君謂林生曰賊易破也然吾慮賊或擾

旁近縣旁近縣無備必使向萬載破之必矣會得賊諜四人厚撫之使告尙貴曰萬載人盡逃城虛可唾手得也賊遂決意向萬載則又張疑兵伏諸境中時鳴鼓譁囂樹大旗見旂或連繫數十馬相踶嘶或爇草若炊烟賊欲由徑攻我後疑不敢入遂由官道來而棚民多受林生計使趫捷者數十人分曹持刃梃伏叢棘中賊過突躍出大呼擊賊賊驚走輒追殺之伏數發賊疑駭欲卻則又懼棚民之躡其後也於是濡被爲盾以進君望見笑曰彼已懾矣則使火鎗二十餘迭擊之一戰獲尙貴尙貴起二日而敗又二日而撫營兵至初棚民嘗入市欺市人人積畏之尙貴叛道路洶洶指棚民君謂林生曰撫營兵至必搜山吾負棚民奈何則又曰吾以免死帖與諸降者汝及今趣棚民具不從賊結狀來其免乎兵至果搜山如君計不戮一人而巡撫初到官聞警張其事入奏既見君申文不合使請於總督查弼納欲改追之君曰吾不忍迫棚民使叛而殺之以爲功也不可改巡撫乃檄君謂棚民匿盜已久又從亂罪皆死今雖赦之必驅歸本籍君乃使人徧諭棚民無恐而請於督撫曰棚民者閩粵之貧人耳

來居山中種麻自給惟其貧苦以席爲屋故曰棚民非刀手老瓜賊之比也歷年多生齒日衆與居民閧有爭訐皆細故不足深懲今日之亂由臺灣逸盜不關棚民而探賊動止離賊黨羽誘賊就縛悉賴棚民力請嚴戶口編保甲列齊民泯其主客之形寬其衣食之路長治久安爲計便查公許之巡撫尋亦悟悉如君策棚民乃安事聞　世宗臨朝諭九卿曰知縣以數年心力辦賊巡撫到官幾日豈得有其功耶獨下總督疏交部議敘以主事知州用君尋引疾歸後十餘年卒於家

葉維一太守事略

葉君新字維一浙江金華人少補府學生已復冒順天籍入學康熙五十一年舉順天鄉試聞蠡吾李剛主傳顏習齋之學往受業焉立日譜稽核功過尤嚴義利之辨雍正五年以知縣試用四川既至權華陽尋補仁壽民或與鄰縣爭地界當會勘鄉保因閽人以賄請君怒悉下之獄勘畢歸各按其罪由是吏民悉斂手奉法八年攝嘉定州州故有沒水田多逋稅君視曠土可耕者召民墾

闢以新科抵稅額逋稅悉免仁壽奉　中旨采木匠人倚官爲暴民弗堪糾衆相抗縣令以變告君馳至訊匠頭及首先糾衆者一人並治之餘數百人釋不問上官才之有疑獄輒令往勘多所平反十二年遷知邛州乾隆元年再遷夔州同知權龍安及成都知府又攝瀘州瀘俗好訟初至案牘委積君日坐堂皇訟者至立剖決誣罔者悉杖之旬餘獄事大減及百日遂無留獄七年權順慶知府還雅州母憂歸服除授江西建昌府以簡靜爲治先教化而後刑罰修旴江書院招引文學之士復南城黃孝子祠以厲民俗十三年南豐令報縣民饒令德謀反請窮治令德好拳勇令以風聞遣役往偵誤探其讎謂謀反有據遂逮令德令德適他往乃逮其弟繫縣獄令德歸自詣縣縣訊以重刑遂誣服雜引親故及鄰里爲同謀令遽移檄追捕君得報集諸囚親鞫時株連者已七十餘人言人人殊君大疑詰縣役捕令德弟狀役言初至令德家獲一篋疑有金寶匿之及發視無所有則棄之野令聞意篋有反迹訊以刑遂妄稱發篋得簿劄毀之矣令謂實然遂逼令德俾誣服也君於是盡釋七十餘人鐐具命隨往

南昌戒之曰有一逋者吾代汝死矣及至七十餘人則皆在謁巡撫具道所以巡撫愕不信於是集才能吏令會勘[illegible]雜治諸所牽引卒無據然不可卒解先是巡撫得報時遽上奏奏下 命兩江總督委官卽讞君爲一一剖解得白所全活三百許人十七年調贛州府贛縣民搶奪拒捕君依故例擬發邊遠充軍時新例已改本條爲斬決院司欲以改例擬君謂事在例前宜從故例爭之不得復以甯都民獄事與同官持異同不得直遂謝事閉門候代上官慰諭再三不從乃以任性被議免歸家居十餘年卒

葉映庭觀察事略

葉君士寬字映庭江蘇長洲人博學工詩文旁及象緯輿圖句股六書之學尤通達政體康熙五十九年舉人知山西定襄縣八年遷沁州知州其爲政善知民隱滌煩苛遇事不假手胥吏事辦而民不擾權潞安知府除諸稅之無名者復四門集以便商人民大懷畏歷權平陽太原治行爲山西最十二年大計以薦入朝 上賜蟒服擢紹興知府乾隆二年移知金華晉杭嘉湖道調金衢

嚴及甯紹台道始終不出兩浙云其治紹與也有惰民格士而殺之衆士譁將罷試君在三江閘聞信飛騎至數言剖解試如初浙西風潮大作海塘陷君往堵築三月而工完在金華時東陽縣饑求賑者呼號集城門以萬計君曰按冊施賑是賑冊非賑民也單騎往諭之召飢者前立注其名於冊而撻其二人民乃定二人者一婦人先以訟至官服華服至是易敝衣求賑君識之褫其敝衣內華服如故一男子容甚澤飲以皁莢湯嘔出酒肉衆驚服冒賑者多散去涖金華三年多惠政既去郡人思之爲立生祠歲遇君生日輒張燈合樂以祀君其前在処州亦然有武人自処來過君祠適遇君生日祭獻者至擁馬首不得行時君去処已數年矣其爲杭嘉湖道也嚴保甲守望之令盜賊屏息及移金衢嚴衢州地勢高西安龍游諸縣築壩蓄水以溉田商人入山伐木私開壩行水日涸乃嚴其禁民稱便初君涖嘉湖時桐鄉豪家訐訟有以金饋者君急置之法獄未具即調金衢繼事者果以贓敗事連巡撫坐死總督德公委君推鞫君言巡撫實未受贓覆治之得金數千於用事者之家巡撫獲減罪八年移甯

紹台道釐關政修戰艦親巡外洋雖險遠必至紹興水蕭山諸暨民多挾衆詰縣求食巡撫聞而惡之不欲賑君往視還白巡撫曰某來時災民飢欲死何忍見其悉填溝壑耶言訖痛哭巡撫心動聞於　朝遂得賑君嘗言待飢而賑所活幾何本計其在修水利乎議復紹之鑑湖甯之廣德湖大興灌溉之利會去官乃止著浙東水利書冀後有行之者也十二年父憂歸遂不出君在浙每加意書院以作人爲己任家居屢集諸生校試文藝興起者衆平居孝友之德著聞鄉里卒年六十有七

翁蓼野刺史事略

翁君運標字晉公號蓼野浙江餘姚人父瀛廪貢生康熙壬申以妻兄鄖某官粵西恭城令赴其約夜泊祁陽之新塘失所在舟人大索不得報其家弁返其行篋扃鎖未動失其鑰時君甫三歲兄運槐八歲招魂葬父又三年母亦卒君茹苦力學兄年十三時歷楚粵豫章尋父不得以病歸雍正元年君舉進士悲不得父骨誓往尋卜於漢壽亭侯廟有誰知意外得生還之句三卜而三兆焉

乃與兄徧走湖南萬山中刺臂血作疏禱於神更兩歲無所遇乃榜一舟曰餘姚翁某尋父湖洄衡永閒又半載一日泊新塘遇士人鄭海還者言三十年前其弟海生失足溺水格敗葦得不死視葦閒有已溺屍身佩小鑰囊因瘞之白沙洲存鑰囊爲識乃遺急足證鑰於家以啟篋牝牡脗合囊故君姊昔年手製以奉父者也始悟生還之識實應鄭氏兄弟名遂號泣啟攢扶櫬歸仍於前瘞處留封樹焉時雍正丁未八月也人競稱翁氏兩孝子云君初授桐柏知縣多惠政桐人爲建生祠乾隆癸亥知武陵縣左道莫少康蠱里民將成大獄君捕少康寘之法被誘者皆得釋有兄弟爭田者親勘之坐田野中忽自掩涕訟者驚問曰吾兄弟日相依及來武陵吾兄已不及見矣今見汝兄弟偶思吾兄故悲耳語未終訟者亦感泣以其田互讓乃中分之又有兄弟爭產者其兄父養子也父歿弟少分以瘠田使別居兄不平以狀白中有亡父嗜酒得疾語君怒其暴親過也笞之仍斥其弟割腴田以畀兄又有子竊人金指爲父所匿者拘其父至反覆鞫詰終不加以刑或問之曰以子證父脫有誣天性之恩絕矣姑

侯之後廉得其實果黑夜爲他人攫其竊金去而其子誤以爲父也唐氏子聘
張氏女貧不能娶張鬻其女唐知而訟之君察張亦貧甚鬻女金久耗矣乃出
貲贖其女召唐氏子婚焉邑有衡州人業織者其鄉有重囚亡命來主其家家
人不知也已大府檄下大索之囚已先逸矣君第令業織者導之往跡而得之
竟得不連坐亦未受一笞鄧康二姓爭湖洲之利鬬殺不已積訟數十年君勘
其地曉譬再三終不服會大雨至二姓請少避君曰汝輩爲一塊土世世罹重
法不顧予何愛此身爲植立雨中逾時堅不去二姓感動乃親爲劃界訟自是
息且相好邑東長樂村洽江亙長堤每夏秋水漲直齧堤址田廬皆沒巨浸中
舊築石匱衛之水勢稍殺年久匱將圮民深患之渡江而南有德山石塔明提
學董公其昌所議建也亦就圮形家言頗以爲病附郭向無書院君勤於課士
每就僧舍設講席輒用顰顣於是大集邑人士疇咨與創不數月而三大工次
第告成人稱其堤曰翁公堤塔曰翁公塔書院曰翁公書院焉歲乙丑大旱君
閱郡志邑北有龍門洞去城百二十里唐劉蕘得禱雨處乃覓導者草笠芒屨

炷香步拜窮晝夜至其地洞邃而口狹縋而下以瓶貯水蹣跚歸就北郊設壇日跪烈日中膝盡腫邑人哭籲君歸君泣不可凡七日大雨歲則大熟邑人繪龍門禱雨圖爲詩歌紀其事大吏知其賢交章薦擢知道州道州路通郴桂山徑仄峭壁峙千仞下臨深溪行旅危之君劃俸倡捐鑿險八十餘里成坦途歲大疫爲文告城隍神自請罰無傷百姓並購方藥躬行村落閒一一審視或以傳染爲慮曰我爲此邦父母子弟病忍不一顧耶時永郡死亡甚多州境獨得全活年六十以勞瘁卒官州人立祠祀之與武陵並請祀名宦君之令武陵也卽白沙洲建祠父墓前額曰永思並建啓鑰亭買田數十畝令鄭氏世董之丁卯還道州過祠展墓哀感路人視祁陽紳民如故舊子孫注籍善化多達者嘉慶閒族孫元圻任湖南布政使葺其墓祠

蔣省齋郡丞事略

蔣君名祝字賡三號省齋浙江仁和人雍正元年進士選庶吉士出朱文端孫文定二公門散館授行人司行人聞父疾乞養歸文端公屬同修歷代名臣傳

父服除以知州發直隸用署樂亭縣事釐積案千餘尋知晉州擢永昌府同知引疾歸卒年八十有三君之在晉州也興農桑濬河渠嚴保甲事無不舉州民白某習邪教君曰不治則滋蔓蔓而圖之難矣遣數十人縛以來寘之獄使人勸諭之白悔泣卒爲良民州俗悍喜鬭倣古方製所謂三黃寶蜡丸創重者醫之輒不死民得免抵全活多州瀕滹沱河歲葺堤君於堤上徧植柳數年柳成陰民呼蔣公柳制府方恪敏公薦於 朝引 見 賜朝衣一襲會報蝻災君自都門旋治所禱八蜡廟蝗皆南去其飛蔽河士民爭爲詩歌紀之勒諸石永昌有土司頗亂法君單騎入苗洞曉以大義苗人戢會別種苗蠢動境內卒帖然他郡民來避難君厚撫之賊退而民不忍去嘗攝永昌守事爲置義倉或曰攝守乃不憚勞如是君曰苟利於民奚問攝爲會夏旱民賴倉穀得不飢乃大服銅廠有羨餘攝守時悉以歸公大府入覲嘗舉君以對 上稱真廉吏云

君既歸家居有直隸雲南民數十送衣物數事至仁和縣庭曰蔣公去官時不受饋遺吾儕戴其德請以歸諸其家浙中大吏異之爲作圖紀其事

朱完一明府事略

朱君宏仁字完一直隸清豐人雍正元年進士五年知山東昌樂縣時田文鏡爲總督吏治尚嚴急而君持大體多善政其折獄務察情實不輕笞人人無不各得其意以去催科吏未嘗至里舍歲終稅不滿出俸銀充之異時商民歲出官使錢悉罷免耗羨銀三分去一鄉士大夫閒有餽遺無所受父老有獻瓜菜者受之坐之堂下賜以食問歲豐歉及民閒所疾苦又時出循行鄉社民有娶婦生子者勞以壺酒在官四年民大和悅以詿誤去官民閒爲立生祠久之復以事過縣民相率持一錢飯滿盂逆諸境數十里不絕也

龔明水大令事略

龔君諱鑑字齡上又字明水錢塘人早喪母事父極孝父失明君侍左右如嬰兒雍正初以拔貢就選入籍 世宗見而才之時新析揚之江都爲甘泉以君知縣事縣境邵伯埭受高寶諸湖水地卑下君建議當於農隙運土築高埂沿堤爲防堤上卽植桑以興蠶事其西界地高狹旬不雨田卽龜坼每一里宜

鑿塘蓄水如是則境內高下之田俱無患大吏韙之然不能行而邵伯埭下有
芒稻河閘洩水尤要雍正癸丑水溢君冒雨親至其地呼閘官洩之閘官以鹽
漕爲言持不可會制府嵇公以視河至君直陳之厲聲呵閘官嵇公動色卽啓
閘且立斥閘官又用君言以鹽漕二船過湖需水不過六尺若過六尺卽啓閘
無得以鹽漕藉口實多蓄水爲民田患自是閘水疏通然君終以築埂開塘二
事未得施行爲憾　世宗晚習禪悅僧明慧者曾與內廷法會出住西湖聖
因寺干謁遍大江南北一日以書幣關白於君君杖其使而遣之制府縣聞頗
咎君㞑久嘆曰強項令當如是矣吾媿之而其事竟流傳上聞　上召明慧
還京錮不許復出當是時甘泉令吏聲雄於天下邗溝故脂膏地吏罕以節操
自持君卓然自矢有故侍郎子舊嘗館君於京師至是以里人入謁有所屬君
拒之又有同城官爲制府所昵令伺察屬吏者方有挾而請君亦拒之又有巨
室延飮先期自運使太守以下皆固要君同往君又拒之平居益自刻苦終歲
無一絲一粟足稱長物喪偶不再娶而惠政時及於民每歲晏江都之鰥寡孤

獨多求入甘泉部中以君有以卹之也居六年憂歸尋卒年四十有六君於經
學最深著毛詩疏說八卷皆簿書之暇所得也其論春秋滕子來朝正胡傳之
失論周禮舞師鼓人應屬司徒辨采芑詩鉦人伐鼓非互文辨禹貢五服正蔡
傳之誤皆獨有心得多先儒所未發其詩文曰龔甘泉集

童心樸太守事略

童君華字心樸浙江山陰人年十二補諸生長習名法家言佐郡邑爲治雍正
初入貲當得知縣時方纂　大清律例大學士朱文端薦其才　世宗召見
命察賑直隸時樂亭盧龍兩縣報饑口不實君倍增其數怡賢親王方與文端
治營田水利至永平問君灤河形勢君條對甚晰王器之尋補平山縣災不待
報遽出倉粟七千石貸民擢知真定府權按察使事以前發粟事部議免官
特詔原之五年怡賢親王奏以君理京南局水利君度真定府城外得泉十八
疏爲渠溉田六百畝先後營田共三百五十頃以北人不食稻請官發錢買水
田穀運通倉省漕費而民得市稷黍以爲食王具以　聞從之未幾移知蘇州

其爲治精勤廉幹發奸摘伏如神事有不可持之甚力當是時有　詔清查康熙五十一年以來江蘇負課千二百餘萬巡撫督責急逮捕追比無虛日君固請寬之巡撫怒曰汝敢逆　旨耶君曰華非逆　旨乃遵　旨也　皇上知有積欠不命嚴追命清查者正欲清其來歷查其委曲或在官或在役或在民或應徵或不應徵使了然分曉然後奏請以俟　聖裁此　詔書意也今奉行者絕不顧名思義徒以十五年積欠竭竭然求完納於一時是暴征非清查也曰汝欲云何曰限華三月當部居別白分牒以報巡撫默然從其請乃量釋獄繫者千餘人次第造冊請轉奏未幾　世宗風聞江南清查不善下　詔嚴飭如君言巡撫嘗訪僧與民婦姦製一枷兩人荷以徇君聞卽破枷出之而詰巡撫曰犯姦者枷律也兩人共荷之非政體也且臯薄非尊官所宜問今縱之矣巡撫謝之而心弗悅浙江總督李衛嘗簒人於蘇無文牒君不與李怒爲蜚語以　聞　世宗召見責以沽名干譽對曰臣竭力爲國近乎沽名實心爲民近乎干譽命往陝西以知府用署肅州佐經略鄂文端屯田肅州鑿通九

家窰五山引水穿渠溉田萬畝復以忤巡撫被劾罷官歸數年卒年六十六家居嘗建宗祠置義田二百畝起屋數所以居族人又寫義冢二區費金數千兩所著書有請田太湖濱議九家窰屯工記銅政條議多切於事實合詩文集計共十餘卷

國朝先正事略卷五十二

國朝先正事略卷五十三

平江李元度次青纂

循良

王臯謨太守事略

王君時翔字臯謨江蘇鎮洋人明相國文肅公族孫也爲諸生博學能文章雍正六年州人沈起元官興化知府奉　詔當薦士以君應引　見　授福建晉江知縣時　世宗以閩中吏治頽廢遣使按視倉庫盡吏諸守令新至者頗尙操切晉江民好訟前官以擊斷爲治而訟益繁君至曰此吾赤子也忍以賊盜視乎縱解苛政坐堂皇呴呴作家人語曲直既判呼兩造前令釋忿相對揖罷去由是訟者日衰覩風整俗使劉君按泉州委君鞫疑獄二十餘事輒報可語人曰晉江長者決獄又何精敏也題廉慎勤平四字以章之尋爲知府所嫉調政和晉江民爭乞留不得縣有平糶米六千石代者以虧耗不受衆譁曰爺飲此間一杯水安所得錢補耗米請各出錢買米納價如額十日而事集治政

和斃劇盜懲訟蠹引諸生講學縣有虎患移牒城隍神驅之尋調甌甯擢漳州府同知駐南勝南勝山箐深奧民族居峝中鬭者輒百千爲黨手兵械抗官吏莫敢詰有賴唱者其黨犯法捕治糾衆奪之與諸賴萬人匿險自固君馳檄示以利害親入山山中人聞君至夾道跪賴唱族長率諸賴迎謁君謂曰汝諸賴萬人柰何庇一賴而以死殉之其爲我縛唱以來即無事矣諸賴皆感動唯而退唱不得已自縛出遂繫以還治唱罪自是峝民怗然歲除繫囚數人許暫甯家已而如期悉詣獄瀨子阬民葉揚煽亂君謂緩之可一紙定矣或張其事聞於大吏遂奉檄入山勦之事平意不自得乃乞歸乾隆元年以薦起蒲州同知治永樂未幾　特詔還成都知府以廉率屬爲政持大體善審機要錢價騰布政使榜平其直市人皆譁君方請假謂成都華陽二令曰市直當順民情抑之錢益閟不出矣二令言於布政使撤其榜錢價尋平總督欲徙涼州駐防兵於成都議拓滿洲城當奪民居二千家君考故牘請於布政使曰成都滿洲城故容駐防兵三千見兵一千五百尚虛其半但出駐兵所侵地足矣毋庸拓也乃

止已而涼兵亦不果徙七年江南湖廣災巡撫奏請運蜀米四十萬石濟之報可已而湖廣急米委屬吏領運而江南獨無巡撫檄州縣餽運舳艫蔽江商賈不通成都薪炭俱絕君謂江南運可緩而徒病蜀甚無謂力言於巡撫請獨運楚而聽商人自運江南則公私兩便巡撫怒不聽江運卒行吏民重困在官屢雪疑獄闔府稱神明九年卒於官疾亟召成都華陽二令入內問獄事口爲定讞而瞑年七十

牛階平大令事略

牛君運震字階平號空山山東滋陽人生十歲能文十六補諸生雍正十六年成進士乾隆元年　召試博學鴻詞不遇尋授甘肅泰安知縣開九渠溉田萬畝縣北玉鐘山崩塞河水溢壞民居君督濬四日夜而水通流民獲安堵縣聚曰西固去治二百餘里村民輸糧苦運費多積逋君單騎往諭問所苦民請以銀代君許之自是無梗化者先是巡檢某誣馬得才兄弟五人爲盜前令弗能察得才自刎死其兄馬都上控令又誘繫之獄具其三人者將解府君鞫得其

情昭雪之又白清水縣武生杜其陶冤前令當其陶父子謀殺罪上官檄君覆
治驗死者得自刎狀以移屍罪其陶因釋其子他所平反率類是官泰安八載
惠農通商以經術飾吏治設隴川書院於署東通其門日與諸生講習民始知
學嘗雩雨九龍山立應又牒城隍神爲民勘祟病者卽愈人以爲勤政之感兼
攝徽縣其治如泰安建杜工部祠於溧亭川吳玠廟於仙人關皆置祀田徽多
虎患君募壯士殺虎二十有六道始通及自徽縣歸泰安遇白額虎當道人馬
股栗君叱之虎帖耳去或爲馴虎圖傳其事未幾調平番縣縣之五道峴苦饑
躅粟二百石賑之民感其惠人輸一錢製衣銘德君受衣返幣固原兵變圍提
督戟門且肆掠督撫咸至平涼飛檄招君問方略君請勿以兵往但遙屯城外
爲聲援而自入城令縛首亂者出獄具斬三人監候四人餘予杖徒有差上官
才之或反以此忌君乃摭前受萬民衣事劾免其官平番民涕泣攀轅留主皋
蘭書院教學得士心及歸有走千里送至灞橋始別者君性開朗有斷制署中
不延幕客事雖鉤棘輒辦治在官不問生產既罷無慍色與同歲生胡天游論

古最相得著有經義史論數十卷卒年五十三

李立之太守事略

李君大本字立之山東安邱人雍正十三年舉鄉試乾隆九年選湖北棗陽縣改湖南之益陽居官自奉極約勤於吏事識大體所規爲多遠略益人不知蠶君教之樹桑後賴其利號李公桑縣多山有里豪謀開礦以利啗君君叱去之因爲上官陳開礦之害請立碑申禁從之明年調長沙考績爲湖南最十六年遷寶慶理猺同知其所隸通水崗有苗僧行賈臨桂知縣田志隆見之意其爲賊黨吳方曙方曙者從馬朝柱謀反時方繪圖懸購者也僧畏刑誣服又訊朝柱所在妄言在崗中志隆以告巡撫立上奏帥兵出命君從行君曰僧言眞僞不可知大兵卒至苗必駭且生變請潛訪之果在以兵禽之未晚也既而白僧言實妄巡撫疑未釋復欲率兵往君力諫乃已後　廷訊苗僧果誣如君言橫嶺崗苗乏食籲官求粟君多方賑之復請於上官曰橫嶺崗自逆渠授首安插餘苗因惡其人故薄其產每口授田才三十積得米無多崗田稍腴者又盡與

堡卒極惡者方畀苗民歲入不足男則斫柴易米女則劚蕨爲粉給口食年來生齒日繁材木竭米價益昂飢餓愁歎深可憐憫恐不可坐視而不爲之所也見有入官苗田一千三百四十八畝舊募漢民佃種出租供饟姦良不一屢經淘汰請視苗民家貧丁衆者稽覈書簿有漢佃應除者即以書簿之丁次第受種出租如故則苗民得食而餉亦無虧此補救之一端也議上上官不許後巡撫陳文恭見之曰此識時務之言也將因北覲陳其事會遷兩廣總督遂寢二十一年君還知長沙府以病足告歸卒於家

周梅圃觀察事略

周君名克開字乾三號梅圃湖南長沙人乾隆十二年舉人授隴西知縣調甯朔爲人明曉事理耐勤苦敢任繁劇甯朔屬甯夏府並河有三渠曰漢來唐延大清皆引河水入渠以灌民田唐延渠行地多沙易漫君治渠使狹而深又頗改其水道渠行得安而渠有暗洞以洩淫水故旱潦皆賴焉延渠暗洞壞渠水不行上官從甯夏令議填暗洞而竭唐渠入漢渠以利甯夏民而甯朔病矣君

力請修復之夏民以爲農事近新水將至不可待君約以五日了之乃取故渠廢閘之石晝夜督工五日而暗洞復兩縣皆利大清河者鑿自康熙年長三十餘里久而石門首尾皆壞民失其利君修復之皆用日少而成功速以卓異薦擢固原州再遷知都匀府調貴陽府在都匀嘗從總督吳達善侍郎錢維城治貴州苗民爲逆事獲其首從鞫之君謂錢侍郎用法有失當者固爭不爲下在貴陽亦以強直忤巡撫宮兆麟二公始皆憾而卒以重君旋以公累解職引見復授蒲州知府調太原府大清積獄修復風峪口提堰障山潦而導入汾始君在甯夏治渠作閘民謂之周公閘及是堤堰成民亦於堤上作周公祠云擢贛南道權布政使事坐王錫侯字貫案被議　高宗素知君賢發江南以同知用會　南巡君迎　駕　命知九江府擢浙江糧儲道當是時王亶望爲浙江巡撫吏徵糧皆毒民以奉上官君聞素疾之至浙身自誓不取絲毫潤請於巡撫約與之同心巡撫姑應曰善而厭君甚無術以去之也反奏譽君才優糧儲常事易治今海塘方急請令移治於是調杭嘉湖海防道會改建海岸石塘

總督欲徙柴塘近數百丈以避潮君曰海不與河同徙而讓之潮益侵無益也力爭乃止以督工勞疾卒官乾隆四十九年也年六十一君涖官皆有名績善治獄多所平反禮儒生斥私錢與書院性尤廉歿後家無餘貲而王亶望卒以貪敗世言苟受君言豈徒國利亦其家之安也故天下稱廉吏者必曰周梅圃云

鄧虞揮太守事略

鄧君諱夢琴字虞揮江西浮梁人乾隆十七年進士授四川綦江知縣縣人相沿呼大府胥吏爲老上司橫甚君察其尤者先予杖後申請治罪遂俱斂跡貴州遵義有巨盜亡命過縣君遣捕人跡至二千里外之萬縣獲之以能署江津江津民宋志聰與楊在位爭博負在位毆之仆死置尸黃君相之門前令比君相殺人罪已瘐死矣君鉤距得獄情讞之前令因推事官巧請於按察使掎其獄君力爭按察使遂怒此初獄也而前令在江津事多率爾民周景康盜樹爲樹主斫顱左旋以他事與周秉魯爭傷腹下乃死前令以比樹主君請復診之

腹下傷重罪當比秉魯而按察使挾前怒欲如前令比以傾君此繼獄也當是時前令已因宋志聽獄去官君復持此獄甚急於是諸黨按察使有氣力者爲蜚語以爲君好排人人已墜坑井尚下石按察使雖知君直而必洩前怒幸其言君勢危甚會定遠民譚學海被殺不得主名縣攝民六人笞服之至府皆不承君奉府檄廉知諸偷鄧理瑤等實殺人一訊獄具此最後獄也君白府分功定遠定遠得免議諸大府乃信君非排人者適按察使權布政司事周景康獄乃得如君讞憂歸十二年授陝西洵陽縣洵陽處萬山中流民賃山課稞不立期限遂多訟君期以五年民安之山南州縣地日墾大府歲檄升科君言流民開荒食數年之利不可使失所他徙　國家賦額已定徒飽吏胥耳終君去洵陽不報升科尋署岐山調寶雞寶雞臨棧道轄陳倉東河二驛冠蓋旁午驛馬多疲損前令以給里民需其值曰領馬有急復摟私馬應官曰里馬君令領馬者悉交見馬驛遂充非大差不擾里馬逆回田五作亂陷通渭君斷仙靈谷石道爲守計復料丁壯登陴賊以不至旋擢商州知州署西安府擢知漢中府因

事鐫級大府以教匪方熾奏留君尋以病乞休時年七十五矣後重赴甲子科鹿鳴筵宴卒於嘉慶十三年年八十有六少時以小學近思錄洛學編爲宗後從座主蔡文恭公遊窺閫中道學源流終身守師說嘗曰聽訟末也雖然有本焉古之人先治己之好惡矣至聽訟則察人之好惡爲好惡夫天下固有得其辭而失其意者豈有舍其辭而得其意者哉當官難於愼守官難於正求其難焉可也所著有楙亭詩文稾

李澹成大令事略

李君名炯字澹成江蘇元和人少孤母教之成立乾隆十七年進士授廣東茂名知縣以慈惠爲政自奉薄嘗題其堂柱云窮秀才做官何必十分受用活菩薩出世總憑一點良心士民誦之每聽訟平心察理未嘗用一暴刑縣有重獄株連二十餘人君按驗多縱釋所羈候才一二人而已縣境黄塘瀕水居民多死者水退請上官發棺銀收殮有續報者太守難其請君捐俸益之其生者爲起竹屋煮粥以食之初紹興沈生以刑名術佐君頗通賄君謝遣之及是客府

銜搆君於太守遂以不勝任勒罷改教官去之日士民執香送者踵錯於道作德政歌用金書彩旗爲導有瞽者百餘人製布袍獻君服而見之瞽曰貧不能得錦袍恐不得公意君曰服之矣瞽前捫君衣果布也則皆大喜羅拜去舟過梅菉鎮商民張彩棚設樂餞君三爵後獻百金爲壽君卻之已而舁君徧歷鎮中曰公去矣俾鎮人一識公既歸遂不出卜居靈巖山下野服翛然以山水自樂卒年七十一縣役李棟者嘗詐取鄉人牛君痛杖之責償其牛及君將去任棟數來候起居君曰得無怨我乎棟曰身自犯法敢怨公烏虖觀棟之於君足以概其餘矣

朱梓廬明府事略

朱君休度字介裴號梓廬浙江秀水人乾隆十八年舉人授山西廣靈知縣初涖任值大荒疫民流亡過半前任虧官銀數千君安撫招徠補其耗久乃復其故丁糧歸地善政也縣之丁糧未歸者半災後或丁絕糧存或地在人亡或自外歸占耕他人之田或未歸而他人不敢耕其田君乃親履勘覈其居而勸之

耕一年而荒者墾三年而土無曠於是丁糧地糧歲無逋負尤善決獄大吏知之遇難事輒使之聽盂縣郭添保賣妻張及其子女詰朝婦手刃二幼而自剄察婚書主者伯氏趙嫁者嫠婦張也訊而知張爲劉劉氏趙爲郝永福夫爲劉杷子其嫁也多媒屢易宿跡涉詭異當詰驗時婦猶未絕目郭作聲曰販販乃訊其妹及長女知婦以夫出飢欲死易姓改嫁既嫁疑郭爲販賣人忿甚且恐子女俱辱不如俱死無他情讞定數月夫歸求見君君語之狀並及其家中某某事劉杷子涕泣曰小人愆歸期事至此勿怨他人矣稽首去大同馮良純兄爲里長以催繳料草笞恚而死良純伺令短控於部凡十三事郡守拘之倔強不受命檄君鞫之至則俯首聽郡虞其再赴部也屬君守之歲除君乃縱之歸適大吏欲提問郡指索不可得以讓君君遣一僕往良純即出曰我不難逸去第不忍負朱公耳縣民薛某偕其妹觀劇其友目送之薛怒刃傷其左乳死逮訊自謂罪必死大言曰早欲殺之殺人者死無悔也越日復問曰爾善拳擊乎百不失一乎曰無之君曰然則一刃何以即死也曰刃時不料其即死曰不料

其卽死胡不再刃曰小人見其血不止心惕息何忍再刃也律誤殺罪弗死若云早欲殺之則爲故殺雖不死且論絞決而薛實誤殺乃減等君常曰律則一耳然南方案多情重法輕北方案多情輕法重稍忽之失其情矣能無愼乎以是終任不枉殺一人君性慈惠待人以誠人不忍欺又周知民情閒有訴曲直者折以數語輒皆悅服去數年閒囹圄一空暇乃考縣之壺泉爲周禮之嘔夷川而酈道元以滱水當之者誤也於是築文昌閣巽妙軒於壺山之上縣廨無吏舍亦增置之自及門堂皆新之而弗及臥室居廣靈七年薦卓異君不樂仕進嘉慶元年引疾歸邑人懇留不得乞君壺山垂釣小像勒諸石追餞出境者數千人君卒後二十年邑人請祀名宦祠君深經術工詩年八十有一精於數學死葬皆預定時日如其言著有學海觀漚錄皇本論語經疏考異小木子詩集等書

汪龍莊大令事略

汪君名輝祖字煥曾號龍莊浙江蕭山人父楷官河南淇縣典史君年十一而

孤繼母王生母徐教之成立世稱汪氏兩節母君才識開敏十七補縣學生練習吏事前後入諸州縣幕佐其治疑難紛淆一覽得要領尤善治獄倅境揣形多所全活以其略讀書乾隆三十一年成進士授湖南甯遠知縣縣雜猺俗積逋而健訟前令被訐去攝者務姑息莠民益伺閒爲挾持地流丐強橫勢洶洶君下車卽掩捕其尤而驅餘黨出境徵賦期迫君爲文告諭民剴切誠至讀之慭且感相戒無負好官不逾月而賦額足治事廉平尤善色聽剖條發蘊不爽錙銖及其援据比傅律之所窮通以經術所決獄詞皆曲當人藉藉頌神明而君益欿然按事畢輒問堂下觀者曰允乎僉曰允矣遇罪人當予杖輒呼之前曰若律不可逭然若受父母膚體柰何行不肖虧辱之再三語罪人泣君亦泣或對簿者反代請得免卒改行爲善良延見紳耆問民閒疾苦所語皆籍記之教民廣種殖導以興禮讓惜廉恥誡昏禮煩費而民知儉禁喪禮用酒而民知哀俗丕變歲復屢稔乃復行鄉飲酒賓興禮建節孝祠行保甲政聲大播他邑有訟聞移君鞫之則皆喜甯遠例食淮鹽直數倍於粵鹽民多食粵私大府遣

營弁偵捕人情惶擾君爲帖白上官請改淮引爲粤引久之未報君引例張示零鹽不及十斤者聽偵弁謂君故縱私聞於總督君復揭辨謂縣官當綏靖地方張示諭民勢非得已揭上總督畢公沅尤嘉賞立弛零鹽禁時偉其議稱莽知縣云官甯遠未及四年以足疾請告時大吏已疏調君善化疑君規避劾免歸民走送境上老幼泣擁輿不得行君歸里值西江塘圮關數邑水利巡撫長麟公先後遣官勸君董其事不獲辭初估工費錢二萬八千九百緡用君議增工倍而省錢六千三百緡工用堅實爲永利君渡江一謝巡撫歸而閉戶讀書不問外事嘉慶元年　詔舉孝廉方正邑人以君應固辭免君少尚志節老而愈厲持論挺特不可屈而從善如轉圜性至孝痛父早歿兩母茹苦鞠孤撰父母行狀乞天下能文章者表之得傳志銘誄賦詩數千百篇彙爲雙節堂贈言集六十二卷自以孤子所繫甚重故於守身之義懍懍自防終其身罔敢隕越官私一介不取而不以所守自矜有譽之者君怫然曰爲淑女塞修而稱其不淫可乎所交多老宿以道誼文章相切劘尤邃於史著有元史本證五十卷讀

史掌錄十二卷史姓韻編六十四卷九史同姓名略七十二卷二十四史同姓名錄百六十卷二十四史希姓錄四卷遼金元三史同名錄四十卷龍莊四六稾二卷紀年獨吟草各一卷題衫集三卷辛辛草四卷岫雲初筆二卷楚中雜詠四卷歸盧晚稾六卷汪氏追遠錄八卷越女表微錄七卷善俗書一卷庸訓六卷過眼錄二卷詒穀燕談三卷其尤著者學治臆說四卷佐治藥言二卷言吏治者多宗之阮文達撫浙及豫皆刻行其書下有司俾爲法式嘉慶十二年卒年七十有八子繼芳丙午舉人四子繼培乙丑進士吏部主事

劉寄庵明府事略

劉君名大紳字寄庵雲南甯州人工詩古文而根本於忠孝廉節乾隆四十八年由進士知山東新城縣有異政以朱子小學誨諸生約以朝夕講貫身體力行庶爲天地閒不可少之人以不虛負此生士習爲一變歷甲辰乙巳丙午三歲大旱荒君極力拯卹全活者多量移曹縣代者至縣民詣大吏請留弗許適臺使者琅公過境縣民數千人遮道留君長山者鄰邑也亦代新城乞留遂得

留三月及涖曹則乙巳丙午年災傷更甚新城也方務與民休息而河使者檄
修趙王河工段數百丈日役萬夫兩月而始竣無逃亡及疾病者又檄辦河工
稭料三百萬君以時方收穫請暫緩河員訴於使者督責益急將按以罪因請
爲十日限縣民爭先往納未十日爲三百萬之數足矣嘗出巡鄉曲間有於馬
後言穀賤銀貴開徵期迫者君顧語之曰俟穀得價再輸未遲也語聞於大吏
怒謂曹縣令徑緩征矣急遴能吏往代征至則新賦已如期完因議征乙巳丙
午逋欠計四五萬兩有奇聲言不足數卽以他人易君民大恐晝夜輸將不數
日得三萬餘兩能吏由此膺上考戊申君以病自劾君之初至曹也與上官有
違言投劾去曹人聞之環署涖留且相率走訴大吏趾交錯於道適大吏有事
於泰山見而諭止之以是得不去至是乃於元日密自申文不假手書吏迫得
請而縣人始知之雖乞留者踵至無如何也甫歸而賠攤之令至乃出山再至
山東補文登縣未行而新城方修城城工棘手人爭避之新城人請於大吏願
得君修城君能辭大吏不能辭新城人也工竣方議重與正蒙書院以錦秋湖

荒爲膏火田蓋前沿新城時曾議此舉旱災未暇及也亡何忽以曹縣任內事與同官並削籍遣戍兩縣人於是斂鍰請贖得放歸其後大臣有以君列薦者有　旨送部引見仍發山東以知縣用權福山兩月值大雨水以七分災報大吏準五分五分則不成災矣民間素戴君無怨者君復乞病弗許命署青州同知尋升署武定同知同知固閑曹也會登萊蝗起大吏委君督捕又黃河水溢自漕運河至大清河爲沿河郡邑害委君查災賑君皆竭力任事實惠能及民後一年乙丑乃告養歸君平易近民民情固結不可解請留矣代贖矣意殊未已其始以病歸也東人留醫治幾二年爲君壽爲君母壽如在任時也歸則送及汴梁城留數日乃別去有送至樊城者其繼以贖歸也延留爲壽者如初歸有送至漢陽者最後以養歸則有送及周家口者其得民心如此歸後百制軍延主五華書院成就後學甚衆卒祀新城名宦祠

李許齋方伯事略

李君賡芸字生甫號許齋江蘇嘉定人父夢璁乾隆壬戌進士官江西直隸州

君少從辛楣先生學通六書蒼雅三禮善屬文孝於繼母勵名節爲時所稱乾隆五十五年進士知浙江孝豐縣調德清平湖嘉慶三年九卿中有密薦君者
特旨問巡撫阮公元元以守潔才優爲浙中第一良吏奏引　見遷處州同知調嘉興八年奏署台州府　手詔批此人可用尋擢嘉興府十六年母服闋補汀州府十九年調漳州尋擢汀漳龍道明年遷福建按察使晉布政使君性廉正敝衣疏食任監司無異寒儒自縣令至藩臬所在有惠政能得民心其治平湖也以陸清獻曾官嘉定而已以嘉定人官平湖首謁其祠一以清獻爲法除姦訓士邑中稱神明其守嘉興也正己率屬莫敢以苞苴進生辰令節閉門卻埽而已五年金處二郡災有　詔賑金華民苦無錢處州苦無米價皆貴君以萬金易錢載至金華人加賑錢百民益安而錢價頓平復以萬金買米於溫州轆轤轉運米亦賤十年嘉興水災君奉檄減糶復設粥廠全活數十萬人及涖漳州俗獷悍多械鬭號難治君召父老問有隙胡不愬之官皆曰一涉公門需訟費且讞結不以時是非尤失實君曰某在此有踵前弊者父老共唾之如

不來愬而仍鬬則亂民也誓以兵除之毋嘗試毋恃賄脫皆唯唯退然不知操何道以治也既而民有鬬者立調營兵往捕治焚其居鬬者大懼乃日坐堂皇重門洞開許愬者直入命役與俱召所當治者限時日不至則杖役至則立平遣之即案前書讞詞無一錢費民皆懽呼曰李公活我終君任三年無鬬者漳屬九龍嶺多盜公下所屬嚴捕擒其魁十數商旅坦行故事獲盜當甄敘公悉以歸屬吏不自居也會龍溪歸德堡某姓械鬬令黃某懦不能治朱履中者內狡而外樸攝平和縣事受代來謁君詢曰和平亦械鬬乎曰有之擒之必以兵乎曰長吏平日不擾民遇有應捕主名命里長縛以來無或仵也君視之愿人也乃請於督撫以朱代黃逾月不辦督之朱曰涖事新民未孚也又久之知其終不辦也親率兵往治無所得費帑金七百既訖事與朱分任之數月遷汀漳龍道尋擢兩司遂左遷朱教職會朱虧鹽課五千抵以他款數相當代者張均不聽抵漳守畢所諧昔納朱賄而今苛督之朱窮且憤揭督撫謂虧帑由道府婪索督撫密以聞君遷藩司未一月遽解任矣君之在漳也嘗監造戰船不如

式大吏令重修君已去任家人稱貸於朱以蒇事君不知也質訊時朱撫前二事指爲贓家人自承稱貸事有之而君懵不知總督桐城汪志伊益疑之必欲窮其獄歲除鞫至漏盡乃罷正月四日復促君對簿君不肯誣服總督謂獄不成將罪承讞者君恐爲獄吏所挫辱越十有四日夜縊死貧不能殮家無以爲炊士民數千人走數百里號哭於門累月不絕事聞 上遣重臣出按其獄乃抵履中等罪督撫皆罷斥閩士民公呈於使者指貲建李公遺愛祠得 旨俞行且 諭曰期民直道之公也又 硃書使者奏牘中曰良吏阮文達公爲君傳遂以良吏署其端云

國朝先正事略卷五十三

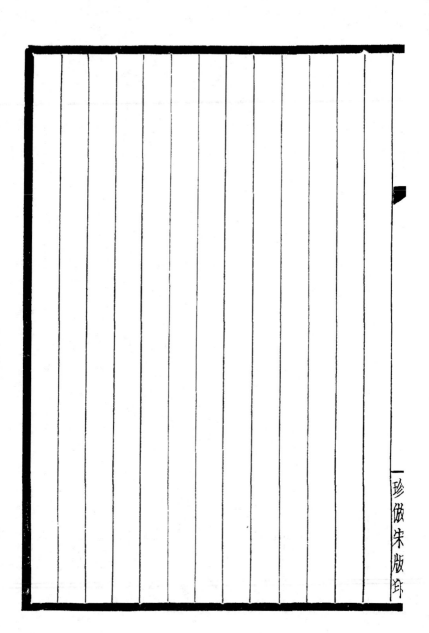

國朝先正事略卷五十四

平江李元度次青纂

循良

張蒔塘明府事略

張君名吉安字迪安號蒔塘江蘇吳縣人乾隆六十年舉人大挑以知縣發浙江署象山縣象山踞定海上游海盜由閩擾浙必由縣境之南大佛山而入沿海奸民多以米及淡水火藥濟盜且爲嚮導君涖任即嚴水米出洋之禁盜漸窮蹙不敢犯象山旋署新城邑去水遠倉設行省民以折色輸官官購米兌軍多浮取君平其折價民力以紓庚申署永康夏蛟水猝發山石大如屋隨流下平地水深丈許田廬蕩然君速往勘搭棚廠俾資棲止其被水阻隔不能出者以舟載餅粥遍飼之具狀請賑同官以偏災向不查辦爲言君不顧上游果扼之災黎大譁幾激變君力爭於大府得給賑及修補費且展賑如例是年處州旱麗水尤甚以君能卹民也命之往下車步禱雨立至轉歉爲豐麗水多山地

險而道遠念赴愬者多廢時失事就山寺讞結之民旣得直又不苦期會癸亥
春奉急檄至行省命署浦江縣浦江疊被水不逞之徒勼衆搶富民伐墓樹鄰
邑多煽動君白大府曰聚衆肆掠非法無以止奸民衆聚以饑非米無以安良
民良民安則奸民氣散請運兵米所餘往散給許之民知君已請米勢漸解擒
治首惡論如律歲獲有秋是年冬補餘姚甲子春雨傷禾米價騰涌君旣請糶
倉穀又請於臺使者官運川米五千石民食以足明年復被水鄰邑賁賑者廠
專設縣城擁擠傷亡日數輩君分鄉設廠別男女官帑外勸富民協濟迄撤廠
無枉死者邑多名區次第修復之以工作代賑尋乞養歸道光己丑正月卒祀
永康名宦並醵建專祀麗水民祀之遺愛祠餘姚民奉栗主於洞霄宮之一庵
即君所修建以祀蘇文忠公者也君素優於學尤嗜坡公詩歿而配食論者以
爲宜

史倬雲刺史事略

史君諱紹登字倬雲江蘇溧陽人祖貽直官大學士諡文靖父奕環山西按察

使君以順天鄉試挑謄錄敘布政司經歷發雲南乾隆六十年署文山縣事雲南鹽歸官辦苛刑抑配民不堪命君涖任即弛其禁釋獄中逋課者數百人閱三載配鹽之五十七州縣一日同變乃改商辦以寬民依文山式也未幾苗匪起貴州距文山尙數郡君策其必至念鎭兵不可恃乃集吏卒健者得三百人親教以打鏢期三十步外取人能命中教甫成黔匪竄鄰境之邱北又潛結文山各寨儂猓約分途起君謂不救邱北則文山儂猓必不靖遂親帥三百人往人授刀一握鐵鏢三十枚既至當者輒仆收復卡汛以十數廓清邱北而雲貴總督勒保勦苗失利被圍於貴州之黃草坪月餘雲南巡撫江蘭檄君往援君帥壯勇馳至賊圍十數重內外不相聞君迎陣以鏢擊之皆靡賊死如積一日遂奔潰君念圍雖解而賊衆尙數萬若入城慰謁總督賊去且遠爲後患甚鉅遂追奔三四百里仗七接殲賊過半乃返黃草坪先是圍解後三日黔鎭以兵至總督德之甚比君上謁總督曰若文官亦遠來看我耶君陳解圍狀總督怒曰圍果若解何不入城一見我君曰入謁則賊不可盡請遣官至城外及七次

接仗處驗賊尸係鏢傷者文山民壯所奮擊也若刃傷請伏冒功法總督初欲
重責君覆劾得實乃已而巡撫聞君與總督辨大懼遂飭君自備經費不入軍
需報銷以是虧帑至二萬尋兼署蒙自縣距文山三百里交趾賊目儂福連句
粵匪賀成猿等萬餘竄入文山境君匹馬馳一晝夜入文山城領民壯出勦生
擒首從二百人硐卡悉復總督奏擢雲州知州仍留署文山事默酬解圍功也
嘉慶三年文山大水君發倉粟救民不待報明年初彭齡來爲巡撫性好察開
化故有總兵官當蒙自變時土人榜通衢曰總兵守城知縣打仗總兵銜之初
公詢總兵曰聞史令不要錢果否總兵曰小錢卻不要初公遂以虧帑劾君士
民聞之刊章臚君文武政績題曰天理良心設匭邑廟醵金至三萬初公聞之
甚悔以既完虧奏留任仍餘七千金率簪珥指鐶之屬無可返乃立案貯庫爲
公項後任欲乾没之士民請於上臺建開陽書院焉七年署維西通判廳民恆
乍繃爲亂巢險固不可攻君廉得巢後巖壁斗絶阻大溪水急如箭君以篾爲
大緪募善泅者繫長繩於腰繩尾續大緪既渡溪引緪繫巖樹對岸急引如笮

橋緪套筏圈圈下繫小板可坐君先上板以手攀緪猱接登巖頂壯士三百從之出賊不意大驚亂擒馘淨盡事平拜花翎之賜九年卒官年五十君能乘生馬手未攀鞍身已上每宴客輒以鏢賭酒下堂坐使善鏢者環擊之鏢皆入君掌莫能傷常以至少擊至衆每戰未嘗敗衂身無傷痕所教三百人亦無陣亡者自川楚軍興滿漢文武因緣至封圻膺顯爵者以數十百計迹其功能皆遠出君下以浮沈下吏故知者少云

蓋碧軒太守事略

蓋君諱方泌字季源亦字碧軒山東蒲臺人以拔貢州判陝西嘉慶三年署商州州同治在商州東百里曰龍駒寨寨之東抵河南南之武關爲湖北路四通綰商賈輸寫之會又多林莽山徑易憑匿時川楚教匪亂賊屢由武關入陝西寨君至地如洗賊酋張漢潮復擁衆至乃置藥麪中誘賊劫食多死遂西走官軍乘之漢潮由是不振然且揚言必報若君集衆謀曰賊雖去必復東若等逃亦死守不得耕種亦坐餓死我文官也無兵若能爲吾兵當全活爾命衆議三

日而後復曰生死惟命乃築堡聚糧據見戶三丁抽一得人三千無丁者以財佐軍餉親教之戰辰集午散曰無廢農事四年賊屯山陽鎮安將東走河南迎擊敗之又擊賊於鐵峪埔逐賊入林中矛折賊已近君奪矛以斃賊時賊據山上而伏其半於溝乃分兵覊伏奪據其東山上數乘懈擊之殺傷過當賊宵遁卒不得東後賊由雒南東逸君馳至分水嶺間道出賊前而伏賊錯愕迎戰遂敗殺賊數百人鄉兵名由是大振自武關至竹林關鄉兵皆請隸龍駒寨五年知州困於賊君馳百九十里援之賊驚曰龍駒寨鄉兵至矣則皆遁是時賊屯商州西及雒南山陽各萬餘人欲東走君勒鄉兵二萬人列三大營以待賊不敢前已聞楊忠武公以兵自商州至即前擊賊東西夾攻賊大敗幾殲是役枕戈而寢者五十日游擊某誣以事解職大吏直其謾得留任賊遂相戒無入商州八年賊平授盩厔知縣君在商州六年賊出入陝西久無所得銳欲窺河南狼奔豨突君眇然以一文吏不憑一城藉一餉起千百農家子於逃亡餓羸之餘抗堅悍滑習之賊於必爭之衝摧鋒守堅賊死突不能入平地牢困山谷卒

以就殲厥功偉矣在盩厔猶時時入山搜賊巡撫方勤襄公奏　賞藍翎及生獲甯陜倡亂者四十餘人擢甯陜同知　仁宗召見問商州事甚悉授順慶知府改成都府十八年岐鄖有賊入川以鄉勇屯川陜要隘賊知爲統龍駒寨鄉兵者也卽遁歸陜就滅母憂歸服除授延平知府改臺灣府兩攝臺灣道事道光三年以病歸君始在陜繼在川皆以知兵重然精吏事重民命其在盩厔賊甫定卽捐俸賑饑旌死節婦及河灘馬廠鹽法皆區畫久遠計始至順慶大吏聞渠縣民叛屬以兵君曰此作會人衆客主相驚疑訛言横與非叛也請無用兵捕十二人而變息始至閩以三十金賞捕得周永和乃總督命鎭將欲以兵取者也在臺灣所讞四獄皆千百聚羣稍激則變君一以理諭民輸其誠𠞰罪如法彰義饑捕劫者七十人寘之法天乃雨民呼爲太守雨君卒於道光十八年年七十有一

劉簾舫觀察事略

劉君衡字簾舫江西南豐人嘉慶五年副榜補官學教習十八年以知縣發廣

東尋補四會縣憂歸道光三年授四川墊江縣調梁山及巴縣七年遷緜州直
隸州明年擢保甯府調成都十年擢開歸陳許道十一年以疾乞休楊撫軍國
楨上其治行且曰臣蜀人能言其治蜀狀請優之以風有位　特旨予假兩月
卒不痊遂歸君自少究心吏治喜讀律爲牧令不設門丁日坐堂皇決獄至數
十慮蠹胥之壅蔽也懸鉦於堂以待愬者君聞鉦聲立出剖斷民呼劉青天嘗
曰牧令親民官也官狃於安肆不自親其民致丁役痞隔以售奸官與民乃日
遠欲矯其弊惟官須自做四字耳乃設長案於堂皇之東西案各分數格大書
吏戶禮兵刑工等曹字樣又設粉版如其數各書曰某房送進其在西案者曰
發某房有公牘命吏自送於案格壓以版旁設小磬吏擊之立收入核治其發
出者亦各置案格中役呼某吏至捧而出不經閽人手積弊一清出勘命獄嫌
從吏役止六人賷飯行橐中瀹以水自啖之絲粟不擾民訟者至立給以牒命
交某里正轉攝所訟之人限日至至則鳴鉦一訊即決非重獄不遣役句攝懼
擾也每決事必親書判語令兩造各讀一過不識字者使吏朗誦之皆翕服以

去凡訟牒不輕準理準則必訊訊必決以和息請者不許所判或誤立即更正不怙前任牧令十餘年無一獄上訴亦無翻異者獄情既得左證雖未具輒予決遣省株累始至巴縣前令未決者千餘獄以移君及君去任惟一舉子請咨試禮部咨未即至以告受代者此外無一事也巴役七千人君至無所得食退散者六千八百有奇存者百餘人耳在官食指數百日用不過六百錢苟逾額必節縮數日之食以補之視百姓如家人視百姓事如己事獄辭無大小皆手治之爲書勸僚屬尤懇摯動人嘗言圖治在恤民貧恤貧在保富保富在除弊除弊在於禁棍役誣擾受愬時先訊始訟者窮其辭則誣罔杜矣每始涖任訟者月數百人久之不過數人或月餘無訟牒鄰邑民爭來就質辭不獲已受其訴有爭執數十年不決一訊即罷訟者始獨爲其難繼實大簡易也著有庸吏庸言讀律心得庸吏餘談蜀僚問答諸書足爲天下後世法子扆駒由編修官至鹽運使

李皋言明府事略

李君毓昌字皋言山東卽墨人嘉慶十三年進士發江南以知縣用總督鐵保使勘核山陽縣賑事君親行鄉曲句稽戸口廉得山陽令王伸漢浮開飢戸冒賑狀具清冊將揭知府山陽令患之賂以重金不爲動則謀竊其冊使僕包祥與君僕李祥顧祥馬連升謀不可得復於山陽令曰是無可奈何計惟死之耳君飲於山陽令廨夜歸而渴李祥以藥置湯中進君既寢苦腹痛起包祥急從後持其頸君張目咤之曰若何爲李祥曰吾等不能事君矣馬連升解己所繫帶縊之嘉慶十四年六月七日也山陽令以自縊牒淮安守王轂轂遣役驗之還報曰尸口有血也轂怒杖驗者遂以自縊狀上其族叔李太清與沈某來迎喪沈某檢視其書籍有殘稾半紙曰山陽冒賑以利啗毓昌毓昌不敢受恐上負　天子蓋復總督書稾諸僕毀而未盡者也喪歸君婦感異夢啓棺面如生沈某以銀鍼鍼之鍼黑太清遂走京師訴於都察院　上命逮王轂王伸漢曁衆僕來刑部會訊　命山東按察使朱錫爵驗君尸骨盡黑蓋受毒未至死先以縊死也　天子震怒斬包祥寘顧祥馬連升極刑押李祥至君墓所剖

心祭觀伸漢各伏法總督已下皆貶謫有差贈君知府銜封其墓　仁宗自
爲愍忠詩三十韻命勒其墓上君卒年三十餘無子　詔爲立後嗣子希佐
賞舉人太淸亦　賞武舉君柩之歸也縣吏荊某少習君暮出門見輿馬儀從
甚盛有偉丈夫坐輿中則君也下而與執手甚歡某訝曰聞君死久矣今胡爲
者君曰吾死而爲城隍神於棲霞某月日吾家當開棺則得吾死狀矣君爲吏
良苦盍從我行遂不見某趨至君家君婦方痛哭乃決計開棺後數日荊某卒

彭雨峯戸部事略

彭君永思字位存號雨峯湖南長沙人嘉慶十四年進士以知縣即用發雲南
署嵩明州事涖任三月結宿案八百有奇有疑獄閱十餘年者一讞輒定尋補
楚雄縣精於治獄狀入立判紙尾幷判以某日訊非左證不具不以役喚也一
訊必與決曰鄉民曠工廢業稍稽延其害與繫獄等凡攀輿納狀即口訴者亦
立致研詰或令夾輿行且行且問且斷案結而人不知出必以筆硯隨每就田
隴閒決事始至投訟牒者麕集其後月不過三四紙矣界哨民爭差役不均數

十年無定讞兵備道過境至闤而環其驛館得君判遂著爲例每聽訟必霽色
和顏使各畢其說徐出一言斷之皆折服鞫重囚輒屏左右低聲細詰使因忘
其爲官雖數日不承不加刑然卒莫能遁也尤善治盜傳侶窟穴皆知之所勘
問雖黠盜莫敢枝梧退或爲謾語曰爺幾曾作賊來某官解餉至省會破鞘得
一石失銀二百兩適君至縶贏卒屬治之君察石有蟲窩非道塗物可無向卒
求也因以手量石問曰石輕於銀爾贏負銀左右輕重必均幾日曾欹否卒悟
曰某日出某店即欹君曰吾歸途當察之歸載石輿中途遇石相類者輒取之
計已十數矣皆不甚類至某店從屋後得石絕類乃暗置袖中縱贏夫歸呼店
主及某官從者曰今日但看我審石取十數石令自比較皆曰不類徐出袖中
石示之曰類乎則曰類君笑曰此石何以出爾屋後也乃頓服蓋店主與某官
從者實同盜銀其精審多類此遇事擔當有氣力遇不韙必力爭總督嘗有批
劄君面誦其誤請繳還在嵩明巡撫同興公過境傔從苛索甚厲君用好言慰
反肆詈君持鎖入必欲得而笞之同公爲起謝迤西道行部至驛家奴橫恣竟

縶之於柱某巡道子過縣索夫馬君曰例不應與其子猶張甚君白太守包君曰來日此子不出城必鎖其奴痛與杖尋遁去永昌守輿夫毆大理諸生某於境君請飭赴質夫故守鄉人袒之不使出翼晨令肩其寵姬前行君馳馬追及城外叱役縛夫別飭卒舁輿太守亦無如何凡大府涉境必相戒無擾彭知縣五侯神者不知所起淫祀也邑民與豫章商爭祀鬬訟數十年君令兩造舁神像至取筆判神背曰爾像不滅訟端不絕立毀之兩造相顧腭眙而散楚雄城外某寺停棺百餘久暴露君督役往瘞一日而盡時久旱雨忽大至大姚令某報稱烏龍口奸民嘯聚數千將爲亂太守包君夜召君問計君察啓詞涉張皇請乘其始聚選幹役僞與賊親者以虛言恫喝散其黨密白副將某率兵疾馳日行百八十里入洞掩捕之獲七十人君承鞫誅一人徒三人而已初君權大姚篆既受代邑有逆案君聞之驚曰必某村某姓也已而果然同官訝之君曰曾至鄉見某狀兇很呼至誡之略無怍容以其無惡跡也姑置之然未嘗忘也君任楚雄五年凡三權大姚四權廣通兩權南安州知醫遇獄囚及貧民病輒

親診之多所全活大計舉卓異君厭外吏入貲爲戶部員外郎勤其職道光三年父憂歸遂不復出卒年七十有四子申甫孫樹森皆舉於鄉

俞陶泉都轉事略

俞君德淵字陶泉甘肅平羅人嘉慶二十二年進士由庶吉士改江蘇荊溪知縣有聲林公則徐賀公長齡咸器之調長洲縣甚得民心遷徐州府同知道光八年海運告竣巡撫陶公澍奏擢常州府調江甯當是時兩淮鹽法大壞十年冬 宣宗命尚書王公鼎侍郎寶興公赴江南與總督議改鹽法先是陶公撫蘇時稔知兩淮積弊嘗極論之 上頗有意與革乃召還總督蔣公而以陶公代時使臣議罷官商鹽歸場竈科稅以君有心計使與議君具議數千言大怡謂鹽歸場竈其法有三一曰歸竈丁以按鐅起科然其中難行者有三一在竈丁之逋欠一在鐅鑊之私煎一在災祲之藉口二曰歸官場以給單收稅然難行者亦有三一在額數之難定一在稽察之難周一在官吏之難恃三曰歸場商以認鐅納課然難行者亦有三一在疲商之鑽充一在殷戶之規避一

在垣外之私售以上三法共有九難如就三者兼權之則招商認繳一條猶爲彼善於此苟得其人或可講求盡善顧事難圖始果欲行之則宜先定章程清竈僉商改官易制諸事非行之三年不能就緒此三年中額課未可常懸也場鹽未可停售也各岸食鹽未可久缺也然則新舊接替之時非熟思審處何能變通以盡利乎至兩淮捆鹽之夫淮北則永豐向有萬餘人淮南則老虎涇不下數萬人皆無賴遊民百餘年來以此爲世業一旦失所此數萬衆將安往乎其患又不止私梟拒捕已也議上陶公深然之乃與王寶二公定計不歸場竈仍用官商如故惟奏罷鹽政裁浮費減窩價凡積弊皆除之陶公舉君超授兩淮鹽運使在任五年正課無缺運費遂充揚州俗華侈君力崇儉樸妻子常衣布素風俗一變郡中至無優劇既精會計又知人善任使諸滯岸商憚往運輒遣官代之每運恆有贏利盡以充庫無私取官中所入雖少必別貯之曰此官銀也官錢也吾不敢以私遇朋友急難則傾囊佽之有大僚某罷歸逋官錢屬君償之或曰是其家不貧毋庸也君曰既許之矣可食言乎卒償之同官某將

謁省爲賫緣君偶與藩使者言及異日大悔之曰庸知其必以是來乎吾媿此友矣君居官恪謹吏白事不衣冠不見盛暑讞獄坐堂皇汗浹竟日常有所推鞫瘧忽作舉體震掉事未竟不休也始至荆溪遮訴者百十輩逾年前訴者又易名來控君一見卽識之羣驚爲神兩淮本脂膏地吏多以財結權貴人及四方遊客、又以其餘贍寒畯取聲譽皆商資也君謹守筦鑰失望者多絕不爲避怨計受陶公知遇而持法無可阿當塗黄左田尚書家居有子中民以埸大使需次淮上陶公屬與優差君曰優差以待有功中民無功不可得陶公曰吾已許之矣君曰以德淵辭可也堅不予陶公益賢之林公於時彥少所推許獨稱君曰體用兼賅表裏如一十五年冬陶公　入覲薦公大可用　上亦嘉之將晉用而君卒荆溪長洲江甯士民聞之皆流涕請祀名宦祠

石瑤辰郡丞事略

君諱家紹字瑤辰一字民傭姓石氏山西翼城人以拔貢教諭壺關實心課士學使者稱爲真教官道光二年成進士知江西龍南縣調上饒再調南昌歷署

大庾新城新建擢銅鼓營同知署饒州贛州二府事己亥五月卒於贛州官舍年四十有八君和夷坦白口呐呐若不能辭而以情度物折獄常得其真在龍南發奸摘伏有神明稱在南昌連年水患饑民聞省會散賑聚附郭之沙井上官委君及新建令辦賑務始散米令饑民自爨已而來者蝟集瀕河地幾莫能容且人衆慮滋事於是改散錢令得錢各返鄉里候截留漕米濟各鄉閲兩旬饑民數萬漸散去而水患愈棘君請於上官開倉平糶其力不任糶者復分廠煑粥以賑之主者循例備三千人食而就食者五萬扶老攜幼攘臂喧爭洶洶不可止大吏不知所爲或曰急檄石令及君至往諭曰食少人多叱嗟不能辦汝等其速散詰朝來斷不使有一饑民無粥噉也則皆曰石爹爹不欺人我輩無多事遂散去爹爹者江西民呼父也君所涖皆得民心無識與不識皆以爹呼之云先是惶遽時大府遣官開諭者數矣然皆若罔聞及君至片言解其素行足以感人也然君自視常欿然有頌其政蹟者君曰僕綰符十二載自問無一事盡心可對士民者慚憾而已遑知其他首縣最煩劇君治之裕如理訟必

細心勘鞫至夜分不輟性好聚書藏至七萬卷有暇卽手一編事母孝視聽無形聲事上官以敬然是非可否惟義是視不茍爲婞啞嘗自記曰吏而良民父母也其不良則民賊也父母吾不能民賊也則吾不敢吾其爲民傭者乎因自號曰民傭嗚呼父母之保抱其子蓋曰爲傭而不自知也是則君所以自處者矣旣卒官五縣人皆請祀名宦南昌民尤德君醵金建專祠於百花洲恆沙寺之右久而奉嘗不衰

張翰風明府事略

君諱琦字翰風號宛鄰江蘇陽湖人道光三年以舉人發山東權鄒平縣事山東吏倚錢漕耗羨爲生歲祲則無所入而供億不能減故相率諱災是歲鄒平旱君以臘底視事見田皆龜坼麥未種卽具牒報災以秋冬無雨不能種麥告明年正月四日親赴行省呈牒布政司面言狀時布政使爲朱公桂楨言於巡撫破成例入奏因鄒平得緩征者十六州縣未幾調署章邱縣章邱民好訟月收訟牒至二千餘紙院司道府五署吏皆章邱人多走書請託掎摭短長無虛

日君涖任歲餘五署內無一紙至而結正新舊事二千有奇亦無一案翻異控及會垣五署者民失物誤訟於長山縣歸獄於君君曰汝失物地大樹北抑大樹南也曰大樹北君曰若是則我界也民愕然曰誠鄒平耶即不欲以數匹布煩父母官持牒竟去忽鄒平民亦來赴愬君謝遣之則號咷曰自父母去鄒平民受屈者多矣知父母不能越境理事也私念此情得白諸父母前即不啻伸雪耳聞者皆爲泣下已而民以瑞穀接踵來獻有至四穗五穗者君曰去秋今春大旱無禾麥陽氣伏抑得暑雨潤發地力足故生長倍常耳皆謝遣之然他邑同被旱者卒不聞有此也乙酉補館陶會天旱風霾三日夜對面不見物沙壓麥苗皆死飢民聚掠之案已積十餘起君虔禱龍王廟得大雨乃嚴捕倡掠者又勘得富民閉糴居奇狀分別按治民大服因請普賞口糧人兩月館陶故褊小君所造應賑戶口冊視鄰近大邑數且倍大吏呵之忽奉　詔責問歲饑狀甚切乃按臨災區災民迎訴賑弊無不至惟館陶得實始劾罷尤玩視者數人而厚慰君既而鄰邑蝗起蔽天日眦連館陶處若或界之無一跂闌入者

先是君在章邱蝗自東府來及界退館陶人聞之而未信也至是皆咤爲異事及秋大雨雹積尺許皆在不耕之地君治館陶七載歲屢豐無牙角耗閭閻殷富成都會焉士有訟者閱其詞不直則曰課汝文不至訟乃至耶試責以文不中程後乃決事士訟遂稀其仁術兼濟類如此縣向無良醫民多夭枉見病者君即診之然終以入署爲艱乃設惠民局命族子賜司其事貧者並給藥疑難甚則以質君全活亡算癸巳三月十二日卒官年七十是日昧爽南關居民見鼓吹幢蓋導君行於彩雲中爭傳君爲館陶城隍神公爲政以近民爲主用法恕而執之堅其理訟也不待兩造畢集即決遣之以其辭質後至者莫或狡飾不承也遇大疑獄亦不過再訊故事日簡而民不擾御胥役至嚴驛騷小民者論如法然籌其生計必均必一無怨者每去官餞送者逾萬及卒賴賻贈以歸其喪君少工詩古文及分隸與兄編修惠言齊名稱毗陵二張尤精輿地之學於山川阨塞形勝及古今沿革戰守成敗得失之故上下數千年如指掌著戰國策釋地二卷素問釋義十二卷古詩錄十二卷文集若干卷子曜孫舉人官

漢黄德道

白秋齋協戎事略

君姓白氏諱雲上字秋齋河南河内人乾隆庚午武舉明年成進士由侍衛任江南都司尹文端公爲總督奉旨裁汰江甯京口駐防文端以旗人耤錢糧爲生稍不公輒起物議召君至密室諭曰江甯吾自爲之京口事以委若君取進止文端曰年六十五以上十五以下者汰之毋弊混君出三日復進見文端曰若尚未行耶對曰某已畢事敬繳令問裁汰幾何君呈冊籍曰皆不當汰文端曰豈無一人在六十五以上十五以下者耶君跪曰十有其四某皆增損其年齒以稱中堂意是以得不汰文端怒君曰請得畢其詞我朝幅員萬里歲賦所入豈不能贍此數旗人耶旗人不注四民籍汰之則強者爲盜賊老弱丐徒而已京口當衝途外藩貢使皆假道旗婦章服殊民人沿街乞丐恐有傷國體爲外夷所笑文端手扶君起指其座曰此席當屬君矣遂上疏切論罷其議君擢揚州游擊有通州奸人告海外沙民謀逆狀文端檄君先率所部往君

具文乞病假五日文端莫喻其意親帥兵抵六閘君忽上謁文端曰故未病耶
對曰某何病某度沙民必無他以兵行必驚擾故單騎往察仇怨所自起召其
父老諭令指親串之任內地者傳集訊驗取結狀三百紙並帶曉事數十人馳
迎中堂耳文端握君手曰吾固知君能了此事也即集衆諭遣之置告者於法
江防揚糧兩河廳故事皆派柴戸輸工料歲賠累以萬計君白文端裁革徐淮
揚三府民料積困以紓天大旱向例武職不禱雨君素服至龍王廟長跪階石
上凡三晝夜既大雨而階石遂有兩膝暈民以爲至誠能穿金石也累遷漕標
中軍副將引疾去官僑寓揚州卒揚民請入名宦祠既得　旨男婦爭進香楮
迎主者至萬餘人爲傳誌歌詠者不下數百首君工詩善草書在官緝捕救災
愛民戢士美政不可殫述嘗曰官樂則民苦官苦則民樂以吾一人之苦易數
十萬人之樂吾獨不樂乎陳文恭公督兩江時尤重君手書敦勉諄諄若師弟
子然其見重於名賢若此子守廉庚戌進士官知縣有廉直聲

國朝先正事略卷五十五

平江李元度次青纂

孝義

趙孝子事略 閔孝子

趙孝子希乾字仲易江西南豐人父師高嘗從豐城李見羅先生游著有浩然集九邊屯田議等書早卒孝子依大母母以生年十七母抱病月餘日夜禱神祈身代不愈往問吉凶於日者答言無生理往卜於市占者復言不吉孝子跼蹐不去曰何以救吾母占者惡其煩數眴孝子而嘻曰危矣剖心其可救乎聞者皆怪之孝子心識曰者言歸見母病益危篤作疏告神書遺言付仲父及弟封識之時日光斜射牀席寂無一人孝子取筒中薙髮小刀坐牀上剖胸深寸許以手入取其心不可得忽風聲震颯衝其戶孝子驚疑以爲有人至四顧周章急反刀剜其胸肉置几上復取腸出斷數寸蓋人驚則心上忡腸盤旋滿胸腹云孝子置腸肉釜上悶絕於牀弟妹出見釜上物以謂孝子割股也烹而進

之母再視孝子血淋漓胸腹閉氣垂絕始知其割心城邑喧傳聞於令令親往視之命醫調治母子病不數日母病愈孝子亦漸進食飲唯胸前腸出不得納每日子午閉腸端瀝濡濡下月餘胸肉合終身矢從胸上出而穀道遂閉飲食男女如常人明學使者侯忠節公峒曾聞其事拔充博士弟子員尋選補壬午恩貢甲申後奉母避亂山中貧甚賣卜以爲養又十餘年母壽八十餘乃卒孝子高準大耳頎而長天性渾樸客或求觀其胸下腸解衣示之兩乳正中閉腸突出寸許色鮮紅如血以帶繫竹筩懸於項及臂承其糞日必洗且換至再三蓋三十餘年矣母終未十年孝子亦卒年六十有一同時浙西有閔孝子者事與此類

閔孝子佚其名湖州之南鎮人性粗戇力耕未嘗讀書而事父孝父爲老諸生年七十二病且革戚里咸勸治後事孝子不聽一日父病霍然起又數日受杖屨矣人莫測所由旬日孝子呻吟牀笫閉狀甚苦妻數叩之不答晨起見其捫心難堪狀疑之伺其寐發所捫處見創則大驚孝子不能諱曰常聞人言親病

不可救者得子心片許雜飦粥啜之可治也予不忍父病不救禱於神引刀刺胸出心割片許適夜半父呼飲納湯中以進不意父果霍然當刺胸時不甚楚割畢創即斂如未刺時今始不能忍然祕之勿以戚吾父也妻大驚白之醫醫曰嘻顧安所得藥妻泣請不已妄出藥塗之去言必死詰朝藥忽迸落創痕已失所在矣事聞於　朝康熙甲辰被　旌　詔下之日惟其父拱立閭左郡邑大夫讓孝子出則已先二日遁去

黃孝子事略　顧廷琦　劉龍光

黃孝子名向堅字端木江蘇吳縣人父孔昭舉明崇禎癸酉鄉試官雲南大姚令鼎革後阻兵不得歸孝子孑身往尋之以家事付其妻曰此行不見父母決不歸也族黨皆阻之不顧既出門遇客之舊往滇者詢之告以道里之遠山川之阻戈鋋之擾狼虎之暴與盜賊剽掠猺獞番鬼之險惡復阻之卒奮然往一蓋一笠披零丁帖越關數百重將及滇滇人訝其形容衣服不類欲加刃時兵戈未靖疑爲閒諜也告以實痛哭如嬰兒衆乃釋之至白鹽井遇父母及從弟

向嚴俱無恙喜極哭失聲蠻獠皆爲感動踰一年得歸歸時途中與弟親扶籃轝怡怡如也始順治八年十二月訖十年六月往返二萬六千餘里吳人作樂府以傳其事而吳江潘檢討耒至投刺自稱弟子同時孝子又得二人焉曰顧廷琦曰劉龍光

顧孝子廷琦字珮堅長洲諸生也父繩詒崇禎庚午舉人知蜀之仁壽縣張獻忠破成都不屈死天下既定孝子步入蜀黧面赤踝前後歷四寒暑始得扶櫬歸中閒川水暴漲幾死絕粒數日幾死遇盜劫幾死臨穹崖絕巘墜深淵幾死而卒不死不死而卒扶櫬以歸天相之也方孝子之成都時山川猶存城郭易位無有知瘞𨓈處者呼號路側誓不欲生由遵義民訪之殷繼周黃珪由繼周珪訪之文運由文運訪之曾大禮始得諸龍腦橋側廬墓數月往返六萬四千餘里抵里門鬢髮白矣事詳孝子自撰入蜀記

劉孝子龍光者字蓼蕭亦長洲諸生父廷諤官明益王府長史國初道梗孝子始以省試歸兵後不知父母存沒日夕涕泣家故貧徒步往建昌時益府舊人

無在者禱於張令公之神夢中若有告以石漈者然不知所謂久之遇一女僧云石漈爲閩粤交界處今官道阻兵由閒道往七日可達孝子乃冒死穿藤峽一綫天踰白石嶺高萬仞蟻旋而上血漬雙足過山麓得微徑俯視山下有村村中板屋三楹流泉決決鳴石上孝子心動謂得毋卽石漈乎叩其戶則母管孺人出焉喜極而哭問父所在先二年卒矣又大哭問殯何地則在板屋中又哭村民聞哭皆來觀曰吾鄉舊名見娘村宋孝子王龍山見母處也今遇子又一孝子矣乃涕泣奉母扶櫬歸孝養十餘年母沒以哭母得心疾終其身

錢孝子事略 劉獻煜 劉德瀕

錢孝子名美恭浙之紹興人父士驌明季由舉人授雲南陽宗知縣有子三孝子其季也八歲時庶母與仲兄之官孝子及伯兄侍母留故鄉未幾明亡滇南道梗伯兄亦卒順治戊戌滇方內附孝子欲往尋親母弗許康熙癸卯秋復請母曰空囊能行萬里乎孝子曰此不可意料絕處逢生未可知也遂行由江西抵廣東病幾殆留六閱月至南甯瘴氣方惡留月餘至廣南又病痁力疾行山

徑十步九頓抵蒙自宿土城旅店竟夕不寐悲吟聲達戶外有滇人楊姓者問之告以故楊曰是故錢守兒耶守以考最擢知嵩明州乙未五月卒官葬通海縣之南山在滇復舉兩子兵燹後君家兄弟僮僕不知散失何所矣孝子聞言五內崩裂至通海問南山無知者痛哭於路左觀者訝之爭問故有老人曰我爲闞氏兄應乾錢公乙酉所取士也有童姓者君家舊僕盍詢之至則僕適他往其婦滇人也詰問再三愕然曰此豈浙來小主耶有頃僕歸不復識詳告之乃相持哭叩其始末一如楊姓言尋謁墓南山仲兄至亦不相識矣詰旦探庶母幼弟居敝廬困甚時甲辰十一月五日也謀歸父骨無貲寄跡僧寮復流寓嵩明自乙巳至戊申展轉丐貸乃藉張臬使之力得偕仲兄負骨歸兩弟及庶母留滇是年九月十五日抵家蓋往返六年矣好事者演傳奇曰尋親記觀者皆爲泣下

同時有劉孝子者名獻煜字台凝陝西華陰人也父濯翼崇禎閒司訓武昌偕其妻及幼子以往而孝子留家視墳墓流賊擾楚豫閒道絕失音耗十餘年順

治初孝子徒步求父母楚中時寇亂垂定燹火猶數舉紆迴險隘出入鋒刃閒
屢瀕死乃達訪舊時僕役流亡都盡日夜哭泣遇人輒諏詢莫有知劉教官者
一日哀號山徑中一老人聞之曰劉教官夫婦死久矣其子爲盜掠去孝子籲
老人導之至瘞所發之見甎焉朱書記姓名鄉貫皆合猶濯翼所自書也孝子
乃得負其父母骸骨歸肩肉爲枯者數寸孝子彊直自遂爲邑諸生嘗以言語
忤學師置劣行法當除名提學道田君厥茂集多士問狀衆以其事對田乃喟
然嘆曰是則孝子宜旌矣遂得釋而孝子自是不復應試晚而講樹藝爲小圃
讀易其中從容朝夕有忤之者置弗校年八十餘卒
又涿州劉孝子名德濵國子生父源汴明季官鴻臚寺鳴贊流賊破京師按京
朝官及選人籍名索諸薦紳搒掠之號曰追贓或立斃或賂而免或受其賂而
又殺之方是時源汴名亦在索中孝子匿源汴他所而身自詣賊曰劉鳴贊即
我是也賊拷責數百孝子默無言久之度父已遠去乃奮起叱咤罵賊賊怒杖
殺之而源汴竟行遯沒齒不出蓋身不罹刑辱名不污賊黨一時士大夫類莫

能及云

顏孝子事略

顏孝子伯璟字士瑩山東曲阜人復聖六十六世孫也性孝友補四氏學生員父允紹明季官河閒知府敵兵至城孤乏援力不支朝服北向拜闔室自焚死孝子與弟伯玠時家兗州兵亦至城將陷兵民皆竄孝子體肥不能走伯玠手掖之以行步益窘孝子曰同死無益弟急去猶可活也伯玠不肯釋孝子紿弟他顧躍下城伯玠俯視痛哭矢及其身而卒孝子仆地傷左足夜乃甦爲邏卒所得見其修髯偉貌不敢害舁以告其帥孝子見帥不爲屈帥驚異問之則顏子後也遂延之坐留帳前有被掠者偶語曰昨見城中婦女十數輩邏卒驅以走中一婦不肯行卒反刃擊其臂臂折猶罵不已卒殺之牆下有媪過之指曰此顏氏婦也孝子曰得非吾婦朱氏乎告其帥迹之果然蓋刃傷已四日矣驗其息猶未絕載之還復活帥謂孝子曰而日念而父然兗州破時河閒陷已一月矣孝子聞之長號力請於帥護之出軍壘蹣跚走河閒時盜賊充斥白刃塞

於前積日不能得食每被執輒忼慨與語輒得釋卒達河閒哭其父甚哀路人皆哭方其父之自焚也幼子伯珣甫六歲僕呂有年抱之出火負而走道中流矢死伯珣匿民閒顧得免孝子既拾父遺骸復訪得其弟與俱還倪文正公元璐河閒公座主也至是道經河閒爲文以祭曰父忠子孝是吾師矣由是孝子之名聞一時生平坦易而家法嚴以肅友愛季弟同居無閒言訓子孫以經義鼓琴賦詩自娛恆自言壽止六十一果驗子光猷官編修光敏進士官吏部郎中皆有文名性亦孝執親喪擗踊盡哀淚與血俱四方觀禮者有顏丁善居喪之目

陳孝子事略　賀上林　何士闕

陳孝子名嘉謨字我師江蘇興化人邑諸生順治初父宏道爲怨家所誣繫府獄獄卒絕其橐饘孝子乞一見父不許知羣小計必殺之乃痛哭於城隍神作血書懷之出自沈於河是夜蒼頭守舍候孝子不歸忽聞哭聲自外至扣門甚急啓視無人心怪之及明兩淮運使白某得一函啓視則嘉謨訟冤血書也運

使大驚適蒼頭亦來訴求其尸七日出自鈔關河屹立風浪中髮皆上指遂出宏道於獄收葬孝子而抵誣告者罪後十餘年有賀孝子事

賀孝子上林丹陽人父天敘以事忤令繫獄將殺之孝子年十八謀脫父不得聞巡撫將至涉江溯淮迎舟大呼騶從呵之不得前憤極遂投河髮沒數寸復躍起大呼巡撫令急救之已死檢其衣得一紙則白父冤狀也巡撫按部具得令不法狀黜之釋天敘於獄鄉人爲立賀孝子祠又何君士閥者安徽南陵人也有族人滿盜破其祖母冢以葬親孝子訟之官三年不得直會巡撫檄兩縣令會勘滿健訟事仍未白士閥大慟觸碑腦裂而死令義之勒滿起棺治其罪葬士閥題曰義士何士閥之墓

曹孝子事略 張維德 張振祚 薛文 薛化禮

曹孝子超安徽和州諸生有學行順治十六年海寇鄭成功犯江甯掠及州境孝子奉親出避猝遇寇兵欲戕其父母孝子號泣請代寇閔而釋之家貧力供甘旨以養居喪負土作墳冢有紫薇一株父手植也久枯孝子每對之哀慟忽

復發花時人以爲孝感康熙四十二年　旌孝子以身代親死事與張孝子維德致相類維德合肥人明崇禎乙亥流寇入境執其父將見殺孝子年甫十五歲延頸就刃求代父賊義而釋之越順治丙申父卒哀毁骨立廬墓側三年又

張孝子振祚廬江人也父宏任攜帑知四川嘉定州崇禎壬午流賊逼城孝子奉父命領數騎突出求援城尋陷孝子還見父被害觸石死時弟振祺以應試回籍阻絶無音耗及順治甲午聞信奔赴至保甯阻寇不得前巡撫李國英拔署梓潼縣三年道始通卽辭官尋母遇之峨眉縣年七十餘矣奉以歸

和州薛氏二孝子者兄文弟化禮陳橋洲農家者傭也有母老矣乃傭力以養而留一以侍母迭相代傭者出其一人潔治茅屋坐母中央絮絮語移日日將旰傭者荷擔自村外來白粲一甑酒一壺市脯或生肉用楊柳貫魚輒以至至則彎烹跪進兄若弟跳舞歌謳以侑食歲以爲常或天寒凍洌則負母出曝於戸外一人前後爲侏優斕斑郎當作態以博母笑鄰兒大譁孝子不屑意徐徐負母還入戸去久之母益篤老病且死殯葬皆竭誠信毁不能出戸傭主蹤跡

至其家二人則骨立不能起哭益哀向鄰人索粥糜冀活之數日兄弟竟俱死時康熙四十二年也知州事何偉表其閭又四十四年學使朱筠祔其主於何公祠且爲之記

趙孝子事略

趙孝子名萬全浙江會稽人父應麟爲儒而貧託教授出遊四方時孝子甫周晬應麟出無所遇久客益困明亡天下亂阻兵不得歸轉徙他鄉以沒棄其家二十年矣孝子幼數從母問父何忘返今安在母持之泣且曰兒知憶而父寧使父得歸卒撫爾乎孝子則大痛年十九請於母曰兒已長願往尋父幸必奉父還衆止之不可遂獨行求父度淮南北歷燕齊穿楚豫秦隴所值雖傭保負販浮屠術師流丐之倫皆潛察無敢忽慮其父之或遁於是也周行五六年日不再食儽甚柴立如植鰭然終已不遇心疑父已死遇骴骼之委溝壑者輒瀝血漉之堅不入乃捨去復謳號於塗初孝子將出懼己不審父狀則張牘書應麟名及鄉里年歲容貌揭於背以行久之抵馬邑馬邑故山西邊兵後人烟凋

喪孝子旁皇無所告張文義者縣人也聞之太息曰嗚呼是豈趙君兒耶亟走視問其籍故會稽誦所書牘曰是矣吾幸識而翁翁客遊無所寄食窮歸我嘗爲我授書甚適吾哀其旅死也槨而封之高不及馬腹手表之木今且拱孝子聞言擗地慟奔之窀所號而仆絕復蘇者數乃負骨歸冀少慰其母馬邑人爭來聚觀皆泣下少留之不可旣歸服斬衰躬钁塊築墓時時哀號復託教授供其母極艱且勤母亡得合葬廬冢上三年康熙己巳孝子卒後四十餘年守土吏上其事於 朝 詔祠之廟且 賜金俾冢石而 旌其門

王孝子事略

王孝子原直隸文安人也父珣當明季苦歲荒役重不能支辭其妻曰我去則追呼不及門嫠婦孤兒庶可安也遂逃去不復返時孝子方在抱稍長從羣兒學有嘲其無父者歸問母得其故而悲之曰我當求父母曰兒幼不能也孝子慧甚及長設酒肆多作袜屨諸行色所需物遇遠客至則資而厚款之不受値問所欲曰吾父姓某名某貌若何亡出有年矣倘所寄寓若道途邂逅者客幸

爲兒迹訪相告生死不忘酬也居久之無所得旣娶婦乃復辭母覓父去母泣留曰年遠父存亡不可知且若父旴耳流落何處誰知名者無爲父子相繼作羈鬼使我無依孝子痛哭曰不得父兒不歸也幸有婦侍母母勿以兒爲念遂行足迹半天下日乞食充腹跣步重趼至見骨南北去來積十餘年無倦色一日渡海至田橫島假寐神祠中夢至一寺當午僧炊莎食之味苦以細肉爲湯和之乃甘尋驚寤遇一老父曰孺子憊甚何爲者孝子以情愬且語之夢老父曰試爲子占之午者正南位也莎根附子泥肉和之附子膾也求之南方父子其會乎孝子喜拜謝遂南踰洛漳向洛汝而行所歷寺皆遍已而至輝縣之帶山有寺曰夢覺孝子心動曰吾夢豈至是徵耶天雨雪寒甚臥寺門外有僧見之詰知其尋父也憐之導見其師與之食師曰子何貫曰文安曰吾徒舊有文安人者盍出與敘鄉井乎及相問姓名卽其父也乃相抱持慟哭父猶未肯卽歸曰吾棄家久矣無顏復返孝子牽衣哭不止寺僧皆感動勸其父曰若不歸子必死子死妻媳必繼死奈何忍滅一家親也於是相將還里門夫妻子母復

聚鄉人嗟歎父子並登大壽比孫而顯貴科名繁盛迄今稱右族焉

耿孝子事略 耿極 耿光 耿於彝 耿輔

耿孝子名燿河南太康人邑諸生少從兄光學事之如父凡出入起居必諮稟而後行光嘗與之財孝子曰家有長兄我無用此爲也崇禎壬午李自成陷太康孝子率弟炳肩輿舁母避河朔貿市以供甘旨母病孝子朝出經營暮歸侍疾衣不解帶者累月母沒扶櫬渡河將殯於祖塋會鎮帥高傑兵作亂道梗塞孝子從刀山血海中挽車以葬不怵也時定與耿權與弟極以孝友稱炳嘗慕其爲人訂爲兄弟分宅以居且贈田四頃其義譜有云性地成宗心源爲譜孫夏峯徵君聞而義之爲作三耿合傳云光字伯明邑諸生事繼母孝教諸弟嚴家世業農父應科好施與七世同居子姓百餘口置圓几二外則男子以次共食內則婦女以次共食額其堂曰效藝嘗赴省試拾遺金數百於旅舍俟其人歸之嘗言行事當以聖賢爲法始無悔事立心當求鬼神可鑒始無愧心其刻志勵行如此子於彝有學行光卒未葬值流賊屠太康居民逃竄於彝獨抱父

柩號泣不去賊大至怵之曰汝獨不畏死耶推墮城下傷腰膂幾死越三日賊
退踉蹌歸家以土掩柩而後去時歲大祲人相食邑令餽穀四十斛悉推其餘
以賑貧人督家僮廣種菜明春菜發任人刈取所全活無算年八十二無疾而
終耿氏以孝友名世子姓守其家法中州稱禮讓者以耿氏稱首又有耿孝子
輔者虞城人邑諸生早喪父奉母避亂開封會流寇決河灌城輔倚浮木負母
渡水逃獲免後居母喪哀毀骨立縞衣粗食終其身以子惇貴贈給事中與於
彝並祀鄉賢

國朝先正事略卷五十五

平江李元度次青纂

孝義

劉孝子事略 子青藜 王斑 李悃 劉星 郭培墉

劉孝子恩廣河南襄城人當明季寇亂父漢臣被執孝子方十歲號哭奔赴父已被害慟哭收父屍賊怒截其耳鼻不肯去賊憐而釋之負父屍以歸兄弟同居終身無閒言有姊少寡迎歸撫其二子給以田產母歿哀毀嘔血遂以卒寢門外產芝三本人咸謂純孝所感云子青藜康熙丙戌進士選庶吉士性敏好學博極羣書十歲遭父喪哀毀嘔血成疾後母患疽目不交睫衣不解帶者七閱月淡於仕進請急家居不復出母數促之終不忍離膝下生平清介自守及母卒囊無一錢邑令致賻始克殮父子並祀鄉賢

同時王孝子斑祥符人性純孝年八歲侍祖父疾母氏刲股以療翁孝子十指忽痛甚趨問母知其故卒飲泣不言以成母孝與子符震同舉康熙甲子鄉試

乙丑成進士部檄至依依不忍離膝下父母督之不得已入都一夕夢中忽驚悸恍惚母氏刲股時情狀急馳歸母疾已大漸人以爲誠孝所感服闋父促令就銓得新會令會裁缺卽告養歸絕意仕進所學一宗程朱淹貫經史尤邃於易祀鄉賢又同郡李孝子悃尉氏人家貧以木工營生父患痹瘻孝子事之惟謹遇歲歉不能養乃乞食於市歸以啖父後得賑穀一石慮不可長繼日舂升許供父而以糠秕自咽及父病劇夜中鄰人猶聞孝子撫摩嗟泣聲遲明則孝子已抱父足死矣其父亦一慟而絕鄉人重其孝爲葬之雍正十一年　旌又有劉孝子星者祥符人也爲諸生有學行年十三喪父哀毀逾常母病刲左股以進疾遂瘳生平雖盛暑未嘗袒裼恐人見其創痕也後以子士聰貴贈給事中又郭孝子培墉新鄉人也邑諸生性至孝母沒廬墓三年晨夕哀號塋外舊有先世祠一夕失火孝子抱木主冒火出倉卒中遺生母像復衝入烈焰中檢得之身幾殞性尤廉介取與無所苟有藥賈止宿其家遺金百兩孝子追還之雍正六年　旌

顏孝子事略 顧鼇

顏孝子中和本名發祥吳之楓橋人其父宏仁順治初有怨家周昌者乘亂偕其黨十餘人誘宏仁閉空舍中殺之而棄其首已顏氏得道旁尸驗之良是屢購其首無有也及物色殺者主名知爲昌連控諸官不得直時孝子年甫十三痛其父被殺嘗與兄孟和取析薪斧出礪之復束藁草如人形書昌姓名其上以試斧如是者數矣鄰里知者數易之以謂此穉子戲耳卽昌聞之頗心動然亦未暇備也逾三年孝子懷斧竊告其母曰兒將往復父仇母大駭搖手止之曰昌無籍有膂力汝弱小何能爲慎勿自速死也孝子奮衣出門不顧是日值昌市中孝子陰尾之行昌不知也行稍前遽自後揮斧中昌首流血被面昌方左右顧又斧之會其母趣孟和走視弟孟和趨至昌已死兄弟相率號於衆請偕詣官首罪衆如其言既至縣庭孝子與孟和爭自承殺人官不能決衆從旁分別言之始下孝子於獄其母蒲伏往視之且哭且撫其背詬曰騃兒豈不聞殺人者死顧欲以父子兩命易人一命耶孝子怡然曰父仇得復死不憾其明

年巡按御史錄囚遂釋孝子而周昌前所與共殺宏仁者十餘人先後皆病死臨死時皆言顏泰如守我徧體青赤色若有擊之者或又言泰如幸緩我泰如者宏仁別字也不期年十餘人無一在者而孝子兄弟無恙

顧孝子鼇亦吳縣人也年二歲時父仲常爲其仇金瑞甫所殺鼇稍長知父死狀即淬一刃挾以出入金亦避之順治辛丑鼇年十八遇金於胥口拔刃刺之金躍入水鼇從之連刺不死金逸去挾重貲誣鼇以盜兵備王紀郡丞劉瑞訊得實卒誅瑞甫

吳孝子事略

孝子姓吳名紹宗字二璧江西新城人性敏善屬文弱冠補諸生第一屢試輒高等父道隆病久之痺不能起前後血並下醫藥十餘年罔效康熙戊午正月病甚孝子惶恐無所出乃齋沐焚香告天地刺血書疏將謁大華山自投捨身崖代父死大華山者撫州崇仁縣名山也距新城三百里相傳神最靈異諸來謁者有罪輒被禍不得上甚則有靈官擊殺之同行人聞鞭聲錚然或忽狂病

自道生平隱慝而神殿左有懸崖陡絕曰捨身崖人情急不欲生者則擲身投之頭足盡破折死孝子既告天作疏獨身行二日至山上宿道士管遜吾寮同寮宿者南昌鄉先生二人同郡邑諸生二人十八日孝子入廟默禱焚疏訖同寮人邀遊著棋峯路經捨身崖孝子忽越次前行至崖所欻然投身下同行人驚絕不知所爲一時傳駭聚觀者千人道士趨買棺往就殯自山頂至崖下路紆折四十里而殿上道士急奔崖所呼衆人曰誰云吳秀才投崖死者今方在神座下叩頭方巾道服如故衆走視之果然方孝子之自投也立空中不墜開目視足下有白雲起遙望見石門門上一大孝字俄見三神人命之曰孝子吾左側石有仙篆九十二畫汝謹識之歸書紙食汝父不特卻疾且延年更授治痢瘧驅瘟咒并諸篆孝子叩頭謝畢身已在殿上孝子乃言吾如夢中也遂馳歸一日有半而至家至則父垂絕孝子急書一篆焚服之室中皆聞香氣甫入口父喟曰是何藥耶疾大愈孝子徒步往返六百里不飲食者五日而父乃益康彊善飯以詩酒自娛年九十二無疾終焉孝子生平好名義輕財數爲人解

訟鬭既感神應益自修人病苦者恆用符篆救之以施藥爲名

朱孝子事略

孝子姓朱名壽命江西餘干團湖村人康熙乙卯遭亂與母李相失孝子日夜泣不欲生如是者數年一夕夢若有神語云汝母無恙籍正藍旗下孝子益痛哭遍拜其戚族鄰里且與訣曰壽命苟不見母不生還矣短衣芒屨背黃袱足脛赤露匍匐三千餘里走京師至則行乞市中或遺以餅餌則自食遺以銀錢則紉衣縫中竟日忍餓不敢費一錢爲贖母計也蹤跡久之果得母所在如夢中語而旗人故邀重購拒孝子孝子日跽其門外雙膝爲腫遇母生日持肉麪一盂跽進母伺母食畢然後起邵遠平學士時官京師義而贖之既出無所依因留學士家母性卞急小不如意則詬詈不休甚則捽而批其頰孝子益嬉笑謝曰恐傷母手後數月得便舟奉母歸餘干孝子體羸面黃不知書故其語質每對人言在母腹時日啜母血三合何忍不報蓋其天性也

楊孝子事略 蕭日瓚

孝子名文蔚浙江上虞人父榮明諸生康熙丁未父年八十有七病孝子走廁腧嘗其糞甘號於天請身代不得父竟死越十年母病痢中死法醫者凡數輩皆辭去孝子獨念父危死不救今復爾生男何爲也世已無鍼灸技豈湯醴亦告絕乃闔戶刲左臂以其肉雜薓汁濩之三濩三進母病霍然已時丙辰九月二十一日也方孝子將刲臂東臂以兩麻令肉墳起然後迫噬之而脫之以刃故創甚鉅骨露凡百二十日始合創人不知也戊午邑令廉其事告諸臺使者將旌之孝子再拜泣辭固強之泣愈甚乃題其門曰以身壽母孝子爲人謙而和輕財好義不以俠烈名人以孝稱之必變色跛踖每月吉輒禱城隍神願減年益母壽然祕不令諸兄知若惟恐以獨行傷兄意者同時有蕭孝子者江都人也諱日璜母朱氏病且殆孝子刲脅割肝使婦虞氏和藥進母母病愈而孝子死孝子既喪虞氏謂母初愈不當使聞增悲慟乃匿語姑曰日璜出耳殯孝子他室奠則衰絰而哭入則常服而奉進食飲孝養十餘年姑死虞氏守節以終孝子事在康熙時墓在梅花嶺東邑人祠於墓側轉運使朱孝純至修其祠

宇為立碑而銘之

張孝子事略　郭居鼎　江大賓

張孝子壽小字洪居福建連江人生有至性父震公挈家避亂於邑東之岱堡順治十三年海寇陷堡張氏一門殲焉獨震公以他適免孝子時年七歲被掠往龍巖既鬻之廈門稍長傭於清漳震公謂其已死也康熙十年孝子年二十餘思念其父母每遇佳辰輒雨泣或夢中號哭不止顧忘其鄉邑及父名字因為傭時人謂其語音似連江而彷彿憶天貞者父名也遂奔連江越數日無所嚮哭於途或問父何名泣曰忘之矣此閑毋乃有張天貞耶願見其人於是震公聞之曰天貞吾亡弟彼焉得識之急走視遇於南關叩其詳大喜攜與歸呼其母出曰吾兒洪居不死今歸矣孝子熟視母良久曰非吾母也震公曰果非爾母也母亦斃於賊矣此爾繼母耳孝子搶地大哭自是事繼母如所生念母死於賊賊仇未復慟不欲生更持服三年每哭失聲鄉里賢之雍正七年　旌

同時有郭君居鼎者海澄人由歲貢歷官戶部郎中幼失怙恃哀慕終其身兄

居昌因亂相失跋涉相尋凡二年行數千里遇於贛挈以歸分產共之邑五都海塘決漂室廬亡算捐千金興築邑人立石紀焉雍正初入祀鄉賢又江孝子大賓泰甯人生數月父遊學京師轉徙山陝閒落魄不歸孝子稍長痛不見父誓不欲生俄聞父在漢中遂辭母往尋貧且病長途孤影瀕死者數矣抵漢中不宿旅舍席荒郊蔓草中號泣周詢久之竟得父扶以歸父年七十矣又數年卒於家有以尋父狀問者孝子輒諱之不欲以孝名

鄭孝子事略

吳國摯　何履旭　李盛山　林開登

鄭孝子江字若庵福建侯官人慷慨有至性母葉病將革孝子刲股和羹以進母霍然起曰兒創無恙乎適神告我病將立瘳順治五年大饑穀數斛可易田十數畝孝子謂其妻陳氏曰美田宅易得也乘人之急而利之不義擁餘粟而坐視無告不仁且遠計子孫何如近憐兄弟氏曰善乃以穀分贍宗族塾師劉慶開妻歿爲翼其孤里中有周九者重困官役父子三人將仰藥孝子排戶入贈金力救其死有販豕者被竊喪其貲窘甚走投河孝子資以金如其亡數得

不死聞者義之又吳孝子國擎何孝子履旭皆閩籍並割股療親病而李孝子
盛山林孝子開登則並以割肝救母聞
國擎福清人父鼎臣官永定訓導病篤孝子刲左股作羹以進未愈羹右股遂
痊越三年父沒海寇逼城孝子負母竄母病孝子自割如前病亦愈履旭字君
章福清人父其達早世奉節母葉氏竭力色養母疾篤倉皇籲禱一夕夢神授
藥手按其股乃焚香告天刲股和藥以進母尋愈待兄弟極友愛著有心鳴集
盛山姓李氏羅源人也母鄭遘重疾孝子禱於神割肝作羹以進母竟卒孝子
亦卒雍正六年事聞得　旨割肝療疾事雖不經而其迫切救母之心實難得
而可憫其　予旌而同時林孝子割肝救母年纔十四其事爲尤奇林字亮中
名開登福清人

　謝孝子事略　陳開運　賴用賢　李人鳳　李人彪　余萬春　鄧成珠

謝孝子獻恂福建甯化人事親至孝嫡母雷氏無出父客外再娶王氏生孝子
父旋卒孝子扶生母歸里奉嫡母雷克盡子道雷臥病孝子刲股和藥以進病

立愈順治中邑令何鳳岐表其門爲請旌焉時有陳賴李余諸孝子皆閩產竝以卓行聞而鄧成珠者家貧至傭力以食亦以純孝著

陳孝子開運字而鈞清流人父病割股以進兄弟八人友愛無閒言縣令賈漢儒請　旌其門同邑諸生賴用賢字鴻逵侍母痼疾十年躬調湯藥衣不解帶母歿苫寢柩側哀毀骨立五世同居人稱陳賴云李孝子人鳳字亦凡長汀諸生嘗爲其祖母舐癰居父喪不食七日弟人彪亦刲股療親病時稱一門兩孝子余孝子名萬春清流人邑諸生母病刲股調藥母卒哀慟以頭觸柱絕而復甦苫次歠粥茹素三年如一日鄧孝子成珠者泰甯人也家故貧父早卒傭於廖氏距家數里日乞米一合昧旦趨送母所疾趨反供主役亡何母目盲不能炊乃負母依主家旁舍朝夕手自飯之久而主有微言孝子曰某自減餐奉母不敢重累主人也晨昏弗懈便溺必親者五年母卒日夜長號聞者皆流涕葬畢辭主人不知所之

沈孝子事略

沈孝子萬育字和卿江蘇常熟人鼎革時避亂負母周氏行於野遇盜奪其糒母固不與盜怒將殺之孝子泣而求代並得免鄰人失火延母寢母疾方劇不可以變孝子號痛呼天天反風火以息母年八十餘疾危篤醫皆言法不可治孝子割股以進弗瘳夢緋衣神告曰疾非五藥所能治也醫凌某在雙林速致之凌至以針達之霍然愈孝子性好義屢建橋梁施棺櫝以成母志卒於康熙四十九年年九十有四臨終惟呼父母子六皆爲諸生其二登鄉薦孫淑官編修嘗乞方侍郎苞誌其墓侍郎之言曰嘗怪書傳所紀以孝感鬼神而得異徵者大抵皆獨行之士而聖賢則無之蓋聖賢之學至於知命而不惑雖事父母亦盡其心與力之當然而止耳獨行之士悲憂感發若焦若熬常欲殉以身命故精氣之積而鬼神爲之通理或然也學者以爲知言雍正四年　旌

平江李元度次青纂

孝義

王孝子事略

王孝子恩榮字仁庵山東蓬萊人也爲人原款而深挺造次不能以文自達縣小吏尹奇強性險猾頗以巫醫之術有寵於官孝子父永泰因寘產與角口被毆中要害立死時孝子甫九歲祖母劉氏年高訟之官不得直僅給埋葬銀十兩祖母傷痛自縊孝子母劉氏健婦也瘞其姑藁厝永泰棺於市僦屋其旁居之大書曰殺爾父者誰也泣血三年病甚呼孝子至榻前授以官所給銀曰汝家以三喪易此海枯石爛存此志恨不可忘也孺子識之孝子洊罹大事家盡落依舅以居厲志讀書稍長補諸生誓於父柩前尋仇以斧自隨其舅患之誘使居長山島中禁勿令出且告之曰孺子志誠善但殺人者死國法也爾父之鬼餒矣孝子流涕聽命每晝取史記伍子胥白公列傳朗讀讀已痛哭夜靜焚

香長跪告天絮語達旦時或困倦假寐輒連聲魘厭大呼怨家在此年二十八舉子辭於舅曰可矣遂行踰月忽遇奇強於道揮斧急擊稍遠不中乃投以石仆地道旁人爭抱持之得免奇強諱不言裹足不出一日偶獨立門首又爲孝子所見直前斫中其首帽厚偏引至耳扶傷脫走其家奔訴於官時已年遠吏胥案牘無可證孝子出母故所弆銀陳之訟庭硃批爛然旁以血書鈐之縣令嘆曰至性人也吾欲屈爾則傷終天之恨欲聽爾則違累赦之條周禮調人之法具在各爲趨避已耳孝子於是噭然而哭縣令亦哭堂廉內外觀者盡哭孝子既再舉不得奇強亦遠遁棲霞相隔八年適蓬萊人有患病者力延奇強禱治奇強亦以事久稍安入城過一小巷四顧無人方褻裏閒孝子突出扼之奇強皇窘伏地乞哀孝子曰吾父遲爾久矣遽劈其腦腦裂以足連蹴其心而絕於時見者驚出不意相率前擁孝子孝子笑曰豈有白日殺人乃畏死者遂自繫赴縣會奇強家訟當日永泰故自縊非毆死縣令欲開棺驗視孝子曰某已有子矣甯抵死不忍再暴父骸叩頭出血縣令惻然乃爲博稽於介衆皆曰孝

子言是遂具牒法司法司議曰古律無復仇之文然查今律有擅殺行凶人者予杖六十其卽時殺死者不論是未嘗不教人復仇也孝子父死之年尚未成童其後疊殺不遂雖非卽猶卽也觀其視死如飴激烈之氣有足嘉者相應特予開釋復其諸生卽以原存埋葬銀還給尹氏以章其孝且將具題請旌孝子之舅聞之見有司曰孺子求見其父母耳夫人遭奇禍以要旌門式閭之榮又何忍矣法司嘆曰汝亦賢者也遂止而祀其母氏於祠時康熙四十八年也其時莅孝子事者撫軍則中吳蔣公陳錫提學則北平黃侍講叔琳及滇南李觀察發甲云

謝孝子事略 王全

謝孝子萬程河南唐縣人妻李氏楚人也事親孝父儀爲諸生食餼屢困場屋司農既裁餼廩益屢空孝子夫婦耕織供滫瀡無闕儀老且死不克殮夫婦號泣擗踊里巷哀之然力不能助也孝子目其妻泣若有言不忍李氏知之請自鬻以營葬具目其子俊娃泣時俊娃生甫五閱月不忍戀遂行里巷哀而記之

曰康熙某年七月二十日孝子謝萬程鬻其妻葬父鄉村董官店王全者先有子七歲遭寇掠遺唐縣道中有翁嫗養而子之義不得返全乃議置妾以二十四金買李氏氏歸焉泣而請曰妾生士家知詩禮翁死不得已鬻身以葬願早夜供織紝全妾節君德益洪遠必昌厥嗣全故知萬程夫婦孝至是感其誠惻然許之明年全子所養之家其翁嫗皆死得歸全兄大有故與弟積忤誣爲逃人也愬於兵備使者詞連李氏時南陽郡丞漢陽張三異循吏也有異政遠近戴之奉檄按其事全偕其子至曰非逃人吾子也向掠今歸耳詢少婦何人全備述其事詢李氏涕泣自陳具言全節狀且請召萬程察之萬程至具言所以鬻其妻者張公歎曰古有傭身以葬親者世傳至孝汝若此可謂孝矣乃笞大有而畀全金賞萬程幣示於衆曰康熙某年七月二十日孝子謝萬程夫婦完聚如初且旌其門曰節孝雙奇於是里巷無遠近咸贈孝子金與粟好事者至演之爲傳奇論者謂子克孝婦他適而完節以歸其去而復返也歲月日時無易是有天焉而張公化民訓俗及王全之完人節義爲皆不可及云

蕭氏兩孝子事略

蕭孝子啓聖弟鳳騰江西樂安縣雲蓋鄉人也當父喪日兄七齡弟裁四齡卽克盡哀禮如成人時逆藩倡亂母氏負抱兩孤避賊山谷暮陷虎穴中虎瞋之啓聖乃身蔽母泣告曰請噉我毋傷母及幼弟俄而虎竟去寇平啓聖年漸長念母勤苦乃廢書偕弟力田以爲養母以家學弗繼爲憂鳳騰於是復就學刻苦下帷燈焰熏帳中至黝黑不可辨後雖終於諸生而母意未嘗以爲歉也兩孝子當母恙則請荆受杖病則籲天祈身代母旣歿兩孝子負土成墳三年廬其側祭曰僾聞愾見如慕如疑事之若生時其相友也自幼至白首怡怡然於妻子無所私姒胡氏娣曾氏居室禮讓內外雍肅數十年如一日鄉人以爲難啓聖年四十無子鳳騰歷兩雪涉險阻爲求側室旣而生男側室卒曾氏減次子乳乳之兄嗣由是得續兩孝子聞母言父平生欲修葺遠祖蕭儀忠諫坊貧不能舉齎志歿康熙庚子啓聖兄弟力新之竟克成親隱願云兩孝子歿後其家五世未嘗析爨和順之氣油油然鍾於一門

王孝子事略　劉必泰　邱永彰　胡士宏

王孝子麟瑞福建南靖人邑諸生八歲喪母能盡哀事繼母如所生母病渴思食青梅孝子繞樹呼號絕食三日是夜梅忽華旋結實摘以奉母病立愈父歿廬墓三年突遇虎虎卻避之聞者異焉里人劉陞遺金數百拾而還之俾得完娶雍正元年舉孝廉方正以薦授永平知府歷四川道監察御史同時有劉孝子必泰字闓人莆田人也郡廩生六歲哭母幾喪明父疾露頂焚香乞以身代父偶思石鱗魚伏月不可得孝子夜馳深山中行百里叩瑞雲宮乞神助果獲魚以奉父後父歿廬於墓側每大風雨輒繞墓哀號事兄如父兄歿夜臥柩旁哭聲震四鄰時稱其孝友又邱孝子永彰者龍溪人弱冠喪父事母至孝母歿廬墓哀號每風雨聲益悲鄉人化之初以貧不克葬父數仰天泣血一夕劚筍供母得金泥中乃克營父冢人謂孝思所格云雍正七年　詔旌其門又會稽有胡孝子者名士宏字大生父患痼疾侍湯藥惟謹衣不解帶者十五年雪夜父渴思食梨時城門已扃孝子繞城隍號泣忽遇一軍士指負堞一舍引之去

得梨以歸詰旦往謝堞下不復有舍惟漢前將軍關侯廟在焉始悟爲神所使也父殁營葬東湖躬負土石建隄植木人呼孝子隄

黃孝子事略 子商衡

黃孝子名農字古處江蘇元和人父袞縣學生有孝行生子二長庭次卽孝子孝子年十餘母吳有疾臥牀三載孝子奉湯藥惟謹已復病利方大暑扶掖轉側手除穢溺閱數十晝夜不懈母卒號慟絕復蘇者數既殮坐臥不離柩側獨居輒喃喃共母語夢中時作歡笑聲既覺則大哭如是者逾年葬而歸伏地哭不能起父方教授於外攜入館久之啓其枕漬淚若膏貌瞿然視初喪不異也已而父遷館距家數里孝子念父五日一往省父止之乃私伺門外遇館童出問安否曰安則欣然去或曰否卽趨而進問所苦裴裒不忍去衣服器用時其寒暑輒具以往父歸左右侍無頃刻離既成婚依依若孺子一夕鼓三下忽心悸蹶起謂妻曰吾父其有恙乎方嚴冬不及旦疾馳至館父果得暴疾舁以歸疾甚時父年五十一術者言明年數當盡會除夕孝子書黃紙十餘願減算二

十年益父元旦徧詣諸神祠焚之是夕寐覺喜曰神許我矣已而父果以七十二歲終而孝子以三十二卒孝子事兄篤友愛兄舉鄉試留都門家事孝子悉自任兩人同歲舉子嫂病乏乳命妻兼乳之兒亦不辨其誰母也平生與人恭謹犯者弗校歲饑減食食里中餓者母忌日必省墓涕泣遇時物雖微必薦疾篤與父訣哽咽而沒先時枕邊置銀一裹及是啓視遂以含蓋不欲以累父也後數年父患心痛呼號罔措一夕恍惚見孝子問何以來曰來侍疾耳手摩父胸病良已孝子卒於康熙二十一年至乾隆五年巡撫徐公士林揚於　朝以孝子　旌妻金氏年十七歸孝子孝子將終語婦曰吾去侍吾母矣汝善相吾兄嫂事吾父待孤之有立也勉之時孤方四歲遺腹女才七月婦痛夫死孝欲身殉者數矣憶夫言而止家故貧事翁極謹洗滌縫綴胥自任不以委冢婦一夕所居室震盪有聲急挈兒女出而屋毀或勸入姒室曰伯在不可遂露坐達旦翼日召匠新之不慎一夕風雨方寐若或促之起立披衣抱兒女走而牆忽崩牀几盡敗裂趨竈觚以免終不入姒室也翁既終兒女婚嫁畢節婦以夫亡

日設祭拜且哭曰吾二十餘年戰栗自持恐負夫付託之重今幸畢吾事遂長齋奉佛終其身雍正二年卒年六十有七其年得 旌如制子師憲改名商衡力學砥行陳恪勤公知蘇州拔寘第一以諸生終少刻苦夜寢刻香繫鐵錘下承銅盤香盡錘墜擊盤鏗然有聲即驚覺起讀好先儒語錄推衍蕺山人極圖說貫以論語學庸及橫渠紫陽之緒言曰困學錄父孝母節建坊後擇日奉主入祠遽得疾強起拜送尋卒

胡孝子事略

海陽有孝子曰胡君諱隆字景初代本素封至其父振卿而家落孝子為奉養計弱冠走京師謀筮仕父卒奔歸營葬哀禮交盡後入貲為寶泉局大使久之改江南涇縣丞以母老不果就養數乞身上官留之及母訃至孝子哀毀骨立歸見母柩則僵地大慟每一慟輒死復生無何以父墓地勢下思再卜穴合葬之啓父攢見積水蓄壙奮迅躍入穴抱棺長號與土工舁以上其日天寒風虐舉體皆冰孝子不知也既開新穴孝子布苫凷其下臥數夜驗有溫氣乃合葬

時在仲冬中旬孝子年六十有四矣葬後結廬墓側親負土築墳面黧手皸瘃明年歲歉掘野蔬合糜粥啖之而負土不休去其居平定村十里許三年中不一至也服除補浙之奉化丞權鎮海知縣先是丞涇時嘗攝其縣事又嘗攝旌德盱眙二縣事所至皆有仁恩士民戴之涇邑久旱步禱烈日中行七十里至岑樓潭有蜥蜴三游水面貯以竹筒擕之行不數里震霆大作四境雨霑足邑人呼胡公雨鎮海蝗蟲爲災田野厚積數寸孝子齋三日牒告城隍神蟲頓滅咸謂仁人之感冥漠如呼吸通也孝子有弟五入仕籍後自傷不得事父則致孝於其母視母意所向以厚諸弟爲吏餘三十年矣其卒也至無屋以居平生敦古誼專趨人之急其施於人者皆本原所推暨也長子文伯雍正四年以訓導引見奏對稱 旨特擢禹州知州曠典也孝子時方引疾得家書猶伏榻北向稽首謝云

林氏兩孝子事略 黃學朱

林孝子長貴閩之福清人父宗正弟長廣皆以晒鹽爲業宗正以他事入城至

星橋遇海潮暴至溺以死孝子聞之奔救不及仰天長號投橋下死之長廣繼至繞岸痛哭亦自沈時雍正九年七月十七日也孝子卒時年二十有六弟二十有四里老感其孝莫不流涕相與收三尸殮焉聞於官同知張良弼捐俸卹其家各大吏助葬金有差明年得　旨旌門先是順治閒土寇陳德容作亂有黃義士學朱者甌甯諸生孝子同郡人也與弟俱被執度不能兩全乃紿賊曰家有薄產釋吾弟歸以其直贖我何如賊疑之後遣學朱學朱曰我秀才也質重於弟賊遂釋其弟歸實無業可售也未幾學朱竟被害聞者哀之

李孝子事略

李孝子名維煌字裕光江蘇寶山人也生十歲而孤方父疾時日夕籲天進湯藥必親嘗及父歿哀慕逾常兒終三年不離柩次人呼小孝子家貧無以養母乃棄舉子業任門戶力求甘脆奉母而自食藜藿母偵知之呼與共食遂長齋淡食以慰母焉母得喉閉疾醫莫能療孝子復籲天三晝夜母夢道者授以鍼曰以汝子故爲汝治之汗浹背而愈又嘗患背創醫言當用艾灸孝子恐母不

勝痛先自試果大痛乃止夜稽顙北辰願減算以益母壽亦獲愈雍正十年七月海上颶風大作孝子所居江灣距海不二十里水至屋將圮孝子負母匿几下俄鄰屋俱毀而孝子室獨全有弟爲叔父後幼多疾廢業孝子輒分財與之弟沒字其孤迎叔母共養焉孝子事母未嘗一息離其從兄錫泰巡撫廣西欲招孝子往孝子曰吾安能一日離吾母哉遂謝之先是孝子喪父逾年又遭祖喪兩世孤露不能葬嘗布衣屏居不與筵會人或勸之輒流涕曰禮不葬不釋經吾有痛於中也及卜地葬隆冬冱冰雪手運灰土僵臥垂絕熅火灌以湯乃甦體素羸竟以是病將卒屬二子善事祖母奉母手大慟瞪目而絕孝子歿於乾隆五年又十五年得　旌建坊江灣里

平江李元度次青纂

孝義

黃孝子事略

孝子名洪元江蘇丹陽人父國相以武斷豪於里中有虞庠者好持吏短長奮緣告訐與國相同里不相能遂發國相陰事欲致之罪國相行賄得不坐庠反以誣受杖乃僞引謝具酒食交懽而私遣惡少年詗國相會國相被酒夜行從其後捽項反接之負以石沈諸河里人皆心知庠所爲也莫敢問時孝子與弟某皆幼其後稍長頗聞之乃哭告母曰殺吾父者虞庠也母急掩其口曰勿妄言禍及矣孝子每號慟母輒呵禁之於是中夜飲泣至旦且椎床曰死耳母亦泣曰汝父未葬我老矣俟我死則聽汝孝子始受命兄弟共適市數市利斧藏之庠頗自疑更好言慰孝子曰孺子未婚吾壻汝孝子陽謝曰公我丈人行也得爲公壻幸甚退而切齒曰賊奴欲以而女易吾父耶久之母死既合葬兄弟

哭拜墓上曰兒飲血含憤十年矣今日願與父母訣遂懷斧往來迹庠未得閒吳俗春社必陳優戲里人觀者環集初國相亦以社時被酒遇害至是又直社孝子見庠在社所馳歸呼其弟各挾斧往殺庠庠方上坐觀優意甚自適也孝子直入肩摘之字謂庠曰逸羣我送汝死庠起笑曰孺子醉耶乃瞋目咨曰將醉汝血援斧斫庠應手仆衆驚二子橫斧揮衆大呼曰去去毋嘗我刃也皆卻立不敢動兩斧並下庠遂死於是四顧拱手謝曰某無禮倉猝乃驚父老復兄弟挾斧緩步出翌日詣縣自陳狀有司義之免其弟須繫孝子於獄康熙十一年四月某日也後一年上官竟脫孝子罪云

盧孝子事略

浙之東有盧孝子焉名必陞字宲臣號玉茗世居山陰祖名極生子五長芳字南江孝子本生父也次茂字懷江無子以孝子嗣孝子始生時祖母張病甚本生母朱氏禱天求代是夕夢神益算并賜以孫及覺而生孝子少時知孝敬有異敏九歲南江病思得蟚蜞炙孝子潛攜一筐採諸沙口爲風潮所沒得漁者

救以竹筏篁終不釋手而蟚蜞滿其中甲申之難流賊未殄懷江負俠氣嘗仗劍獨行不知所往孝子奔覓諸暨山中晝循林箐隱夜則崎嶇匍伏而行失道投僻路伏屍枕籍驚跣疾奔兩足爲沙石所嚙血縷縷漬地行跡皆赤遇一僧憐之挾與俱遇虎匿高樹大呼山神救我虎竟去閱數月得奉父以歸壬子土寇竊發懷江陷賊營孝子匍匐探其穴贖以金不應繞岸哭三晝夜不絕聲賊感動爲引至父前時賊首欲得懷江降脅以刃不從斬所俘者以示又不從賊怒拔刀環向刃欲下者數矣孝子冒刃叩頭流血大呼丐命忽狂風四起大雨如注舟幾覆凶渠震駭乃得釋賊黨皆嘆曰真孝子也孝子既奉父生還逆知賊必追己也即遣人馳報祖母盡室以行明旦賊果追之不及遂至九墩大索縱火而去懷江既被重傷病日臻孝子亦改面失音恐貽父憂雖嘔血弗以告日夜侍臥側以兩手摹患處懷江歎曰人摹我痛痛在我身汝摹我痛痛如在汝身先是孝子出繼時懷江有女忌分其貲百計傾之孝子處之泰然至是奉母徐氏命往雲閒舟過石門盜擊之垂死盜曰汝死毋我讐我奉某命來也孝

子佯死盜縛而投之水中遇救得免或勸訟之官孝子曰吾自出繼以來蒙吾母恩育十有餘年母止此一女不忍以女故傷母心上書白母自謝不謹被盜不及其他母大感悟以康熙丙戌七月卒年七十有四妻李氏亦以賢孝稱雍正二年浙撫李公衞請旌於　朝　詔發帑金建坊入祀忠孝祠漳浦蔡文勤公表其墓

周孝子事略　潘德馨

周孝子士晉字康侯江蘇嘉定人生有至性母病久傾家療之貲盡醫言惟得人乳可再生時家已罄無力雇乳嫗孝子謀於妻李氏卽棄其九月兒以乳乳母三月而母病痊問兒安在詭以殤對自後妻不復妊無幾微懊悔心越十二年有僧爲殷氏子推命怪其生年月日與周氏兒同詰之則得諸道旁者也由是兩家通往來父子復合而其母是時猶健在得還其孫人以爲孝感所致

潘孝子者亦嘉定人名德馨字式周父曰文彬兄德輝長孝子十餘歲嘗劃股愈親疾孝子聞其事而善之幼習爲賈而好讀孝經曰我知所以事親矣天性

純摯不忍離父母側雍正四年母氏程病蠱醫藥不效乃禱於城隍神願減己年益母遂割左肱肉和藥以進母夢神告曰以汝子孝感增汝壽一紀病立愈後果如夢中言邑中競稱潘孝子孝子居父喪時以哭泣傷脅咯血數年乃止兩目失明者數月平生在二親前怡色婉容即有所怒見父母則轉爲喜叱咤不及犬馬父母歿後孝事祖母至百齡友愛羣弟篤行好施與皆其精誠之所推也

施孝子事略 楊嘉禎

施孝子聖揆江西新喻人十歲喪母擗踊絕食父慰諭之得不滅性終喪盡禮如成人事父雖貧必覓甘脆奉膳視聽無形聲父病篤籲天夜禱叩頭流血絕復甦越日父竟瘳久之父歿廬墓三年有白鶴飛繞悲鳴與哭聲相應和又繪二親遺象每食必薦出告反面年至七十餘事之如生蓋終身孺慕云雍正八年詔旌其門同時宜春楊孝子嘉禎邑諸生有學行順治丙戌春父文威避兵山塘兵將至孝子從閒道渡水報父水湍急被溺流至深處滅頂矣猶躍出

水面曰速走速走遂溺死

劉孝子事略

劉孝子炳字耀南長洲人幼喪父事大父盡孝家貧資束修以養及歿鬻宅以葬母中年而嫠孝子奉旨甘必腆出遇時果輒懷歸客至設草具對食而母常飫珍饌母嘗夏日犯腹疾思食野鶩索諸市不得孝子徬徨無措忽弋人持以至熟而進之疾遂愈嘗客華亭縣署未幾卽辭歸曰吾忍以升斗粟離膝下耶後以事滯鄰邑心痛急返則母病兩日矣日則蓬垢侍湯藥夜對北斗呼籲願以身代比歿慟絶復蘇既葬日匍匐往墓哭三年如一日自母歿春秋祭祀輒涕泣過市上遇時果爲母素嗜者卽涕泣不能止忌辰悲號若初喪每獨居歎曰吾母苦節未彰其何以爲子乾隆五年得　旌如制是年孝子無疾卒

任孝子事略　從子裕德

任孝子遇亨字華宇江蘇崑山人居千墩里生有至性膂力過人國初澱湖盜錢大起四出擄掠爲害孝子負父逃避盜刦其父去孝子呼天竟一夕至黎明

忽奮躍持刀突入盜藪負父出身被重創腸出腹旋遇神醫得不死乃扶父至嘉定羅店以老時稱任孝子云從子裕德亦以孝行被　旌

裕德字厚齋幼有至性篤於孝弟垂髫時其兄裕章失父意將予大杖孝子號泣求解得免兄亦感悔焉有土惡某積怨於其父乘閒突持刃剚之孝子年十一急以身蔽父兩手直奪其刃厲氣正辭曉以禍福惡亦感動擲刃去父患痢三冬弗痊孝子晝夜扶掖巾帬廁牏皆躬滌濯之冰肌裂膚血淋漓弗恤也父歿哀毀骨立三年如一日事母能色養病劇孝子籲天禱願以身代母病尋瘳兄老無藉凡養生送死皆躬自任之又析己產畀其子與己子均乾隆十九年巡撫莊公有恭題　旌得　旨建孝子坊入祀縣學忠孝祠

劉孝子事略

劉孝子鎰字兼萬江西豐城人三歲失怙母鄒氏年十八矢志撫孤事姑余氏極勞瘁孝子稍長卽能盡孝養祖母卒孝子廬墓三年遇雷雨輒跽墓前曰鎰在此毋怖有古孝子風父棺厝象鼻山乾隆壬戌山水暴發壞廬舍孝子夜半

馳救棺已漂泛孝子抱棺順流數十里至白馬寨觸筏乃止孝子躬耕養母母久臥病思鮮魚孝子踏雪遠求之歸遇虎人立而嘷孝子叱之曰爾食我母將不食魚耶虎搖尾去鄰火將及母寢孝子自外歸突烈燄中以重衾負母出得亡恙而孝子頭面焦灼幾斃其瘢可數也母彌留日以廬墓爲戒孝子枕塊三年泣不輟懸兩世像於堂出告反面享祀皆盡誠乾隆己巳爲母請　旌得旨建坊待遺腹弟思銘極友愛教之成立爲邑諸生性仁惠凡母所憐恤者竭力濟之丙戌以孝子被　旌拜　命日尚爲孺子泣云

曹孝子事略

曹孝子名起鳳字士元先世自徽州遷崑山父子文賈於蜀歲寄金錢歸俄而耗絕孝子年十六矣有蜀客來問之曰噫死矣問死何地弗知也孝子大慟絕而蘇將往求其骨貧不能行長洲潘爲縉義士也贈孝子百金將行其叔父尼之願自往金盡無所獲而歸孝子既壯每念父輒憤痛欲絕潘君復贈金四十兩遂行道河南歷陜西走成都南抵滇界西達金川書牒於背逢人輒哭訴無

知者逾年反成都禱於諸葛武侯廟神示所向遂東行道險踵血流失道七日無人蹤及西陽積雪盈尺不能前踣土穴中兩日有項生許生過之聽羣鴉繞穴鳴卽之見僵尸焉而氣微屬視背牒咤曰孝子孝子掖之歸飲以湯問故止孝子宿進酒肉弗食曰誓不見父棺不食此矣其夕夢經荒原一老父與數人坐林下見孝子至拍手笑曰月邊古蕉中鹿兩壬申可食肉覺而識之一日隨兩生出行過荒原如夢所見白楊下有棺纍纍然孝子心動泣不止兩生問故語之夢兩生曰有徽人胡某者居此久盍往問之胡沈思良久曰噫信頗記十年前鄉人曹氏客死殯於是以所遺牙牌納棺中其殆是乎然非白之官莫驗也遂由巡檢白知州飭里長察驗棺皆有主名而其一獨無啓棺見骨孝子瀝血驗之沒骨棺有牙牌文曰蕉鹿孝子大號曰是矣月邊古胡也蕉中鹿牌也何疑焉遂收骨行時乾隆十四年也項生許生爲設祭祭畢以餕肉食孝子曰向子不食肉者未見父棺也今則旣見矣憶與子遇穴中日在壬申今六十有一日而又值壬申夢悉驗矣豈非天哉孝子再拜謝兩生交餽之贐乃負骨歸

道湖南過洞庭風作兩日不得度同舟者疑之且大索孝子恐禱於洞庭君明日風止遂得度既歸其後母見牙牌而哭曰嗟乎此我鎖匙牌也爾父出門時取鎖及牌去不見此二十餘年矣復取棺以殮而納牙牌焉孝子性鯁直謹取與治家有法度既老月必再三詣冢上灌所植樹裵褢久之然後去四十九年卒年七十有二子五人

國朝先正事略卷五十八

國朝先正事略卷五十九

平江李元度次青纂

孝義

汪孝子事略 汪一崧 王品璋

汪孝子一元字兆初江都人縣學生父艮澤病孝子方省試出第一場聞之不反次疾行窮晝夜數百里歸視父父已卒大慟咯血家貧躬畚土起墳力竭矣明年又遭母喬喪遂以毀卒年四十有二孝子之毀也號天地而不歸通幽明而一視仁孝達於性初禮經其後起者已孝子既殁妻鄒氏煩擱苛菀教成其子中鬱爲通儒卽容甫先生也孫喜孫亦有學行記曰毀不滅身爲無後也聖教之愛人也汪氏死孝後乃克昌天心之祐善可知矣孝子通算學嘗以今法逆推朔閏中節至乾隆十四年四月止焉孝子竟以是月卒其所謂通於神明者歟從兄一崧年十七刲肱肉起母潘危疾道光初同時被 旌坊其鄉稱汪氏二孝子

又王孝子品璋海昌人家貧服賈於吳門道光十二年聞母病徒步歸侍湯藥惟謹越七日母殁庀喪具晝夜長號旬日骨立旁觀者憂之而孝子不覺也孝子蒲伏如侍母側夢魂如與母言明年春正月八日夜將半呼家人言曰吾將奉母往矣問何往曰歸位逾時卒距母喪未百日也年四十五兄某傳其事

張孝子事略 蔡應泰 楊璞 劉芳

乾隆二十六年秋伊洛水溢破外堤灌偃師城洶洶有聲民皆避水奎星樓上張孝子者名大觀奉母亦登焉無何水撼急樓傾衆皆溺孝子左手爲石柱所戕臂及腕皆折血漂波赤不斷如縷不顧入奔濤求母有孫號救孝子叱之去望母髻露水中得之負出水有大樹橫偃衢口孝子曳其斷手獨以右手舉母騎樹枝上復泅而覓食食母母撫其斷手泣佯慰母曰兒手雖折幸不創母自愛毋憂水退負母歸家猶屏當衣食是夕創重竟死

蔡孝子應泰縣人也母柩在堂水且至以繩縛母柩旋繞數十帀令固束兩大帶爲繯水至妻子號救不應跪負母柩轉洪濤中柩與手若兩翼飛瞬息八十

里抵鞏縣神堤灘神堤灘者北邙山尾也山橫洛口遏黃河衝河漲倒灌洛流瀠洄灘上柩忽爲沙擁村民異之以長鉤引至岸舁之上孝子亦無恙天將暮聞鄰村喧救兩人趨視則其妻若子也衆嗟歎曰神感也醵錢送之歸

楊孝子璞亦偃師人莊農也與其弟某奉母居弟饒於財孝子貧且懦水至弟以筏載其妻逃北山母呼之不應竟去孝子怒棄其妻子繈母於背將浮水趨北窯水勢奔驟若有掣之者旋躍大溜中山上人望之如黿鼉瀵濆不沈亦抵神堤灘村民救之登岸頃之有婦人抱子漂而下母遙望忽號曰吾婦與孫也救之果然翼日歸而其弟乘桴將抵北山下大樹崩壓筏夫婦俱溺死先是村民夜聞空中神語明日當速救孝子母民驚起各具舟及長竿巨絙以俟以是得俱生母壽九十餘無疾終

康熙己巳洛水溢有劉孝子芳者永甯人也父爲巨浪所漂疾流如矢孝子追哭里許躍入水援之父恍惚聞人語云急抱吾馬足可渡父如其言比達洲則所抱者孝子脛也父子俱獲免知縣佟賦偉嘉之率鄉民環拜其廬表曰孝子

村具牒大府采其事入通志事在三孝子前

常孝子事略 史印曾

孝子姓常名裕綸山西徐溝人生四歲孤家故纖嗇無洊歲資母戴氏鍼衽以供食孝子侍側愉愉然不刻離既長以武舉授鎮海衛千總督漕者多風波危以故勿克迎養乾隆二十八年孝子畢官事還鎮人見孝子連日喜色溢眉宇異常時詗之乃其母已來也未一載母卒孝子雞斯徒跣不納勺飲將大殮攀棺號阿母不止聲盡血湧腸裂而卒距母亡裁三日年五十有一論者謂禮稱毀不危身又曰五十不毀然臯魚立哭而死孔子與之孝子年五十矣豈不知留其身以慰母於地下哉乃情極而禮忘焉非得已也同時有史孝子印曾字綬紫溧陽人父汝杰官潞安同知孝子幼隨任事父及母謝氏甚謹父解官歸母病孝子奉湯藥衣不解帶者累月骨柴立如枯腊母歾呼搶不欲生長號擗踊嘔血數升而死

范孝子事略 朱有合

范孝子仲光湖南桂陽人農家子也天性過人其父母命之學年十八父遘危疾醫禱窮潛刲兩肱家莫知見其慘黯無人色竊危之父竟死孝子宛轉泫瞀神支離不自克如欲無生者其母懼失孝子踰兩月召其同學者數輩強掖之館所孝子重戚母忍涕習所業手掣縮艱上下人靜輒絮泣其曹疑之陽與語持而襢其臂則左右各去肉倍寸赭如握孝子哭其曹皆哭人始知孝子割肱也免喪試補弟子員舉一子終以毀故病咳血年二十五遽殁妻何氏爲孝子守義撫孤克有立

同時朱孝子有合亦桂陽人居井頭宋孝女明旌靖一姑故宅也姑幼遭家難爲貞女撫周歲族弟雲伯後其父母苦汲掘宅隙得泉因井之後坊其井曰義井宅其宅曰井頭云孝子爲雲伯十六世孫父元載母范氏有兄三人年十四刲股愈母病二十喪父以艱食與其叔分耕營内母從伯仲居井頭井頭去營内六里而近孝子且耕且奉母宵必定母寢僕僕道途應晷刻終母之身弗衰母卒年七十有八孝子免喪後視瞿瞿恆中夜涕泣晚起家倍愴咽痛其父弗

逮也孝子妻胡氏弗戒於火面焦爛胡慼年尚無子或勸納妾泫然曰是與吾共事吾母者忍負諸後胡爲孝子舉四男相孝子昌其家孝子以居遠伯仲艱數見見必極歡別慘淚如嬰孩然孝子款樸無緣飾見人語煦煦人易之聞其事則肅然起敬嘉慶丙子丁丑閒修邑志僉謂孝子宜有述孝子齗齗執不可涕盈眶當是時孝子老矣習孝子者重傷孝子志事乃已孝子壽七十有七而終妻後孝子十三年卒孝子身後族春秋祭其先自靖一姑上下咸頌孝子長生胙永世勿替

奚孝子事略

奚孝子名緝營字聖輝江蘇寶山人父士本字秀林以孝行　旌門自其未旌之先鄉里無不知有奚孝子者秀林歿而聖輝又以孝聞鄉里稱奚孝子與昔無異也孝子幼入塾從師講論語至父母之年不可不知輒皺蹙隕涕師大奇之曰非是父不生是子成童時母沈遘疾醫云難治孝子潛刲臂肉作湯以進母果瘳踰數年母病革夜偕妻朱氏向北斗稽顙乞減算以代母既歿孝子常

宿父所秀林年七十餘冬月惡寒孝子夜抱父足達旦父歿後或勸以入粟求仕則曰吾父以貧廢學布衣終其身吾敢納粟希冠帶乎兩弟早卒撫遺孤如所生女兄嫁某氏貧不能自存同堂妹適某氏早寡皆依孝子以活分宅居之而婚嫁其子女皆承秀林之志也其宅創義學平糶施櫬多可紀者子增慶能亢其宗寶山令李君元奮田君聯芳皆題額贈之而錢詹事大昕爲作傳以比南史會稽郭世通父子云

鄧孝子事略

鄧孝子觀灝江西萍鄉人幼有至性隨父悔安宦京師受詩至蓼莪輒廢書泣人異之稍長隨父監司中州職防河孝子聞河務輒能得其要領父遷四川按察使坐巡鹽舊案被逮籍沒論死賴

上恩矜緩繫刑部獄三載孝子隻身左右之會族兄某至孝子謀丐貸納贖父慮其無濟也漕督楊勤慤公諗孝子父官吏部時甚清介不至以貪敗爲孝子謀者屢矣乃徧走齊鄭燕趙嘗夜墮叢莽中狐鬼嗥嘯相逼一僕劉章阻勿行弗顧遇獵火出焉閒關入都訴於步

軍統領果毅阿公公叱曰爾擅入禁地不畏死耶命縶暗室孝子度父無生理誓身殉哭晝夜不絕聲一武弁守之聞哭詢其故義而釋之他日復伺閒訴於忠勇傅公及阿公馬前傅公語阿公曰孺子冒死救親可憫也宜上請阿公亦惻然二公取其辭入奏得　旨鄧某情可原準贖傅公遣飛騎爲孝子賀蓋深重之也納鍰入父獲免先是母卒於家迨見父始得知奉父生還畢母葬越二年父旅殯南陽復匍匐歸其喪哀感行路其慘瘁備嘗如此他行誼皆甚摯而孝尤篤遠近稱鄧孝子云

潘孝子事略

潘孝子名瑁錢唐潘隆子也隆妻丁氏生女珠姑久之乃生孝子故先有養子於家隆嘗之海甯養子耽飲不戒於火倉卒中丁氏挈一篋令孝子負之先行孝子及門回視失母委篋復入適家人自火出望見孝子遮止之曰後垣不可穴主母已不救矣但聞孝子言母若不保我何以生爲竟冒火入從母及珠姑死初家人在火中見主母爲煙燄所阻欲掖珠姑行珠姑揮之曰汝男子何可

拉我我惟有從我母死耳於是珠姑亦死火熄撥灰燼孝子與母妹三尸相環結雖燬猶隱隱可辨識時乾隆四十四年十二月望日也孝子年裁十五性穎異素有奇童之目其殉親與明孝童郭金科事相類珠姑早適范以賢孝聞時歸甯遂及於難孝子死後其聘妻王氏同邑人世居江干長孝子二歲聞訃未婚守志送孝子葬畢即歸潘氏懼葬地隘後將不能同穴跪請於舅曰翁如拓數弓地婦死有依矣從之事舅以孝聞撫嗣子克延其祀

龐孝子事略

長洲虎邱山塘有龐孝子者名佑字申甫早喪母與父同寢晨夕依依相憐也以是終身不再娶父年六十餘病蠱便溺閉隆醫治莫能效左右愕視計無出孝子私跪中庭默禱三晝夜忽水道通患頓釋親黨交慶謂必有陰相孝子者既乃稍稍聞知實孝子吮咂所致云又八年父卒哭踊盡哀不處內偕昆弟經營窀穸無失禮既葬父家事一稟兄命不析產弟卒撫其孤孤亡又撫嫠穉四人教養成立償兄逋負以千計襄戚屬中之不克葬者推解周急承父志一如

親在時性嚴介不苟取與有賣珠嫗過孝子家遺金珠一篋嫗歸暴病死物主向嫗家索金珠不得訟之官責鬻產以償孝子跡知之還其篋封識宛然訟得解謝以金不受里人嘖嘖稱道之

國朝先正事略卷五十九

國朝先正事略卷六十

平江李元度次青纂

孝義

湯孝子事略

湯孝子名淵字涓泉常熟唐墅鎮人八歲失怙家窶甚無由入蒙塾母茅氏紡織度日君見輒淚下少長業負販供菽水勸母暫休母曰休不且餒死耶君大慟益竭蹶紓母勤會客至母擎茗椀立屏背呼遞出君惶恐跪地受自傷貧不能具僕婢痛自責幾無所容年垂三十始娶袁氏逾年生一子而妻遽亡或諷使繼室孝子曰吾已有子何忍分養母之力以養婦竟以鰥終母歿柴毀骨立哀號動路人其後家稍裕然嚴冬風雪覆被衾不肯置褥曰吾親昔無之吾敢求温年五十有八卒先期命市棺仍視殯母之費雖力足辦勿增也生平事兄若父同居至老侍杖屨尤恪嘗助宗黨之艱葬者每遇窮獨量賙之然深自晦迹目不識字而拾道旁遺字最勤其天性然也子若孫並循謹守家風許進士

朝何明經忠相皆爲作傳而朱侍講琦誌其墓

黃孝子事略

黃孝子古愚名則有湖南邵陽人生四歲喪母家故貧母孫氏劬苦撫育稍長遣就外傅人或諷以儒冠多誤莫能濟飢寒母曰吾忍死不欲吾兒廢學正冀其能濟吾窮耳言已淚兩落孝子聞之大痛奮於學所詣日益進試輒屈其曹偶逾冠授徒里中資修脯養母然以戀母故終其身所館不出二十里外館中奉膳稍豐卽終席不下箸夏無帳主人以進命撤之曰吾母無此頑軀甘受蚊嘬弗忍蔽也值嚴寒又製棉衣進固卻之或責以矯廉則泣曰家貧無以煖母乃忍享此奇温耶聞者大感動當時纂修寶慶府志招孝子與楊孝廉大灝入志館兩人居同室一夕風大作雪盈尺許已就枕矣忽披衣起繞室長吁楊君問故答曰思吾老母耳卽夕冒雪馳三十里歸旣抵家母大喜曰吾思兒正切也是時母年近九十孝子齒亦逾六十矣有司上其狀請　旌得　旨俞允而孝子母苦節畺吏先已彙奏於是節母孝子同被　旌　命下日邦人咨嗟歎

羨有泣者無何節母歿孝子亦繼逝蓋以毀終也孝子性好吟幼讀宋人詩銳志學之每一詩成狂跳疾呼索人朗誦人或竊笑其旁弗省也貌蒼古類深山老衲所遭極窮惡而自守益堅不少貶又喜施與在志局三年嘗節薪水資購絮衣棉被貽其戚族之窶者子紹賢亦能詩早卒有九嵒遺稾附孝子詩集後

胡孝子事略 潘周岱

胡孝子名其愛安徽桐城人生不識詩書傭力以養母母陳氏中歲遘罷癃之疾長臥牀褥孝子常左右之自臥起至飲食溺便皆躬自扶抱一身而百役靡不爲也家無升斗儲每晨起爲母盥沐烹飪進朝饌乃敢出傭其傭地稍遠不及炊則出勺米付鄰媪而叩首以祈其代爨媪辭叩則行數里外遙致其拜焉夜必歸歸則取母巾帨自浣滌孝子衣履皆垢敝而時致肥鮮供母出傭遇肉食即不食而請歸以遺母同列見其然多分餉之輒不受平生無所取於人有與之者必報村鄰有伶優之劇孝子必負母出觀爲藉草安坐候至夜分人散乃復負而還母欲往宗親里鄰家亦如之孝子以貧故遂不娶養母終其身母

病三十年奉之如一日也乾隆二十七年母卒負土成墳卽墳旁掛片席以居明年以毀卒

同時潘孝子周岱涇縣茂林都人家貧世業竹工孝子幼隨父執藝輒身先煩溽而遺父以易且逸者在家侍饔飧必父母食然後食工餘兼力農晝夜弗懈歲卽歉奉甘旨外俾弟食踰於己而自率妻子咽糟糠父創足不良於行每出傭孝子負而往返積有年父老罷廢獨赴工遇酒肉時蔬則懷歸煙溫以進父母疾左右侍養無須臾離澣裳滌廁牏恆憂思涕泣母家銅山山下泉清洌殊常品母病篤夜半思飲孝子急挈瓶而奔嚮曙已返蓋四十餘里矣居喪旦暮悲號行路皆墮淚先後廬墓各三年墓舍枕林麓有巨蛇憩苫塊旁不爲懾當盛暑蚊蠅交噆未嘗遽揮扇旣除服夕必至墓所爇香燃燈雨雪罔閒者二十餘年終其身如一日遇他適預語其妻加冥鏹以奠妻吳氏亦敬戒無違命平時立木主於室供具如生存將出彌蚤起獻湯茗畢乃行歸復如之伏臘祭祀依依孺慕或失聲貌樸誠臨事纖毫無所苟道光元年以孝子被　旌

高孝子事略

高孝子啓爕浙江山陰人性仁孝授室後猶常臥親側母患背疽醫不治孝子泣吮之數日愈又念母肢體傷痛乃傅藥於手朝夕按摩數年乃得痊而孝子雙目爲藥氣薰灸遂瞽更三載竟復明居親喪終制不近內斷葷酒父墓在村畔金鷄山日一往視風雨無稍閒兩弟幼孤藉以成立終身共爨從兄某卒濟南倉大使孝子歸其骨爲娶子婦延嗣凡族子貧者皆賴以授室初胡某貸百金既選寶應主簿孝子偶過之胡欲以重息貸金以償孝子乃焚券去郡大饑孝子盡出所儲粟以賑不給賣衣飾又不給乃變產以濟所全活亡算平居施棺藥以爲常蓋錫類之仁也有司請旌其門舉鄉飲大賓人皆稱高孝子而不名卒年六十有八後昆振振然爲浙東華族云

朱孝子事略

青浦朱孝子名修來字懷遠號愛林居邑之金澤鎮父紹扆早世母郭氏守志撫孤家貧甚孝子八歲入塾日起先擷野薺盈筐和飦粥食之以爲常聞師講

孝經至謹身節用以養父母卽終身誦述不衰自塾歸母授一錢俾易餅餌代午餐仍剖半遺母或無錢則忍飢讀越二年母患鼻衄頗劇醫言淪蘆根飲可愈孝子急向鎮東白蕩灘掘之得數幹方嚴寒冰滑失足墮風浪中飄泊踰數刻幾死遇救蘇裹敗絮送歸微息僅存猶堅握蘆根不釋燀湯沃殭手血漉漉殷盆中蓋冰稜所剸也亡何值歲祲益艱食遂傭買肆受值備饔飧每日適市必糴升米挈水二三甕乃行雖風雨必再省視見母無恙則喜稍違豫卽憂形於色夜俟母睡熟始安枕歲時有魚肉暨飧餌攜歸獻母弗敢私顧母性嚴正炊烟卽不繼母許稱貸君奉命惟謹在肆力作倍勤無纖毫苟他人有饋則辭惟主者於常值外例勞酒貲日賦錢五盡投敝篋中嘗痛母節未顯背若負芒貯為異日請 旌地累積餘四十年竟獲籲有司請諸 朝建坊如例時母已前卒以未獲親睹為憾輒嗚咽流涕營生壙依父母塋側謂生不能養死得侍晨昏也生平動循禮法孺慕終身遠近稱孝無閒言孫德基曾孫啓華皆為名諸生道光丁亥學使辛侍郎從益按郡為給額表其閭

吳孝義事略　蕭良昌

吳孝義名紹先字伯宗山西稷山人少讀書略解文義十六歲父母皆亡有二弟季年十一與從兄偶出遂絕蹤又數年仲以博塞失負逃伯宗負販以迹之南出襄洛西歷劍州東至黑龍江積十有六年卒同時而得之初遇季於京師爲高氏僕高感其義許之歸時已微聞仲在甯古塔乃留季而自往求仲且與季別曰吾得仲則偕返否則併吾之妻子屬弟矣舊都郊關出入有禁限伯宗率以計達至則仲果在甯古塔豪家以情請乃冒公人入軍府訟軍吏庇豪欲威懾伯宗以應對失儀唾其面血淋漓伯宗辭愈強直且言還京將籲闕吏懼卒白大帥持其弟以歸時仲冬沍寒夜經大臥磯行者皆墮指伯宗與弟相推挽顧而曰此中人未有如吾樂者也比入塞爪甲脫爛無存者至京師待季偕行知其事者爭傳說公卿閒相國陳文貞公贈詩七十韻李文貞公爲書事多就而體貌之伯宗赧然大無以自容衣敝履穿或贈遺終不受有與同寓舍者聞其哭失聲就視之則讀論語父母之年章也伯宗事在康熙三十年後六十

年有湖南蕭孝義事

蕭君名良昌湖南邵陽人生有至性事兩親至孝兄弟四君其季也析居最早已伯仲歿各遺一子叔兄僅一子忽攜之遠出不知所之方是時家貧甚諸孤煢煢無所衣食君極憂之地固產漆居民以所產貿之他省君少習是業稍獲利或勸之娶君泣曰吾兩兄死遺孤無以自存吾忍遽言娶耶乃悉召諸子復同產率之貿荊襄閱其後家漸裕乃始娶婦是時父健在事之最謹能先意承志嘗除夕家人團宴父舉觴屬君曰兒能撫存孤姪吾心滋慰顧安得汝叔兄父子一見爲慊君跪白曰兒誓往覓朝正四日遽束裝孑身出時兄音問久梗或傳其在滇君至滇歷訪數郡縣無所值凡離家六閱月徒步萬餘里貲將盡矣窮途哭泣目盡腫見者咸嗟歎不已一日薄暮抵村塾塾師朱翁亦邵人告以故朱翁止之宿且爲筮之曰賀君明日卽相見矣君大喜其夕復夢兩舟相磨戛自以爲兄弟相遇之兆益復大喜鷄初鳴卽別朱翁行天明至一村落遇有曉汲者熟視卽其兄子也君見兄相持大哭亟偕歸與同居父心大慰復舉

觴屬君曰兒眞孝子吾死且瞑目矣君勤苦成家育諸子如己子家門嚴肅婦女絕口不敢言析居事年八十有餘卒卒之前歲始爲諸子析產厚予兄子田宅而令己子少受諸子固辭則曰若曹佐我成家甚劬苦吾子勞逸既殊受產可無別耶卒令少受兩子亦怡然從之

李孝義事略　黃成富　陳福　譙衿

李君長茂字齡侯福建海澄人四世同居男女千指共爨而食無閒言建大小宗祠置烝嘗田以奉祭祀著家規十法十戒以示子孫立義學以訓族人之貧不能延師者每歲必捐居積以助族人之不能婚娶者子五福順治己丑進士官刑部侍郎兄弟八人備極友愛暇輒以詩歌吟諷相勸誡人以爲有江州陳氏風時有黃君成富者連江農家子也六世同居男女六十餘口雍睦無閒子弟各執其業每出作田閒衆婦俱往留一婦視家臥兒於筐飢則乳之不問其爲誰兒也懸衣於桁出則脫之入則衣之垢則澣之不問其誰衣也遇客至供具飲食家長主之家中不聞一言又永春陳福者世居西溪以耕讀爲業兄弟

同居至福已十二世家建二堂以別男女飲食家範整肅節儉世立一人督家政婚娶葬祭量力辦治子孫世守醕樸未嘗一至有司之庭地方吏禮奬並免其徭役焉

譙君名衿湖南沅江人邑諸生自明正德時至衿凡七世同居積二百餘年喪祭無失禮親支百十九人衿以祖命主家政每食男女異席終事無譁會鄰家火起衿兄弟先入祠堂抱神主避火火隨息家蓄耕牛每出入亦以齒先後在牧地行列不亂作家訓二十條子孫咸遵守之雍正十年　詔旌其門　御書世篤仁風額　賜之

吴孝義事略

吴君鴻錫字允康福建晉江人生七歲而海寇亂父萬佑避兵浙江適兵部郎中滿洲噶尼希奉　命來造戰艦延萬佑於幕未幾卒噶公挈君歸京師將子之君請呼以伯曰父一而已噶公大奇之曰七歲兒能辨此耶噶公清宦家漸困君稍長助任芻牧精勤勇猛芻恆有餘市書冊弓矢私習之又市酒果就能

者質焉數年遂通滿漢文精騎射會噶公校射方怒拙射者君徐進三發皆中噶公益奇之康熙癸亥從兄雲麟以平臺灣功授參將引見入都因就噶公乞君歸噶喜遽諾之君泣曰我未可以歸也我七歲育於公今我壯而公老矣三公子皆成立我乃可歸耳噶公聞言持君大慟遂不果行鎮國公海清噶公壻也高其義遂隸公府佐領俾久居旗下以成君志明年噶公卒夫人以哀毀得狂易疾長子和順甫七歲次和鼐六歲和麟五歲君獨力治喪事盡禮然噶公新喪諸族豪悍僕眈眈欲蠶食其家君信行素孚又材且武諭以義懾以威衆莫敢侮家故不及中人君精心計權子母業日以饒延良師課噶公三子食飲必親饋業稍進則頓首謝師感之益盡力又親教三子國書稍長並爲娶名族女君尤謹於禮冠帶終日司梱以婦人歲時慶祝君盛衣冠率家人入執事事畢親率以出内外肅然和順年十六有忌之者擢爲護軍將困苦之每番直君佩刀從直夜則露坐終夕人莫敢加害顧念非通仕籍末由免役而噶公故交惟大學士阿蘭泰公稱長者可以義動乃率三子日候公門外公得其情果

惻然問諸子習國書乎曰皆習孰最優曰和順阿公許以中書用既而首輔索
額圖欲用其族子君卽爲書言和順孤苦狀伺索公出跽上之索大怒擲書去
君跽其門五晝夜水漿不入於口困垂斃索大驚撫之曰世乃有義烈如子者
乎吾用順矣就試果得中書乙亥　聖祖親征厄魯特君謂順曰　國家有
事正臣子效命之秋亦子發跡地也遂治裝從征隨大將軍費襄壯公由西路
進君結束從行數日家中宵小攘敓蠭起急使人追君還君泣謂順曰吾不得
偕行矣雖然戰陣無勇非孝也子必勉之怒馬抵家宵小亡匿訖無事而順亦
立功擢禮部主事有約順會飲者以博具佐觴政君知其匪人也拔刀衝座執
其人將殺之刀觸席鏗然其人叩頭乞命使捽而去引順歸或問人可殺乎君
正色曰殺人不過死耳吾已許噶公撫諸孤而坐視其溺於燕朋誠生不如死
吾死而諸孤知勉則死賢於生矣順自是不復與燕會癸未山東大饑　詔遣
官往賑和順在行君曰此仁人君子盡心時也從以往分賑武城廩未發君預
以私錢市米因逐戶稽冊先量給之念民居有僻遠不能至縣者度四鄉適中

地得南會集為散賑所又懼民飢久不勝任負日為蒸餅萬計人給其二然飢腸驟飽有致斃者或言先飲蘿蔔湯則無害亟具湯日活民無算武城十萬家得實溉　皇仁者君佐順力也事竣歸縣人泣送者數千有送至京者順奉命收密雲關稅君曰負販小民不可取其稅儻額不及以家財足之可也民大悅競趨之額亦無歉和鼐習舉業遇鄉試君述先德勸課恆涕泗交頤猶懼其怠也穴其几貫鐵索自繫以守之鼐驚謝請脫繫不許讀益力遂中式鼐弟和麟年十六即攜赴永定河效力河故名無定水怒土疏潰壞無常君為親督畚挶隄成而水驟漲君晝夜守視增卑培薄直隸巡撫于清端公夜出視隄遙見有拜於隄泣籲河神者召詢之則君也于公歎異脫襲衣贈之是歲隄壞者多麟所占獨不壞敘功補筆帖式累遷刑部郎中比君卒三子去纓席地婦皆披髮去璫如居父母喪葬之日皆徒步扶匶至塋哀毀過節蓋君所以感之者深矣初君以噶公育己恩矢扶其孤不得歸即京受室念父母邱墓南望輒隕涕追寫父母像遇忌辰及歲時伏臘率妻子哭奠竟日檢篋得父遺衣冠就噶公

墓相近地招魂葬之每歲除設奠終夕徘徊兩墓閒或勸之歸曰吾幼孤不逮養義不當受家人之養也生平善治生而自奉嗇受人之施一飯必報其施於人者雖千金不言惠也歿之日取朋友稱貸約盡焚之持躬嚴整見者皆敬憚在武城賑荒時有舊家子落魄工諧媚屢進謁和順談笑傾其座人惟君在則汗流氣塞終席不能出一語其幾於寬而栗者與君卒於康熙己丑年五十有八子世久官親軍校常德丁未進士官郎中君卒後安溪李侍講清植爲之傳私諡孝義先生而臨川李侍郎紱表其墓

國朝先正事略卷六十

西元二〇一六年六月一日重製一版

國朝先正事略 冊四

（清李元度撰）

平裝四冊基本定價貳仟柒佰元正
（郵運匯費另加）

發行人　張　敏　君
發行處　中　華　書　局
臺北市內湖區舊宗路二段一八一巷八號五樓（5FL., No. 8, Lane 181, JIOU-TZUNG Rd., Sec 2, NEI HU, TAIPEI, 11494, TAIWAN）
客服電話：886-2-87978396
公司傳真：886-2-87978909
匯款帳戶：華南商業銀行西湖分行
17910002693l
印　　刷：經典數位印刷有限公司
海瑞印刷品有限公司

No. N1034-4

國家圖書館出版品預行編目(CIP)資料

國朝先正事略 / (清)李元度撰. -- 重製一版. --
臺北市 : 中華書局, 2020.04
冊 ; 公分
ISBN 978-986-5512-10-1(全套 : 平裝)

1.傳記 2.中國

782.2 109003731